꿈 환상을 말씀으로 해석하며 사실분의 책

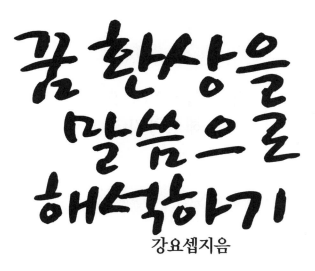

꿈 환상을
말씀으로
해석하기

강요셉지음

"바로가 요셉에게 이르되 내가 한 꿈을 꾸었으나 그 것을 해석하는 자가 없더니 들은즉 너는 꿈을 들으면 능히 푼다 하더라 (16) 요셉이 바로에게 대답하여 이 르되 내가 아니라 하나님께서 바로에게 편안한 대답 을 하시리이다."(창 41:15-16)

성령

꿈 환상을 말씀으로
해석하기

성령

들어가는 말

필자는 지난 20년이 넘는 세월동안 성도들의 내면을 치유하는 사역을 했습니다. 꿈과 환상은 내면을 치유하는데 결정적인 단서가 되기도 합니다. 이유는 하나님은 예수를 믿고 거듭난 성도들과 여러 가지 통로를 통하여 대화하고 싶어 하시기 때문입니다. 대화의 통로에는 꿈과 환상도 포함이 됩니다. 필자가 그동안 전인치유 사역을 하면서 많은 분들과 상담을 했습니다.

많은 분들이 꿈과 환상에 대하여 궁금증을 가지고 있습니다. 꿈을 꾸고 환상을 보고 여기저기 신령하다고 하는 사람들에게 해석을 부탁합니다. 세상에는 꿈을 해석해 주는 일을 전문으로 하는 사람들도 생기고 있습니다. 성도들도 마찬가지로 꿈에 대하여 궁금증을 가지고 목회자나 사모에게 해석을 부탁하여 해결하게 하는 것입니다.

제가 어느 사모님과 대화를 하다가 득문한 사실인데 자신의 교회 성도가 백여 명 정도 되는데 거의 하루에 한 명꼴로 꿈 해석에 대하여 문의 한다는 것입니다. 저에게 꿈과 환상을 전문적으로 해석할 수 있도록 세미나를 개최해 달라고 했습니다. 제가 이 말을 듣고 꿈에 대하여 정리를 하기 시작을 했습니다. 일부 목회자들은 꿈을 무시하라고 합니다.

그러나 성도들의 사정은 다릅니다. 어떻게 해서라도 꿈을 해석하려고 노력을 합니다. 무시하라고 막는 다고 될 일이 아닙니다. 오히려 부작용만 커진다는 것입니다. 오히려 바르게 꿈과 환상을 해석할 수 있도록 가르치고 알려주어야 한다는 것입니다. 꿈은 꿈 꾼 사람의 무의식의 상황을 비교적 정확하게 알려줍니다. 고로 꿈을 무시하면 성도들의 영육의 문제의 정확한 원인을 알 수가 없습니다.

필자는 꿈 해석을 통하여 많은 성도들의 문제를 치유했습니다. 벌써 20년이 넘었습니다. 그래서 일 년에 서너 번씩 꿈 환상 해석과 치유세미나를 개최했습니다. 그간 체험한 꿈과 환상에 대한 실제적인 경험과 진리의 말씀을 정리하여 한 권의 책으로 출간하게 되었습니다.

목회자이든지 성도든지 이정도만 알고 계시면 웬만한 꿈과 환상은 해석하여 적용할 수가 있습니다. 이 책을 통하여 모두 꿈과 환상을 바르게 해석하여 문제를 해결할 수 있는 전문가가 되시기를 소원합니다.

주후 2021년 8월 10일
충만한 교회 성전에서
저자 강요셉 목사

세부적인목차

들어가는 말 -3

1부 꿈 환상은 하나님이 보낸 동영상

1장 어젯밤 꿈에 하나님의 계시가 있다. -7

2장 자녀들을 꿈으로 인도하시는 하나님 -24

3장 꿈과 환상으로 말씀하시는 하나님 -37

4장 아브라함과 환상으로 언약하신 하나님 -51

5장 요셉을 꿈으로 인도하신 하나님 -69

6장 꿈으로 기근을 대비하게 하시는 하나님 -84

7장 환상과 천사를 통해 인도하시는 하나님 -98

8장 바울에게 환상으로 길을 안내하신 하나님 -112

2부 꿈 환상을 해석하는 비결

9장 꿈 환상을 성령으로 분별하는 법 -125

10장 꿈 환상을 성경으로 해석하는 법 -139

11장 영적인 꿈을 해석하는 비결 -153

12장 심리적인 꿈을 해석하는 비결 -173

13장 무의식의 상태를 알려주는 꿈 해석 -189

14장 이러저러한 잡다한 꿈 해석하는 비결 -202

3부 꿈과 환상을 해석하고 적용하기

15장 질병과 관련된 꿈 해석과 적용 -215

16장 재물과 관련된 꿈 해석과 적용 -231

17장 귀신과 관련된 꿈 해석과 적용 -246

18장 사람과 관련된 꿈 해석과 적용 -255

19장 짐승과 관련된 꿈 해석과 적용 -269

20장 목회 사명의 꿈 환상 해석하고 적용 -276

4부 꿈 환상해석 바르게 적용하는 비결

21장 꿈을 해석하고 바르게 적용하는 비결 -289

22장 꿈을 해석하여 상담 치유하는 비결 -303

23장 환상을 잘 보기 위해 영성 훈련하는 법 -316

5부 꿈 환상을 말씀으로 해석하는 성도되라

24장 꿈 환상을 말씀으로 해석하는 성도되라 -330

25장 꿈 환상 상징들을 말씀으로 해석 Ⅰ -344

26장 꿈 환상 상징들을 말씀으로 해석 Ⅱ -354

1부 꿈 환상은 하나님이 보내는 동영상

1장 어젯밤 꿈에 하나님의 계시가 있다.

(행 2:17)"하나님이 말씀하시기를 말세에 내가 내 영을 모든 육체에 부어 주리니 너희의 자녀들은 예언할 것이요. 너희의 젊은이들은 환상을 보고 너희의 늙은이들은 꿈을 꾸리라"

하나님은 예수를 믿고 거듭난 자녀들과 대화하기를 원하십니다. 대화하는 수단 중에 하나가 꿈이라는 수단입니다. 하나님은 영이십니다. 영이시지만 살아계신 실제적인 하나님이십니다. 살아계신 하나님은 그의 자녀들에게 끊임없이 말씀하시기를 원하십니다. 그런데 하나님은 영이시기 때문에 육체를 가진 사람과 대화가 불가능합니다. 그래서 자녀의 영적인 수준에 따라 꿈으로 말씀하시기도 하십니다(마1:20). 어떤 사람은 황홀한 중에 환상으로 말씀하시기로 하십니다(행9:10). 성령의 음성으로 인도하시기도 합니다(창22:10). 어떤 사람은 대면하여 명백하게 말씀하시기도 하십니다(민12:8). 모두 하나님의 뜻을 알고 순종하여 아브라함의 복을 받으면서 살아계신 하나님을 증명하며 살라는 것입니다.

목회자와 성도들이 보통 "영적인 꿈이다. 육적인 꿈이다. 심리적인 꿈이다." 라고 말을 합니다. 영적인 꿈은 성령으로 기도하는 성도가 꾸는 꿈입니다. 하나님은 예수님을 주인으로 영접하고 성령으로 거듭난 성도에게 자신의 현재의 상태와, 앞으로 어떻게 해야 할 방향과, 하나님의 계획을 알려주는 것입니다. 비록 성령으로 충만하지 않다고 할지라도 하나님께서 필요하시면 꿈으로 알려주십니다. 성도를 하나님께서 꿈을 통해 인도하시는 것입니다. 육적인 꿈과 심리적인 꿈은 뒤에 자세하게 설명이 될 것입니다.

　필자는 목회자가 되어 하나님의 뜻을 구하기 위하여 기도를 많이 했습니다. 지금 생각하면 그저 달라고 하는 육신적인 믿음의 수준을 탈피하지 못한 시절이었습니다. 어느날 꿈을 꾸었는데 제가 오물통에 빠져있는 것입니다. 그 꿈을 꾸고 기도하니 성령께서 깨닫게 하시기를 "아~ 내가 이렇게 더러운 심령상태구나"라고 알게 했습니다. 그래도 내적인 치유를 잘 알지 못하여 지속적으로 기도만 했습니다. 당시에는 성령으로 기도하는 것이 무엇이지도 모르고 달라는 기도를 했습니다. 어느날 꿈에 저수지에서 낯으로 낚시질을 하는 것입니다. 낚시하여 큰 고기가 잡혔는데 물고기가 깨끗하지 못하고 등과 옆이 상했고, 꼬리가 상한 고기들이 잡히는 것입니다. 계속 잡히는 고기마다 큰 물고기인데 상한 물고기가 잡혔습니다. 아침에 새벽기도 하면서 하나님께 질문을 했습니다. 하나님! 어찌하여 꿈속에서 낚시하여 잡히는 고기가 모두 질병으로 상한 고기가 잡힙니까? 한 시간정도 질문을 했더니 앞으로 이렇게 질병이 있는 성도들이 교회에 찾아올 것이라는 감동을 주시는 것입니다. 직감적으로 치유목회를 해야 한다는 생각이 머리를 스쳤습니다.

필자가 군대에서 나와서 목사가 되려고 할 때 이런 기도를 했습니다. "하나님! 저를 늦게 부르셨으니 저에게 예수님과 같은 권능을 주시어 예수님과 같이 말씀을 잘 전하게 하여 주시옵소서. 예수님과 같이 기도할 때에 귀신들이 떠나가는 역사가 일어나게 해 주시고, 예수님과 같이 질병으로 고생하는 성도들과 목회자를 치유하여 온전하게 하는 목사가 되게 하여 주옵소서." 이렇게 기도한 것입니다. 그러니까, 제가 기도한 대로 병자들을 말씀과 성령으로 치유하는 목회자가 될 것이라는 것을 알려주신 것입니다.

그래서 신유은사에 관심을 가지고 준비하기 시작을 한 것입니다. 어느날 기도하니까, 성령께서 "앞으로는 영성이다. 21세기는 영성이다."라는 음성을 듣고 영성에 관심을 갖게 된 것입니다. 어느날은 꿈에 얼굴이 상해있는 사람이 저에게 다가와 강 목사 자네가 그렇게 병을 잘 고친다면서 하면서 달려드는 것입니다. 필자가 예수 이름으로 기도하니 물러가면서 정상적인 얼굴이 되는 것입니다. 지속적으로 병원전도를 다니면서 안수를 하니 질병들이 현장에서 치유가 되었습니다. 그러다가 심신이 허약해지다가 탈진에 빠져서 고통을 당하는 즈음에 내적치유를 알게 되어 1년이란 세월을 투자하여 내적인 상처를 치유하였습니다. 그때서야 제가 오물통에 빠져있는 꿈이 생각난 것입니다. 그때 내적치유를 받았으면 탈진을 면할 수가 있었을 것입니다.

내면을 치유 받으면서 한 날은 기도하다가 잠들었는데 교회에 사람들이 많이 모인 것입니다. 가만히 보니까, 성도들은 몇 명이 안 되고 목회자와 사모님, 전도사 등 목회자들이 많이 오신 것입니다. 다음날도 동일한 꿈을 꾸는 것입니다. 그래서 아침에 하나님께 기도하니 성령께서 감동하시기를 영육으로 고통당하는 목회자를 치유하라고 감동하셨습니다. 목회자들을 치유하면서 지금까지 이른 것입니다. 올해가 22년째입니다. 순수하게 꿈과 환상을 통한 성령의 인도를 받은 것입니다. 물론 중간에 성령의 이끌림도 받았습니다. 마음에서 들리는 성령의 음성도 들었습니다. 지금은 꿈과 환상으로 인도하시는 것이 아니고, 환경에 나타나는 보증의 역사인 증표와 눈에 보이는 하나님의 역사를 보면서 목회를 하고 있습니다. 성령으로 깨달으면서 인도받아서 믿음의 수준에 진보가 되니 하나님께서 저의 수준에 맞는 수단으로 필자를 인도하고 계십니다. 꿈은 하나님의 뜻(계시)을 아는 중요한 수단 중에 하나입니다. 하나님께서 성도들의 수준에 따라 이렇게 말씀하십니다.

첫째, 꿈으로 말씀하시는 하나님. 가장 보편적인 방법으로 하나님의 뜻을 알리는 수단입니다. 하나님의 뜻을 알려주고 싶은 다종(믿는 자나 아직 믿지 않은 자)의 사람들에게 하나님은 꿈이라는 수단을 사용하십니다. 잠을 잘 때 육적인 의식이 없어진 상태에 있을 때 꿈으로 하나님의 뜻을 알려주시는 것입니다. 아직 전인격이 성령의 지배를 받지 못하여 환상이나 음성으로 말씀하셔도 알아듣지 못하는 성도는 꿈으로 말씀을 하십니다.

하나님께서는 우리에게 가장 좋은 것과 길을 알려주시는 분이

십니다. 믿음이 부족한 목회자와 성도들에게 꿈이라는 수단을 통하여 말씀하십니다. 하나님의 자녀에게 성령으로 오셔서 인도하시기 때문입니다. 성령으로 꿈을 통해 말씀하시는 이것은 사람의 지식이나 지혜나 어떤 사고의 범위조차 완전히 뛰어넘는 일대 사건입니다. 누가 감히 이런 것을 상상이나 할 수 있었겠습니까? 우리가 바로 하나님의 성전이며, 하나님의 영인 성령께서 우리와 거처를 함께 하시기 위해 오신다는 것을 말입니다. 이 모든 것을 허락하신 하나님 우리 아버지와 예수님께 모든 찬송과 존귀와 영광과 높임을 돌립니다.

성령께서 우리에게 오심으로 해서 각양 하나님의 은사가 주어지고 하나님의 깊은 비밀들이 우리에게 성령으로 계시되는 역사가 일어납니다. 이것은 또한 영혼 구원의 역사이며 다시 오실 우리 주 예수 그리스도의 길을 예비하는 역사이기도 합니다. "하나님이 자기를 사랑하는 자를 위하여 예비하신 모든 것은 눈으로 보지 못하고 귀로도 듣지 못하고 사람의 마음으로도 생각지 못하였다 함과 같으니라. 오직 하나님이 성령으로 이것을 우리에게 보이셨으니 성령은 모든 것 곧 하나님의 깊은 것이라도 통달하시느니라(고전 2:9-10)", "그 후에 내가 내 신을 만민에게 부어 주리니 너희 자녀들이 장래 일을 말할 것이며 너희 늙은이는 꿈을 꾸며 너희 젊은이는 이상을 볼 것이며(욜 2:28)"

성령께서는 우리 자녀들에게 말씀하실 때 내적인 세미한 음성으로도 말씀하시지만, 꿈이나 환상을 통해서도 말씀하십니다. 그

중에서도 꿈은 우리 모든 사람이 일상적으로 경험하는 세계이므로 그 전달되는 과정이 매우 자연스럽고 친숙하게 다가옵니다. 물론 그 꿈들 안에는 하나님의 메시지가 담겨 있으므로 경우에 따라서는 하나님의 예언이, 어떤 경우에는 소명이나 사역이, 또 다른 경우에는 자신을 괴롭게 하는 영적 실체인 영적존재가 보이기도 합니다. 그러므로 각각의 꿈에도 그에 걸 맞는 해석이 필요할 수 있으며, 이러한 꿈과 그 해석은 구약성경의 요셉을 통해서나 기드온, 또 다니엘의 경우를 통해서 그 중요성을 잘 알 수 있습니다.

그러나 하나님이 주시는 꿈이라 해서 항상 그 뜻이 난해하고 해석이 복잡하거나 어려운 것만은 아닙니다. 만일 그런 꿈들만 다 꾼다면 우리 자녀들이 과연 얼마나 이해할 수 있으며 제대로 해석할 수 있겠습니까? 그러므로 하나님께서는 각자의 영적 수준에 맞게 이해할 수 있도록 꿈을 주시며, 설령 당장 해석이 되지 않더라도 조금 시간이 지나면서 저절로 해석을 알아갈 수 있도록 허락해 주십니다. 많은 목회자와 성도들이 꿈을 해석하기 위하여 전문가들을 찾아다니는데 꿈 해석은 꿈을 꾼 사람이 성령님께 질문하며 해석하는 것이 가장 정확합니다. 더 중요한 것은 해석하여 하나님의 의중을 알았으면 순종하는 것입니다.

하나님께서 얼마나 멋집니까? 필자는 그 하나님의 말씀하시는 방식에 감탄할 때가 종종 있습니다. 그 내용을 어떻게 그렇게 표현하셨는지 참 놀라는 것입니다. 깨달으면 깨달을수록 예수님을 믿은 것은 축복이라고 시인하게 합니다. 역시~ 하나님다우시다는 생각을 해보기도 합니다. 필자는 가끔 설교할 때나 집회에서 말씀을 증거할 때 "하나님은 하나님이십니다." 라고 감탄을 자주 합니다. 책을 읽는 분들도 각자 그런 경험들이 있으실 것입니다. 필자는 그 꿈들을 통해 저의 미래를 보았고, 저의 소명들을 받았으며, 저의 영육의 상태를 보았으며, 영적인 세계를 보기도 하였습니다.

한번은 이런 꿈을 꾸었습니다. 어느날 꿈에 진 흙창 길을 자전거를 타고 가는데 자전거가 나가지를 않는 것입니다. 자전거 페달을 아무리 강하게 발로 돌려도 자전거가 나가지를 않는 것입니다. 힘이 너무 들어서 길 옆을 보니까, 콘크리트로 만든 배수로가 보였습니다. 배수로를 보니까, 시커먼 뱀이 머리를 내밀면서 혀를 날름거리를 것입니다. 그래서 막대기로 끄집어냈습니다. 길로 잡아내 가지고 발로 아무리 밟아도 죽지 않고 점점 커지는 것입니다. 그래서 습관적으로 "천사들이 나를 도와라," 하니까! 늘씬하게 생기도 키가 큰 천사 넷이 군대 지프를 몰고 와서 지나가니까, 그렇게 크던 미물이 납작하게 되는 것입니다. 미물이 납작하게 됨과 동시에 진 흙창 길이 단단하고 평탄한 길로 변하는 것입니다. 자전거를 타고 가는데 너무나 쉽게 잘 나가는 것입니다. 제가 그 꿈을 꾸고 깨달은 것은 내가 하나님을 따라가는 길이 어렵고 힘이 드는 것은 악한 마귀 귀신이 방해하기 때문이라는 것을 알게 되었습니다. 당신도 하나님의 뜻을 따라가는 길이 어렵고 힘이 드는 것은 마귀 귀신이 방해하기 때문입니다. 성령으로 세례 받아 권능을 개발하고 내면을 치유하고 천사를 동원하여 방해하는 마귀 귀신을 몰아내기를 바랍니다.

　제가 하루는 새벽에 기도하다가 비몽사몽이 되었는데 한쪽 얼굴이 상해고 험악하게 생긴 놈이 저에게 이렇게 말하는 것입니다. 야! 강 목사, 자네가 그렇게 병을 잘 고친다면서 하더니 내 병도 고쳐보아라, 하면서 달려드는 것입니다. 내가 습관적으로 "내가 예수님의 이름으로 명하노니 더러운 귀신은 물러갈지어다." 하고 대적하니 순간 없어지는 것입니다. 이는 성령께서 저의 담대함을 기르기 위해서 훈련하는 것이라고 생각을 했습니다.

　"근신하라 깨어라 너희 대적 마귀가 우는 사자 같이 두루 다니며 삼킬 자를 찾나니 너희는 믿음을 굳게 하여 저를 대적하라 이는 세상에 있는 너희 형제들도 동일한 고난을 당하는 줄을 앎이니라(벧전 5:8-9)" 하나님은 꿈속에서 저에게 영적 전투를 하는 법을 가르쳐주시기도 했습니다. 귀신들과 싸우는 꿈도 자주 꾸게 하셨습니다. 성령님께서 그것을 저에게 보여주신 것입니다. 담대함을 기르고 영안을 열기 위한 하나님의 배려인 것입니다.

　각자에게도 하나님께서 주신 선명한 꿈이 있을 것입니다. 꿈을 꾸고 하루 이틀 만에 잊히는 것은 그런 꿈이 아닙니다. 하나님께서 말씀하시는 꿈은 세월이 가도 잊혀 지지 않고 내 마음 속에 살아 숨 쉬게 됩니다. 옛날 꿈을 꾸었는데 몇 년이 지나도 생각이 나는 꿈은 에너지가 강한 꿈으로 하나님께서 보내신 꿈이기 때문입니다. 우리 모두가 그런 꿈을 꾸므로 하나님과의 영적 교제의 깊이를 넓혀 가시는 분들이 되시기를 기도드립니다. 하나님의 뜻을 알고 순종 잘하는 성도가 되시기를 소원합니다.

둘째, 황홀한 중에 환상으로 말씀하시는 하나님. 환상은 기도하는 중에 황홀한 상태에서 말씀하십니다. 꿈으로 말씀하시는 사람보다 영적인 수준이 한 단계 발전한 사람에게 사용하십니다. 보통 성령으로 기도할 때 환상으로 말씀을 하십니다. 기도할 줄 아는 사람에게 하나님은 환상으로 말씀을 하십니다. 꿈은 잠을 자면서 꾸는 것이라면, 환상은 기도하면서 황홀한 중에 보이는 것입니다.

환상을 성경은 묵시라는 말로 표현하고 있습니다. 묵시라는 말을 헬라어로 '아포칼립스' 라고 하는데 이 말의 뜻은 '커튼을 연다' 는 뜻으로 쓰이는 말입니다. 닫혔던 것을 열어서 보여줄 때 사용하는 말입니다. 이 말을 우리말로 그대로 번역하여 계시(啓示)라고 씁니다. 눈을 열어서 보여준다는 뜻입니다. 환상은 '환타시' 라는 말인데 황홀경을 의미하기도 합니다. 그렇게 부른 까닭은 보여지는 이미지가 세상에서 볼 수 없는 이상한 것들이 많기 때문이지요. 상상 속에서나 볼 수 있는 실존하지 않는 이미지들이 많이 등장하기 때문에 환상이라는 말을 사용하였습니다.

그러나 이 말은 그 보여지는 이미지에 초점을 맞춘 것이고, 사실 그 보다는 하나님이 환상을 보여주시는 뜻을 더 중요하게 생각하여 표현 한 계시라는 말이 올바른 표현일 것입니다. 계시는 신약에서 사용한 것이고 구약은 묵시(默示)라고 적고 있습니다. 묵시라고 표현하는 데는 그 의미를 알기가 쉽지 않기 때문이지요.

의미를 해석하는 데서 오는 어려움에 더 비중을 두어서 표현한 것입니다.

표현하는 사람의 관점이 어디에 있느냐에 따라서 묵시, 계시, 환상 등으로 사용하고 있는 것입니다. 하나님이 환상을 사용하시는 까닭은 주로 미래와 연관되어 있다는 것입니다. 장차 되어질 일에 대해서 하나님은 환상으로 말씀하시고 계시는 것입니다. 환상은 미래에 속한 내용을 다룰 때 사용되는 것입니다.

환상은 그 상징이 매우 복잡하고 이해하기 어렵습니다. 우리가 알아들을 수 있는 말씀으로 하시면 쉽게 알아듣고 제대로 준비할 수 있겠는데 알기 어려운 환상으로 말씀하시는 까닭이 무엇일까요? 미래에 관한 일을 환상으로 보여주시는 이유는 그 내용이 단순하지 않기 때문입니다. 미래의 일은 현재 이루어질 것이 아닙니다. 미래에 되어질 일이기 때문에 장차 이루어질 일에 대해서 현재의 시각이나 관념으로 이해하는 것은 고정관념에 사로잡힐 가능성이 높습니다. 우리는 기록된 성경을 끊임없이 재해석하고 적용해야 합니다. 성령으로 깨달으면서 적용해야 합니다. 환상에 등장하는 이미지는 우리의 현실에서 볼 수 없는 것들을 포함하므로 그 이미지가 우리의 고정 관념에서 벗어날 수 있는 것입니다. 그러므로 인간의 고정관념에서 다소 벗어나 자유한 상태에 있을 수 있는 것입니다.

말씀으로 기록된 성경은 그 말씀이 주어졌을 때 그 당시 확정된 개념을 이해해야 그 말이 뜻하는 바를 정확히 알 수 있습니다. 환상은 꿈과 같이 '지시하심' '인도하심' '경고하심' 등의 내용을 지니고 있습니다. 이런 의도로 주어지는 환상은 그 이미지가 단순하고 현재적입니다. 그러므로 해석하는데 별로 어려움이 없습니다. 그런데 장차 되어질 일에 관한 환상은 이미지가 매우 복잡하고 현실에서 볼 수 없는 것들을 사용하십니다. 매우 추상적이고 상상 속에서나 나올 수 있는 모호한 이미지가 등장하는 환상은 미래와 연관된 것입니다. 우리는 누구나 이런 환상을 볼 수 있습니다.

우리가 오늘날 보는 환상은 여러 부분에서 꿈과 흡사하지만 몇 가지 부분에서는 꿈과 전혀 다른 의미를 가지고 있습니다. 꿈은 우리의 정신작용(무의식의 영역)으로 말미암아 꾸는 경우가 많습니다. 즉 마음상처의 치유적인 의미가 있습니다. 그러나 환상은 이런 작용이 거의 없습니다. 꿈은 의식 상태에서는 꿀 수 없습니다. 그러나 환상은 분명한 의식을 가지고 있는 상태에서 볼 수 있다는 점이 다릅니다(간혹 황홀한 상태에 빠지게 하기도 합니다). 백일몽이라고 해서 의식이 있는 상태에서 꿈을 꾼다고 생각하지만 이것은 환상을 꿈으로 착각하여 붙인 이름이라고 봅니다.

의식이 있는 상태에서 보여지는 꿈과 동일한 환상을 'mobile vision'이라고 합니다. 마치 동영상을 보는 것과 같습니다. 에스겔 선지자가 이런 움직이는 환상을 보았습니다. 오늘날에는 흔하지 않지만 중대한 내용을 가지고 있는 경우 이런 움직이는 환상을 볼 수 있습니다. 이 환상은 일반인들은 거의 경험할 수 없지만 예언자나 선지자의 소명을 받은 일부 전문 사역자는 이런 환상을 보게 됩니다.

환상은 자신의 정신 작용과는 상관이 별로 없지만, 우리가 경계해야 할 것이 바로 마귀의 속임수입니다. 마귀가 보여주는 환상은 하나님의 환상과 거의 차이가 없습니다. 오로지 그 내용이 다를 뿐입니다. 마귀의 특성을 이해하지 못하면 우리는 마귀의 속임수에 걸리게 됩니다. 그런데 그 특성의 차이가 미묘해서 쉽게 구별이 되지 않는 경우가 많습니다. 진품과 모조품이 있는데 어떤 모조품은 전문가가 아니면 거의 식별이 불가능할 정도로 정교한 위작들이 많지 않습니까? 이처럼 가짜인 마귀의 환상이 너무 정교해서 식별이 쉽지 않은 경우가 많습니다.

그래서 전문 사역자들도 속아 넘어가는 경우가 더러 있습니다. 마귀의 일을 살피는 가장 중요한 초점은 자신을 돌아보는 것입니다. 하나님의 뜻대로 살지 않으면 우리는 항상 마귀의 올무에 걸릴 위험이 있다는 것입니다. 성령 충만한 삶을 살지 않으면 마귀의 올무에 걸리게 됩니다. 반드시 성령으로 기도하여 성령으로 충만한 상태에서 보여 지는 환상이어야 합니다.

환상을 보고 난 다음 무언가 석연치 않은 생각이 든다면 이것은 마귀로부터 온 것일 가능성이 있습니다. 내용이 성경말씀과 배치된다면 마귀로부터 온 것입니다. 자기를 높이고 교만하게 만들고 죄를 정당하게 하는 유혹을 받게 만든다면 마귀로부터 온 것입니다. 그러나 마귀로부터 오는 환상은 그리 단순하게 구별되는 것이 아닙니다. 그래서 속는 것입니다. 처음에는 속았다가 그 사실을 곧 깨닫고 회개할 수 있다면 다행입니다. 마귀에게 계속 속으면서도 깨닫지 못한다면 그 사람은 어리석은 사람이 됩니다. 계속되는 마귀의 속임수에 속아 넘어가면 마침내는 마귀의 종이 되고 맙니다. 마귀의 시험을 당하면서 분별력이 생깁니다. 마귀의 시험이 무서워서 환상을 거부한다면 하나님의 계시를 온전하게 들을 수 없을 뿐더러 자신의 영적인 수준에 진보가 되지 못할 것입니다.

셋째, 명백하게 대면하여 말씀하시는 하나님. 하나님은 명백하게 대면할 수 있는 온전하게 하나님의 형상으로 변화한 사람에게는 대면하여 말씀하십니다. 우리도 믿음이 진보하여 하나님을 대면하여 대화하는 영성이 되어야 합니다. 하나님께서 모세에게 주신 계시의 방법은 특별하였습니다. 하나님은 모세를 특별한 계시의 도구로 사용하셨습니다. 그러므로 모세는 구약성경의 기초가 되는 다섯 권의 책을 성령의 감동으로 기록하였습니다.

그것은 하나님의 종 모세가 하나님의 온 집에서 충성되었기 때문입니다. 충성은 변함이 없고 순전하고 믿을 만한 성품입니다. 그것은 변화무쌍하고 간교하고 믿을 수 없고 이중적인 성품과는 반대됩니다. 성령의 열매 아홉 가지 중에 '충성'이 포함됩니다(갈 5:22-23). 사도 바울은 직분자에게 요구되는 덕은 모름지기 충성이라고 말합니다(고전 4:2). 사람도 충성된 사람을 좋아하고 일을 맡기거나 함께 일하려고 하듯이, 하나님께서도 충성된 인물을 기뻐하시고 사용하십니다.

하나님께서는 모세에게 주신 계시와 그의 직분의 독특함을 친히 증명하시기를, "이르시되 내 말을 들으라. 너희 중에 선지자가 있으면 나 여호와가 환상으로 나를 그에게 알리기도 하고 꿈으로 그와 말하기도 하거니와 내 종 모세와는 그렇지 아니하니 그는 내 온 집에 충성함이라(민 12:6-7)"고 하셨습니다. 하나님께서는 모세에게 대면하여 명백히 말씀하셨고 은밀한 말로 아니하셨습니다. 모세는 과연 하나님의 음성을 밝히 들은 하나님의 종이었습니다. 그러므로 모세를 비방하는 것은 하나님께서 그에게 주신 독특한 역할과 권위에 손상을 입힐 수 있으므로 극히 삼가야 했습니다. 그러나 그들이 모세를 비방한 사건을 통해 오히려 모세의 특별한 역할과 권위가 하나님 자신에 의해 밝히 증명되었습니다.

먼저 얼굴 중에서도 하나님의 얼굴에 관해 생각해 보겠습니다. 그런데 하나님의 얼굴에 관해 우리가 뭘 말할 수 있겠습니까? 우리 인생은 하나님을 볼 수 없습니다. 하나님은 영이시기 때문에 우리는 우리의 육체의 눈으로 하나님을 볼 수 없습니다. 디모데전서 6장 16절에서 말씀합니다. "오직 그에게만 죽지 아니함이 있고 가까이 가지 못할 빛에 거하시고 어떤 사람도 보지 못하였고 또 볼 수 없는 이시라." 그렇다면 하나님을 보았다는 사람들은 하나님을 본 것이 아닙니다. 꿈에 하나님을 보았다는 분들이 있습니다. 하나님이 어떻게 생기셨느냐고 물어보면 흰 옷을 입고 수염이 길게 나 있더라고 합니다. 지팡이를 짚고 있지 않더냐고 물으면 그렇다고 합니다. 그 사람이 꿈에 본 그 분이 하나님이 맞겠습니까? 하나님이 아니라 다른 형상일 수가 있습니다.

그런데 구약성경을 보면 하나님께서는 자기 백성들에게 얼굴을 보여주시는 분입니다. 어떻게 된 것일까요? 다른 고대근동의 신들과는 달리 하나님께서는 어떤 형상도 만들지 말라고 하셨습니다. 하나님은 형상으로 표현될 수 있는 분이 아니라는 말입니다. 그럼에도 불구하고 하나님은 자신을 숨기시는 것이 아니라 하나님의 백성들에게 자신을 나타내시는 분임을 보여주고 있습니다. 하나님께서는 다양한 방식으로 하나님 자신을 나타내셨습니다. 음성을 들려주실 때도 있고, 꿈에 나타나실 때도 있었습니다. 기도하는 중에 환상으로 나타나실 때도 있습니다. 천사나 사람의 모습으로 나타나신 적도 있습니다. 창세기 32장 31절에 보면 야곱은 얍복 나루에서 밤새 천사와 씨름했는데 나중에 고백하기를 자기가 하나님의 낯을 뵈었음에도 불구하고 살아남았다고 감격적으로 고백합니다. 욥은 고난을 통과한 후에 "내가 주께 대하여 귀로 듣기만 하였사오나 이제는 눈으로 주를 뵈옵나이다(욥 42:5)" 라고 고백합니다.

구약시대에 누구보다도 가까이서 하나님의 얼굴을 본 사람이 있습니다. 누구겠습니까? 모세입니다. 모세는 사람이 자기의 친구와 이야기하는 것처럼 하나님과 대면하여 말하는 복을 누립니다. 모세의 누이 미리암과 모세의 형 아론이 모세를 비방했을 때 하나님께서 직접 말씀하십니다. 민수기 12장 6절부터의 말씀인데요. "내 말을 들으라. 너희 중에 선지자가 있으면 나 여호와가 환상으로 나를 그에게 알리기도 하고 꿈으로 그와 말하기도 하거니와 내 종 모세와는 그렇지 아니하니 그는 내 온 집에 충성함이라. 그와는 내가 대면하여 명백히 말라고 은밀한 말로 하지 아니하며 그는 또 여호와의 형상을 보거늘 너희가 어찌하여 내 종 모세 비방하기를 두려워하지 아니하느냐" 그런데 성령이 역사하시는 현대는 성령으로 거듭난 성도는 성령의 음성으로(행10:17-22), 그렇지 못한 사람은 천사를(행10:1-8) 통해 인도하십니다.

　놀라운 사실은 시편에 보면 하나님의 백성들은 하나님의 얼굴을 구하는 자들로 노래되고 있습니다. 하나님의 백성들은 '야곱의 하나님의 얼굴을 구하는 자'라고 불리웁니다. 시편 42편 기자는 다음과 같이 노래합니다. "내 영혼이 하나님 곧 살아 계시는 하나님을 갈망하나니 내가 어느 때에 나아가서 하나님의 얼굴을 뵈올까?" 하나님의 백성들은 자신들이 누리는 구원을 하나님께서 그 얼굴을 돌이키셔서 하나님의 얼굴의 광채를 비춰주시는 것으로 노래했습니다. 시편 80편 기자는 시작부분과 끝부분에서 동일하게 하나님의 얼굴의 광채를 비춰달라고 노래합니다. "하나님이여, 우리를 돌이키시고 주의 얼굴빛을 비추사 우리가 구원을 얻게 하소서." "만군의 하나님 여호와여 우리를 돌이켜 주시고 주의 얼굴의 광채를 우리에게 비추소서 우리가 구원을 얻으리이다."

　이런 고백은 하나님께서 이스라엘의 대제사장들로 하여금 그 백성에게 선포하라고 하신 복의 문구를 통해 이미 나타났던 것입니다. 우리가 공 예배 끝날 때에 받게 되는 강복선언이 바로 그것이지요. "여호와는 그의 얼굴을 네게 비추사 은혜 베푸시기를 원하며, 여호와는 그 얼굴을 네게로 향하여 드사 평강 주시기를 원하노라." 하나님께서 자기 백성에게 그 얼굴빛을 비춰 주셨다는 것은 상징적인 표현에 불과한 것이 아닙니다. 이스라엘 백성들은 하나님과 맺은 언약을 통해 하나님을 대면하는 복을 누렸습니다. 하나님은 모든 자녀들이 하나님을 대면하기를 원하십니다. "마음이 청결(순수)한 자는 복이 있나니 그들이 하나님을 볼 것임이요(마5:8)" 어린아이와 같이 순수한 마음을 가진 사람들은 하나님을 볼 것인데 하나님은 그 아들을 통해서 자신을 계시하시되 어린아이와 같이 마음이 순수한 사람에게만 계시하여 보여주실 것이기 때문입니다. 하나님은 모든 사람을 지으실 때 영을 마음 중심에 지어주셨기 때문에 영의 중추 기능인 양심을 통해서 생명의 빛을 받고 마음에 가득한 악과 어둠의 세력들을 밝히 볼 수 있으며, 자신의 마음(혼)상태를 본 자는 하나님께 돌이켜 회개할 수 있는 마음을 지어졌습니다.

하나님은 그 누구라도 복음을 듣고 양심에 빛을 받아 자신의 마음을 반사하여 보도록 만민에게 복음을 증거 하게 하시는 것은 모든 사람을 다 구원하여 한 사람이라도 멸망 받지 않고 성령으로 하나님을 참되게 아는 진리의 지식에 이르기를 원하시기 때문입니다. 경건한 삶을 방해하는 요인들 중의 하나가 돈(욕심)을 사랑하는 마음이라고 권하시는 바울의 마음을 읽으면서 하나님의 거룩하심과 선하심을 깨달아보며 하나님의 얼굴을 본다는 것이 무슨 뜻인지 알 수 있습니다.

2장 자녀들을 꿈으로 인도하시는 하나님

(욥33:13-18)"하나님께서 사람의 말에 대답하지 않으신
다 하여 어찌 하나님과 논쟁하겠느냐. 하나님은 한 번 말씀
하시고 다시 말씀하시되 사람은 관심이 없도다. 사람이 침
상에서 졸며 깊이 잠들 때에나 꿈에나 밤에 환상을 볼 때에
그가 사람의 귀를 여시고 경고로써 두렵게 하시니 이는 사
람에게 그의 행실을 버리게 하려 하심이며 사람의 교만을
막으려 하심이라. 그는 사람의 혼을 구덩이에 빠지지 않게
하시며 그 생명을 칼에 맞아 멸망하지 않게 하시느니라"

하나님은 꿈을 이용하여 자신의 자녀들은 보호하시고 인도하
십니다. 하나님은 꿈을 통해서도 하나님의 뜻을 전하십니다. 우리
는 꿈을 성령으로 잘 해석하여 하나님의 뜻이 무엇인지 분별해야
합니다. 영적인 꿈이란, 말씀과 성령으로 충만하고 거듭난 성도
가 꾸는 꿈입니다. 영적인 꿈은 성령으로 기도하는 성도가 하나님
이 알려주시는 자신의 현재의 상태와, 앞으로 어떻게 해야 할 방
향과, 하나님의 계획을 알려주는 것입니다. 영적인 꿈은 에너지가
강하여 꿈을 꾼 다음에도 기억이 강하게 나타나는 꿈입니다.

모든 사람이 꿈을 꿉니다. 보통 우리가 하루 8시간씩 잠을 잔다
면 하루에 30분 내지 1시간에 걸쳐 5-6회 정도 꿈을 꾼다고 합니
다. 꿈을 꾸어도 기억하지 못하는 사람이 있습니다. 그래서 전혀

꿈을 꾸지 않는 것으로 오해합니다. 우리가 하루에도 여러 번 꿈을 꾸는데 기억되는 것은 대개 잠에서 깨기 직전의 꿈입니다. 이 마지막 꿈은 여러 가지 꿈을 하나로 요약해 주는 중요한 꿈이라고 볼 수 있습니다.

심층심리학에 따르면 꿈은 우리가 잠잘 때 의식의 기능이 약해진 틈을 타서 의식의 수면 위로 떠오른 무의식의 내용입니다. 그렇기 때문에 우리는 꿈을 통해 우리 자신의 무의식을 잘 이해할 수 있게 됩니다. 우리가 꿈을 무시하면 우리의 심층심리를 알 수 없습니다. 그래서 의식과 무의식을 하나로 통합하는 자기실현의 기회를 상실하게 됩니다. 꿈은 우리의 심층심리를 이해하고 통합하는 데 도움을 줍니다. 꿈은 하나님께서 우리에게 메시지를 전달하시고 우리와 소통하시는 하나의 방식입니다. 우리는 인생의 중요한 고비에서 꿈을 통해 하나님의 음성을 듣습니다. 하나님의 지혜를 받아 어려운 문제를 기적적으로 해결하게 됩니다. 우리는 꿈 해석을 통해 하나님과 더 깊은 관계를 맺을 수 있습니다.

꿈은 우리가 영적으로 더 일관성 있게 살아갈 수 있도록 이끌어 줍니다. 꿈은 영혼의 언어요, 하나님의 선물이기에 에너지를 내포하고 있습니다. 또 창조적인 생각을 드러내 줍니다.

꿈은 자기 자신의 보다 정직한 표현이라고 볼 수 있습니다. 그렇기 때문에 꿈을 무시하면 자기실현의 기회를 상실하게 됩니다. 우리는 꿈을 꿀뿐만 아니라 바르게 해석해야 합니다. 해석되지 않은 꿈은 읽지 않은 편지와도 같습니다. 우리는 꿈을 해석함으로써 우리를 치유하시고 위로하시는 하나님을 만나게 됩니다. 우리는 꿈을 해석함으로써 의식과 무의식의 통합을 꾀할 수 있습니다. 우리 내면의 결함을 알게 되고 그것을 수정할 수 있는 안내를 받습니다. 부정적인 자아상을 벗고 긍정적인 자아상을 갖게 됩니다. 잘못되고 병든 하나님과의 관계와 인간관계를 바로 잡게 됩니다.

불안과 공포의 뿌리를 보고 사랑과 평안과 신뢰를 회복하게 됩니다. 인생의 전환기를 지날 때 격려와 안내를 받음으로써 추락하지 않게 됩니다. 지금까지 깨닫지 못했던 엄청난 에너지의 근원을 만나게 됩니다. 숨어 있는 에너지를 끌어내어 위기를 슬기롭게 극복하게 됩니다.

창조적인 지혜와 통찰력을 얻게 됩니다. 인생에서 더욱 중요한 것이 무엇인지 알게 되는 분별력이 생깁니다. 더 이상 방황하지 않고 인생의 궁극적인 목적을 향해 나아가게 됩니다. 하나님의 뜻에 보다 의식적으로 참여하게 됩니다. 꿈은 이런 것입니다.

첫째, 꿈은 경고와 지시이다. 꿈의 가장 중요한 요소는 하나님이 우리에게 다가올 어떤 일에 대해 미리 대처하게 하시기 위하여 경고하시거나 올바른 선택을 할 수 있도록 지시하시는 내용을 담고 있습니다. 적절한 때에 하나님은 꿈을 통하여 적절한 정보를 우리에게 주십니다. 우리는 이 말씀에 순종함으로써 유익을 얻을 수 있을 뿐만 아니라 하나님의 뜻을 이루어가게 되는 것입니다. 예수의 부친 요셉은 꿈을 통하여 받은 말씀에 순종하여 마리아를 아내로 받아들입니다. 동방 박사들은 헤롯에게로 가지 말라는 꿈의 지시를 따라 우회하여 고국으로 돌아갔습니다(마 2:12). 애굽으로 피신한 예수의 가족을 꿈을 통하여 고국으로 돌아갈 것을 지시 받습니다(마 2:19-23).

이처럼 꿈은 중요한 결정에 관여하였음을 볼 수 있습니다. 하나님은 사람에게 꿈을 꾸도록 창조하셨습니다. 사람은 영적인 존재이기 때문입니다. 하나님은 꿈을 통해서도 인간에게 뜻을 전합니다. 그래서 꿈을 무시하면 낭패를 당할 수가 있습니다. 그리고 이 훌륭한 꿈의 매체 기능을 이용하셔서 우리에게 말씀하시고 교통하시는 것입니다. 특히 마지막 시대에는 그 꿈이 다시 활성화 될 것을 말씀하셨습니다. 지금이 꿈이 활성화 될 때인 것입니다.

경고나 예언적인 요소를 가진 꿈은 그 사람의 응답(겔 33:13-16)의 결과에 따라서 성취의 여부가 달려있습니다. 경고의 꿈은 행동을 바꾸도록 요구하는 것이며 더 나아가 자신의 죄를 회개하고 돌아서게 하는 것입니다. 이러한 꿈의 지시에 순종하지 않으면 그에 따른 징계가 오게 됩니다. 하나님이 알려 주신대로 순종하지 않으면 고통을 당한다는 것입니다. 그러므로 꿈의 내용에 신중하게 생각하고 하나님의 물음에 응답하여야 합니다.

둘째, 하나님의 인도하심이다. 하나님은 꿈을 통하여 성도들을 인도하십니다. 어떠한 방향으로 인도하실 때 한 걸음씩 인도하십니다. 오직 한가지씩으로만 정보를 주시기 때문에 인도함을 받는 사람은 갑갑하고 지루한 느낌을 받게 됩니다. 하나님은 인간에게 순종하기를 원하십니다. 인내하며 하나님을 따르도록 훈련하십니다. 그러므로 하나님의 인도하심이 느리다고 자기 생각으로 경솔하게 행동하면 불필요한 고난을 당하는 것입니다. 하나님은 하나님의 음성에 순종하지 않으면 고통이 따른다는 것을 체험하게 하십니다. 하나님은 인간에게 하나님의 음성에 순종하는 훈련을 시키십니다. 그래서 하나님은 일용할 양식만을 주시듯이, 광야에서 하루의 필요한 만나만을 주시듯이 그날에 필요한 정보만을 주시는 것입니다.

셋째, 꿈은 자신의 결점을 지적한다. 꿈에서 흔히 등장하는 상징이 집과 자동차(승용차, 버스, 화물차 등) 등입니다. 이는 자신의 삶에 대해서 하나님이 말씀하시는 것입니다. 특히 자신의 결점과 회개해야 하는 죄의 문제에 대해 다루시는 것입니다. 어떤 특정 인물을 등장시켜 그 인물의 특성과 자신을 비교하게 하여 자신의 인격의 문제를 다루십니다. 하나님은 인간에게 꿈을 통하여 하나님께서 자신을 어떻게 보고 계시는지를 깨닫고 그 결점을 고치게 하려는 것입니다. 우리는 꿈을 통하여 자신의 내면의 상태를 알고 치유할 수가 있습니다. 꿈을 무시하면 내면의 성숙을 쾌할 수 없습니다. 많은 경우 하나님은 꿈을 통하여 사람의 내면의 상태를 보게 하십니다. 그리하여 고쳐나가도록 하십니다. 이로보아 하나님은 사람의 심령에 대단한 관심이 있다는 것입니다. 우리는 꿈을 통하여 내면을 관리하여 하나님이 원하시는 심령으로 가꾸어야 합니다.

넷째, 장차 되어 질 일에 대한 계시이다. 하나님은 조만간 이루어질 일에 대해 꿈으로 미리 보여주십니다. 그 일이 이루어질 때 이는 하나님께서 하신 것임을 깨닫고 영광을 돌리게 하시려고, 그렇게 하시는 것입니다. 이러한 의미의 꿈은 대체로 그 내용이 상징과 비유로 되어 있습니다. 그 비유의 의미를 깨닫기가 쉽지 않은 경우가 많이 있습니다.

또한 성령께서도 그 의미를 선명하게 말씀하시지 않습니다. 그러기 때문에 우리는 꿈의 비유를 해석할 수 있는 능력을 길러야 합니다. 꿈을 함부로 억지로 해석하는 것을 피하고 조용히 마음에 담아두고 성령하나님에게 질문을 해야 합니다.

질문을 하면 환경에 나타나는 보증의 역사로 알려주시기도 합니다. 또 그 사건이 이루어질 때 그 꿈이 생각나면서 그 상징의 의미가 선명하게 드러나면서 꿈이 해석되게 하기도 합니다. 성경을 장차 이루어질 일에 대한 기록은 매우 모호하기 때문에 지금도 그 해석을 정확하게 하지 못하고 있는 것이 사실입니다. 우리는 꿈을 통해서도 하나님이 장차 될 일을 알려주심을 알고 믿어야 합니다.

우리는 꿈을 꾸는 것도 중요하지만 꿈과 환상을 바르게 해몽해석하여 적용하는 것이 더 중요합니다. 고로 성도는 꿈과 환상을 해몽하고 해석할 수 있는 능력을 갖추는 것이 좋습니다.

다섯째, 하나님께서 증명해 주신다. 하나님의 인도가 맞는다는 것을 꿈을 통하여 보증하여 주신다는 것입니다. 꿈은 하나님이 우리에게 말씀하시는 수단이므로 하나님께서 그 꿈의 의미를 알 수 있도록 말씀과 성령으로 도와주십니다. 우리는 꿈은 일상적인 정신 작용이며, 미신적인 요소로 받아들이는 선입견 때문에 꿈을 무시해 온 것이 사실입니다. 세상에서 가장 좋은 것은 하나님이 우리에게 주신 선물입니다. 그럼에도 불구하고 우리는 이러한 자원들을 마귀에게 빼앗기고 오랫동안 되찾지 못했습니다. 하나님의 것을 하나님의 것으로 인정하지 않은 사이에 마귀는 그것을 빼앗아 자기 것으로 삼아왔습니다.

꿈은 결코 세상의 것이 아닙니다. 우리는 이것을 되찾아서 사용해야 합니다. 성령의 인도 속에서 살아가려면 꿈에 대해서도 관심을 가져야 합니다. 꿈은 우리가 잠들었을 때 수동적으로 받는 하나님의 말씀입니다. 이를 위해서 우리는 특별한 어떤 노력이 들어가는 것이 아닙니다. 은혜로 받은 말씀을 깨달을 수 있도록 하나님에게 구해야 합니다. 은혜로 받은 말씀을 믿음으로 받아들일 수 있도록 믿음 얻기를 구해야 합니다. 하나님은 여러 가지 다양한 방법으로 꿈을 현실 가운데서 증명해 주실 것입니다.

여섯째, 꿈의 종류는 이런 것이 있다. 꿈은 크게 나누어 아래와 같이 5가지 종류로 나눌 수 있습니다. 이것으로 자신이 꾼 꿈이 얼마나 중대한 의미를 가지는지 판단할 수가 있습니다. 단 지나치게 꿈에 집착하여 의도적으로 꿈을 만들어 해석하는 경우와 어디까지나 "꿈은 꿈이다." 라는 것도 잘 인식해야 할 것입니다.

1) 심몽(心夢) : 평소에 생각하고 있는 것이 비추어지는 꿈으로 반복해서 꾸는 꿈이 이에 해당됩니다. 이것을 심리적인 꿈이라고 합니다. 사람의 심리가 만들어내는 꿈이라는 것입니다. 마음먹고 생각하는 것이 꿈으로 나타나는 것입니다.

2) 정몽(正夢) : 이것은 보거나 느낀 적도 없으며 마음을 먹거나 생각한 바도 없는데 갑자기 꿈에 어떤 영상이 뚜렷하게 나타나고 깨어나서도 꿈의 전후 현상이 기억에 생생히 남아있는 경우입니다. 또는 어떤 일에 대하여 극도로 심려하고 있을 때에 그것이 실현되거나 그것에 대한 어떠한 결과가 이루어지려는 경우에 나타납니다.

3) 허몽(虛夢) : 심신이 쇠태 할 때 꾸는 기분 나쁜 꿈으로서 우울한 꿈이 많습니다. 환경에 여러 가지 문제로 불안이나 스트레스가 심할 때 꿈자리가 사나울 때 꾸는 꿈입니다.

4) 잡몽(雜夢) : 욕망에 대한 꿈으로서 꿈 판단에는 그다지 의미가 없습니다.

5) 영몽(靈夢) : 신화적 영적인 꿈으로 하나님이나 천사가 나타나 경고하는 중대한 의미를 갖는 꿈으로 일생에 한번 꿀까 말까 하는 꿈으로 봅니다.

이 다섯 가지 중에서 꿈 해석을 가장 중요하게 여기는 것이 심몽(心夢)과 영몽입니다. 심몽(心夢)의 해석은 모든 사람에게 타당하고 일반적인 꿈 해석으로 볼 수 있는 것입니다. 이외에도 여러 종류로 나누어지는 꿈들이 많지만 기본적으로 위의 분류로 해석을 하고 있습니다.

여덟째, 악몽(惡夢)과 가위눌림도 있다. 지적인 문제뿐 아니라 정신적인 문제도 꿈을 통해 해결하는 것이 가능합니다. 가령 불안한 꿈은 우리들 자신에 관한 중요한 진실을 깨닫는데 도움을 줍니다. '악몽'에 대한 현대적인 관점은 그 단어의 원래 뜻과 현격한 차이를 보입니다. 원래 이 단어는 잠자는 자를 방문하여 농간을 부림으로써, 재산과 육체와 영혼을 빼앗는 사악한 영혼을 뜻했습니다. '악령'이나 악마는 여성의 경우에 남자 마귀의 모습으로 나타났으며, 남성들에게는 여자 마귀의 모습으로 나타났습니다. 마귀들은 꿈꾸는 이가 마치 무언가에 가슴에 짓눌린 것처럼 압박감과 압도당하는 느낌을 갖게 만들었습니다. 최근의 심리학에서는 꿈속의 악몽을 무의식 속의 상처를 나타내는 상징으로 보기도 합니다.

악몽은 영적인 문제입니다. 영적문제는 인간적인 방법으로는 근본적인 치유가 불가능합니다. 영적문제의 배후에는 마귀, 귀신의 역사가 있기 때문입니다. 부모들은 자녀들의 낭떠러지에서 떨어지는 꿈을 키가 크는 꿈이라고 긍정적으로 해석했습니다. 세상에는 꿈 해몽법이라는 책도 많이 나와 있습니다. 물론 꿈을 통해 장래 일을 알게 되기도 하고 사고를 미연에 방지할 수도 있습니다. 그러나 비슷한 악몽을 계속 꾸어 고통스럽다면 생각해 보아야 합니다. 귀신이 꿈에 자주 보인다던가. 죽은 사람이 나타난다 던가. 누가 쫓아오거나, 무기 등으로 공격하거나 동식물, 괴물에 의해 괴롭힘을 받는 등 많은 사람들이 악몽 때문에 시달리고 있습 니다. 특히 무속인 들이 많이 시달립니다. 신기가 있는 사람들은 100% 시달립니다. 악몽을 없애기는 의외로 쉽습니다. 예수님을 영혼 속의 주인으로 진짜 모시기만 하면 되는 것입니다. 왜냐하면 예수님은 마귀의 일을 멸하시려 오신 분이기 때문입니다. 마귀의 일 중의 하나가 악몽입니다. 사람을 괴롭혀 결국 자기 종으로 만 듭니다. 내림굿 등을 통해 무당이 되어 마귀의 종노릇을 하게 됩 니다. 스트레스로 인하여 체력이 약해졌을 때 악몽을 많이 꾸게 됩니다. 자신의 체력관리도 잘해야 합니다.

필요하면 성령의 지배 하에 이렇게 기도하면 됩니다. 반드시 성 령이 충만하게 임한 상태에서 대적기도를 해야 합니다. "행복의 원천이신 예수님, 마귀의 일을 멸하려 오신 예수님, 악몽으로 괴 롭히는 귀신들을 추방하시는 예수님, 지금 제 안에 성령으로 좌정 하고 계십니다. 제 마음의 중심에 항상 계셔서 생각과 마음을 주 장하시고 악몽을 없애 주세요. 예수 그리스도 이름으로 명령한다. 귀신들은 내게서 떠나라. 나는 하나님의 자녀다. 남은 인생 하나 님의 영광을 위해 살 수 있도록 인도해 주세요. 믿습니다. 예수 그 리스도 이름으로 기도 드립니다. 아멘."

몇 번만 기도해도 효과는 금방 나타납니다. 덧붙여 귀신에게 명 령하면 효과는 증대가 됩니다. 성령으로 기도하여 자신 안에서 성령의 불과 성령의 권능이 분출되게 해야 다시 침입하지 않습니다. 성령으로 기도하면서 "예수 그리스도 이름으로 명령한다. 악몽을 꾸게 하는 귀신들은 내게서 떠나가라." 이렇게 계속 기도하면 될 수도 있지만 성령의 불이 나오면 됩니다. 이렇게 해도 악몽이 계속 꾸어진다면 말씀과 성령으로 전인치유 하는 곳에 가서 전문적인 치유를 받는 것이 좋습니다. 저의 체험으로는 악몽을 꾸던 분들이 몇 주 동안 오셔서 내면을 치유 받고 정상으로 회복이 되었습니다.

상담을 하다가 보면 의외로 가위눌림을 당하는 사람들이 많이 있습니다. '간밤에 가위에 눌려 잠을 설쳤다'고 호소하는 사람이 있다는 것입니다. 뭔가 알 수 없는 (또는 달걀귀신처럼 형체가 보이는) 존재가 목을 압박해 가슴이 답답해집니다. 숨이 막히는 것과 같이 답답합니다. 저의 경우는 검은 물체가 목과 가슴을 강하게 눌러서 꼼짝을 못하고 비명만 질렀습니다. 정신은 멀쩡한데 일어나려고 애를 써도 몸이 좀처럼 움직여지지 않습니다. 더 이상 견디기 어렵다고 느낄 때 잠이 깨 위기를 모면합니다. '가위'는 자는 사람을 놀라게 하는 귀신을 말합니다.

그렇다면 '가위에 눌렸다'는 말은 정말 잠자는 동안 귀신으로부터 괴로움을 당했다는 말일까요? 의식이 깨어 있지만 근육은 완전히 이완된 단계입니다. 또 꿈을 활발하게 꿉니다. 그래서 정신이 멀쩡하게 느껴지고, 달걀귀신이 덮치는 것과 같은 악몽에 시달리며, 몸을 움직일 수 없습니다. 한편 호흡이 불규칙하게 변합니다. 숨을 정상적으로 쉴 수가 없습니다.

이때 목이 조여오거나 가슴에 누가 올라탄 느낌이 들 수 있습니다. 더욱이 코를 골다 순간적으로 호흡이 멈추는 일이 일반인에게도 빈번히 일어납니다. 이 시기에 악몽이 겹치면 영락없이 가위에 눌리게 될 것입니다. 내가 그동안 상담하면서 종합한 결론으로는 스트레스가 심하여 체력이 떨어졌을 때 가위눌림을 많이 당했다고 했습니다. 필자도 일대일 축귀사역을 하여 심신이 피곤하고 체력이 떨어졌을 때 가위눌림을 당했습니다.

낮에 '남묘호랭개교'를 믿었던 성도를 축귀한 다음에 피곤하여 막 잠이 들려고 하는데 검은 물체 두 놈이 저에게 다가오더니 목과 가슴을 사정없이 누르는 것이었습니다. 꼼짝을 못하고 악~ 억~ 하고 소리만 질렀더니 사모가 와서 왜 그러냐고 하며 소리를 지르니 풀려서 일어날 수가 있었습니다. 그때 필자가 가위눌림을 당해보니 가위눌렸다는 성도들의 심정을 헤아릴 수가 있습니다. 시커먼 놈들이 달려들어 목을 누르니 숨이 막혀서 죽는 것과 같습니다.

하나님은 꿈을 통해서 우리의 잔꾀를 막고 우리의 교만을 막고자 하십니다. 그래서 우리를 멸망에서 건지고자 하십니다. 그런데도 우리는 꿈을 무시함으로써 하나님의 그 자상하신 배려를 묵살하고 마는 것입니다. 꿈을 지나치게 무시하거나 하찮게 여기는 것, 이것이 꿈에 대한 첫 번째 오해입니다. 우리는 꿈을 지나치게 무시하지 말아야 할 것입니다. 로마황제 시저도 그의 부인이 꾼 경고의 꿈을 무시하다가 살해당했고 미국 대통령 링컨도 자신이 꾼 경고의 꿈을 무시하다가 암살당했습니다. 로마총독 빌라도는 자신의 부인이 꾼 경고의 꿈을 무시하다가 하나님의 아들 예수님을 십자가에 못을 박고 말았습니다. 우리는 꿈에 대해서 코웃음 치지 말아야 할 것입니다. 왜냐 하면 꿈 중에는 하나님이 주시는 것도 있기 때문입니다.

꿈을 지나치게 무시하는 것이 꿈에 대한 첫 번째 오해라면 두 번째 오해는 꿈을 지나치게 신성시하는 것입니다. 어찌 모든 꿈이 다 의미 있는 것이라고 할 수 있겠습니까. 사람이 잠을 깊이 자지 못하고 자다가 깨다가 하면서 꿈을 많이 꾼다면 그 꿈들이 어찌 다 소중하다고 할 수 있겠습니까. 꿈 중에는 나의 심리가 만들어내는 것이 많습니다. 나의 심리상태가 어떤가에 따라서 그 꿈도 천차만별이겠지요. 그러니 모든 꿈이 다 소중하다고는 할 수 없는 것이지요. 물론 심리적인 꿈도 가치가 있습니다. 그 꿈을 통해서 꿈꾼 사람의 심리상태를 파악할 수 있으니까요.

우리는 심리적인 꿈을 분석함으로써 우리 자신의 심리를 적절하게 조절하는 조치를 취할 수 있게 됩니다. 그런 측면에서는 심리적인 꿈도 가치가 있겠지요. 여하튼 우리는 꿈에 대한 양극단적인 오해에서 벗어나야 할 것입니다. 꿈을 향해 코웃음 친다거나 꿈을 향해 절하지 말아야 할 것입니다. 우리는 꿈에 대한 두 가지 오해에서 벗어나 적절한 균형을 취할 줄 알아야 할 것입니다. 우리는 꿈에 대해서 바른 지식을 가져야 할 것입니다. 우리는 꿈을 바르게 해석하고 바르게 적용해야 할 것입니다. 간혹 하나님이 주신 꿈이라면 무엇보다 순종하는 자세를 취해야 할 것입니다.

3장 꿈과 환상으로 말씀하시는 하나님

(욜2:28) "그 후에 내가 내 영을 만민에게 부어 주리니
너희 자녀들이 장래 일을 말할 것이며 너희 늙은이는 꿈을
꾸며 너희 젊은이는 이상을 볼 것이며"

하나님은 다양한 방법으로 우리의 기도에 응답하십니다. 하나님은 보통 설교 말씀, 성경 말씀, 꿈과 환상, 청각적인 음성과 심적인 음성, 예언, 심적인 소원으로 응답을 하십니다. 사람이 성령으로 충만하여 영적인 상태가 되었을 때 영이신 하나님 자신이 선택하는 방법으로 알려주십니다.

하나님은 꿈이나 환상을 통해서도 우리에게 하나님의 뜻을 보여줍니다. 때로는 천사의 방문을 통하여 하나님의 계시를 알려주십니다. 예수님을 잉태한 마리아를 보십시오. 마리아는 하나님의 천사 가브리엘이 방문하여 예수 그리스도를 잉태하실 것을 보여주셨습니다. 천사를 통해서 하나님 뜻을 보여 주신 것입니다.

누가복음 1장 35절에 "천사가 대답하여 가로되 성령이 네게 임하시고 지극히 높으신 이의 능력이 너를 덮으시리니 이러므로 나실바 거룩한 자는 하나님의 아들이라 일컬으리라" 그와 정혼한 요셉이 함께 되기도 전에 마리아가 잉태했다는 소식을 듣고 그는 굉장히 낙심해서 마리아와 약혼을 파혼하려고 했었습니다. 그럴 때 하나님의 뜻이 꿈으로 나타났던 것입니다. 마태복음 1장 20절

로 21절에 "이 일을 생각할 때에 주의 사자가 현몽하여 가로되 다 윗의 자손 요셉아 네 아내 마리아 데려오기를 무서워 말라 저에게 잉태된 자는 성령으로 된 것이라 아들을 낳으리니 이름을 예수라 하라 이는 그가 자기 백성을 저희 죄에서 구원할 자이심이라 하니라" 보십시오. 마리아에게는 천사의 방문을 통하여 알려주시고 요셉에게는 꿈으로 하나님이 뜻을 보여 주신 것입니다. 동방박사가 황금, 몰약, 유향을 가지고 어린 하나님의 아들 예수 그리스도를 경배하고 난 다음에 동방박사들에게 하나님이 나타나서 헤롯왕에게로 돌아가지 말고 다른 길로 돌아가라고 지시했습니다. 마태복음 2장 12절에 보면 "꿈에 헤롯에게로 돌아가지 말라 지시하심을 받아 다른 길로 고국에 돌아가니라" 꿈을 통해서 동방박사도 하나님의 뜻을 보여주었습니다.

다메섹 도상에 사울에게도 하나님께서 환상을 통하여 나타나신 것입니다. 사도행전 9장 3절로 7절에 "사울이 행하여 다메섹에 가까이 가더니 홀연히 하늘로서 빛이 저를 둘러 비추는지라 땅에 엎드려져 들으매 소리 있어 가라사대 사울아 사울아 네가 어찌하여 나를 핍박하느냐 하시거늘 대답하되 주여 뉘시오니이까 가라사대 나는 네가 핍박하는 예수라 네가 일어나 성으로 들어가라 행할 것을 네게 이를 자가 있느니라 하시니 같이 가던 사람들은 소리만 듣고 아무도 보지 못하여 말을 못하고 섰더라"

여기 보십시오. 꿈과 환상을 통해서 성령께서는 오늘날도 우리에게 말씀하여 주십니다. 모든 꿈이 다 하나님의 계시요 하나님의 뜻이다? 너무 밥을 많이 먹고 소화가 안 되어 자다가 개꿈을 꾸는 사람들도 있어요. 그것을 "아~ 꿈을 꾸었다. 이상한 꿈을 꾸었다." 그런 것은 안 되고 꿈에 하나님의 천사가 나타나서 말씀하시든지 예수님이 나타나서 말씀하시든지 분명한 하나님의 계시로 나타나셔서 말씀하실 때가 있습니다.

꿈이나 환상은 우리에게 하나님의 뜻을 알려주는 중요한 수단이 되는 것입니다. 저는 하나님이 꿈을 앞날을 많이 알려 주십니다. 제가 교회를 개척하여 교회를 부흥시키려고 열심히 전도하고 병원에 다니면서 환자들에게 안수 기도 하여 치유하고, 아무리 열심을 내어도 교회가 성장되지 않아 낙심하고 있을 때입니다. 그때 우리는 교회 안에서 살림을 하고 지냈습니다. 정말 사는 것이 말이 아니었습니다. 청소년들인 딸들을 그 황무지도 같고 유흥가라 향락이 판을 치는 곳에서 산다는 것이 정말 어려웠습니다.

그 때는 이미 퇴직금으로 받은 재산도 다 날아가고 도저히 제 힘으로는 그곳에서 빠져나오지 못할 지경에 처해 있었습니다. 그래서 날마다 하나님에게 사정하며 기도했습니다. 하나님 저 좀 사용하여 주시고, 사택을 어서 빨리 이곳에서 이사를 나가게 해주셔서 주택가나 아파트에서 살아가게 해주세요. 정말 가장의 체면이 말이 아닙니다. 하고 기도하던 어느날 그 때가 아마 2001년 7월 정도 되는 것 같습니다. 한 밤에 꿈을 꾸는데 천사들이 도열을 하며 박수를 받으면서 우리식구가 나가는 것이었습니다. 그곳을 설명하면 승강기를 내려서 양쪽으로 통로가 나있는데 우리는 차가 다니는 곳이 아닌 사람이 통행하는 쪽을 이용하였습니다. 그런데 그곳 양쪽에 작은 필자의 허리정도 되는 키의 천사들이 통로 좌우편에 도열하여 박수를 치는데 제가 제일 앞에서고, 그 다음은 사모가 서고, 그 뒤에 큰딸 은혜가 서고, 그 다음에 작은딸 은영이가 천사들의 박수를 받으면서 나오는 것이었습니다. 그 꿈을 꾸고 저는 한 몇 칠 있으면 교회를 나와서 밖으로 이사를 갈 것으로 생각했는데, 그 세월이 이년이나 걸렸습니다. 그러나 저는 아무리 환경이 어렵고 막막해도 꼭 승리하여 나간다는 확신을 가지고 기도하며 지냈습니다. 이년이 지난 후 하나님이 축복을 하셔서 그 꿈과 같이 승리하여 아파트를 얻어서 나왔습니다. 꿈에 하나님이 나타나서 하나님의 뜻을 보여준 것입니다. 당신도 때때로 성령께서 꿈에 나타나서 자신을 인도할 때가 있을 것입니다.

주의 종이 성령으로 충만한 가운데 기도하고 받은 설교 말씀이라면 그 설교 말씀 가운데 반드시 레마의 말씀이 있습니다. 회중 전체에게 주시는 일반적인 메시지가 있는가 하면 나에게 개인적으로 주시는 레마의 메시지가 있습니다. 우리는 설교 말씀에서 레마의 말씀을 받을 수 있어야 합니다. 레마가 바로 하나님이 우리에게 말씀하시는 뜻이기 때문입니다. 그래서 설교를 들을 때는 성령의 지배가운데 들어야 하나님이 말씀하시는 레마가 자신에게 들리는 것입니다. 하나님은 우리에게 영과 진리로 예배하라고 하십니다. 우리는 두 가지 이유 때문에 성경 말씀을 읽어야 합니다. 첫째로 하나님은 성경 말씀을 통해 우리에게 응답하십니다. 둘째로 성경 말씀은 응답의 진위를 가리는 판단기준이 됩니다. 어떤 응답도 성경 말씀을 벗어난 응답은 가짜입니다.

어떻게 성경 말씀에서 응답을 받을 수 있습니까? 우리는 성경 말씀을 읽을 때 성령의 지배 하에 영의 상태에서 믿음을 가지고 읽어야 합니다. 지금 하나님이 나에게 구체적인 응답을 주실 것이라는 기대감을 가지고 성경 말씀을 대해야 합니다. 그리할 때 하나님은 성경 말씀으로 응답을 주십니다.

하나님은 꿈과 환상으로도 응답하십니다. 성경 말씀과 설교 말씀이 하나님의 글자 언어라면 꿈과 환상은 하나님의 그림 언어입니다. 꿈은 잘 때 주시는 그림 언어이고 환상은 깨어 있을 때 주시는 그림 언어입니다. 환상은 눈을 뜨고 있든지, 감고 있든지 상관없이 깨어 있을 때 주시는 그림입니다. 꿈은 모든 사람이 꿉니다. 믿는 자도 꾸고 믿지 않는 자도 꿉니다. 하나님은 꿈을 통해서 응답하십니다. 구약의 요셉은 두 번 꿈을 꾸었고(창37:5-9), 신약의 요셉은 세 번 꿈을 꾸었습니다(마1:20, 2:13, 19-21). 솔로몬은 꿈꾼 대로(왕상3:5-12) 가장 지혜로운 왕이 될 수 있었습니다. 다니엘은 꿈을 꾸고 성경을 기록하였습니다(단7:1).

하나님은 믿지 않는 자에게도 꿈을 통해 응답하십니다. 바로 왕도 하나님의 꿈을 꾸었고(창41:1), 바로 왕에게 시중드는 관원들도 하나님의 꿈을 꾸었고(창40:16), 느부갓네살 왕도 하나님의 꿈을 꾸었고(단2:1), 빌라도의 아내도 꿈을 꾸었습니다(마27:19). 하나님은 꿈을 통해 응답하시기 때문에 우리는 꿈을 무시하지 말아야 합니다.

그렇다고 모든 꿈이 다 하나님이 주시는 꿈은 아닙니다. 과거의 경험이 나타나는 꿈도 있고 심리적인 욕망을 드러내는 꿈도 있고(전5:3), 거짓 꿈도 있습니다(신13:1, 슥10:2). 우리는 하나님이 주신 꿈인지, 자신이 만들어내는 꿈인지, 사탄이 준 꿈인지 분별해야 합니다. 꿈을 꾸는 것보다 분별하는 것이 더 중요합니다.

꿈을 해석하는 것도 중요합니다. 직독 직해해야 하는 꿈도 있고 상징적으로 해석해야 하는 꿈도 있습니다. 직독 직해 할 것을 상징적으로 푼다든지, 상징적으로 풀어야 할 것을 직독 직해로 푸는 잘못이 많습니다. 특히 꿈 해석의 은사를 받은 사람이 있습니다. 요셉이 그랬고(창41:25), 다니엘이 그랬습니다(단1:17).

우리는 꿈을 중요하게 여겨야 합니다. 꿈을 무시해서는 안 됩니다. 꿈을 꾸고 잊어 버려서는 안 되는 경우도 있습니다. 우리도 꿈을 기록해야 합니다. 그러나 꿈을 꾸는 것보다 분별하는 것이 더 중요합니다. 분별하려면 인간의 심리적인 욕망에 대해서 공부를 해야 합니다. 제대로 해석하기 위해서도 공부해야 합니다.

육체의 연습(운동)은 육체의 건강을 가져 오고 영혼의 연습(경건)은 영혼의 건강을 가져 옵니다(딤전4:8). 그런데 운동은 꾸준하게 반복하고 숙달되도록 해야 합니다. 30분이상을 해야 합니다. 야구의 배팅, 테니스의 스트로크, 골프의 스윙 등 운동의 원리는 고개를 숙이고 자세를 낮추고 힘을 빼야 합니다. 경건도 마찬가지입니다. 조용히, 잠잠히, 민감하게, 애정을 가지고 기대하면서 하나님의 응답을 기다리는 것입니다. 기도를 시작하면 30분 이상을 해야합니다. "주님, 제게 응답하옵소서. 글자로, 그림으로, 음성으로, 소원으로 응답하옵소서."

꿈은 하나님의 또 다른 말씀입니다. 하나님은 꿈으로 말씀하십니다. 오늘은 꿈으로 경고하시는 경우를 한 번 살펴봅시다. 하나님은 꿈에 라반에게 경고하셨고(창31:24), 예수님의 의붓아비 요셉에게 경고하셨습니다(마2:12). 1912년 타이타닉호가 영국에서 미국으로 떠나려 할 때 한 소녀가 꿈을 꾸었습니다. 소녀는 거대한 배가 가라앉고 많은 사람들이 비명을 지르는 소리에 잠을 깨었습니다. 소녀는 다시 잠을 청했으나 같은 꿈을 꾸었습니다. 또 타이타닉 호를 타기 위해 예약했던 한 사람도 꿈을 꾸었는데 배가 기울어져 물속에 잠겼습니다. 그는 이런 꿈을 세 번이나 꾸었습니다. 그는 예약을 취소하고 배를 타지 않았습니다. 며칠 후 타이타닉 호는 침몰하고 1500명이 죽었습니다.

스텔라 홀브룩은 자기 친구 심프슨 부인에 관한 꿈을 꾸었습니다. 친구가 양손으로 머리를 감싸고 방안을 오가고 있었습니다. 친구는 미쳐 있었습니다. 스텔라는 너무 놀라 잠에서 깨어났으나 한숨도 더 잘 수 없었습니다. 다음 날 일찍 그녀는 자기 친구를 만나자마자 말했습니다. '지금 너는 목숨이 위태로운 상황인 것 같아. 빨리 의사를 만나봐야 해.' 그러자 친구가 못 믿겠다는 듯이 말했습니다. '나는 요즘 아주 기분이 좋게 지내고 있어.' 그래도 스텔라는 다급하게 말했습니다. '지금까지 내가 그렇게 생생한 꿈을 꾼 적이 없어. 어쨌든 한 번만 의사를 만나봐.' 친구는 할 수 없이 의사를 만났습니다. 그런데 의사는 그녀의 뇌 속에서 제 때에 발견해서 수술하지 않으면 아마 사람을 미치게 만들었을 종양을 발견했습니다. 뇌의 종양을 수술하고 건강하게 살았습니다.

초대교회의 교부인 제롬은 이런 꿈을 꾸었습니다. 갑자기 그는 성령에 사로잡혀 하나님의 심판대 앞에 끌려갔습니다. 거기에는 눈으로 볼 수 없는 빛이 있었고 보좌는 오색찬란한 불빛으로 둘러싸여 있었습니다. 그는 심판대 앞에 던져졌고 눈이 부셔서 고개를 들 수 없었습니다. 그때 한 소리가 났습니다. '너는 누구이며 무엇을 하다 왔느냐.' '예! 나는 크리스천입니다.' 그때 심판하시는 분이 말했습니다. '너는 거짓말을 하고 있다. 너는 키케로의 친구이지 그리스도의 형제가 아니다.' 그는 즉시 버림을 받았고 천벌이 내려졌습니다. 그의 몸은 매질을 당했고 그의 양심은 불로 인해 큰 고통을 당했습니다. 그때 그는 울면서 긍휼을 베풀어달라고 호소했습니다.

그의 울음은 채찍과 함께 크게 울려 퍼졌습니다. 드디어 구경꾼들이 몰려들어 심판대 앞에 있는 그를 내려다보았습니다. 그는 계속 용서를 구했습니다. 결국 그는 회개로 다시 살 수 있는 기회를 얻었습니다. 주위에 서 있던 사람들이 그에게 말했습니다. "다시는 이단들이 행하는 일을 돕지 말고 그들의 책을 읽지도 말아라." 그는 하나님의 이름으로 맹세했습니다. "전에는 돈을 받고 이단들의 일을 도와주고 그들의 책을 읽었지만 이제부터는 다시 그런

짓을 하지 않겠습니다." 그래서 그는 풀려났습니다.

제롬의 꿈에 반응입니다. 마침내 나는 지상 세계로 돌아왔습니다. 꿈에서 깨어난 나의 두 눈이 퉁퉁 부어 있는 것을 본 사람들이 모두들 놀라서 무슨 일이냐고 물었습니다. 나의 양어깨는 실제로 퍼렇게 멍이 들어 있었고 한참 동안이나 그 상처가 몹시 아파서 견디기 힘들었습니다. 그들은 내 꿈 이야기에 모두 깊은 감동을 받았습니다. 이 꿈은 가볍게 웃어넘겨 버릴 수 없는 심오한 꿈이었습니다. 그 후부터 제롬은 세상의 책들을 읽던 열심보다 더 뜨거운 열정으로 하나님의 책을 읽게 되었습니다.

제롬은 이 꿈에 완전히 사로잡혀 있었습니다. 꿈에 맞은 채찍 자국이 꿈을 깬 후에도 그대로 남아 있었을 뿐 아니라, 비록 꿈에 한 맹세이기는 하지만 그는 그 서약을 지키려고 노력했기 때문입니다.

이 꿈을 꾼 후 제롬은 사막에 숨어살면서 홀로 수도 생활을 하기 시작했습니다. 거기서도 성경 연구를 계속한 그는 수년 후에 콘스탄티노플로 이주하여 나지엔의 그레고리에게 배웠습니다. 결국 그는 저명한 성경학자가 되었고 교황 다마스커스 1세의 부름을 받아 382년에 로마로 가서 성경을 라틴어로 번역하는 기념비적인 사업을 맡게 되었습니다.

당시 로마 제국은 라틴어를 공용어로 사용하고 있었기 때문에 제롬처럼 그리이스어와 히브리어에 능통한 학자들을 찾아보기 힘들었습니다. 후에 불게이트 성경하고 부르게 된 이 라틴어판 성경은 오늘날에도 성경 학계에서 권위 있는 번역본으로 널리 알려져 있습니다.

제롬은 이 꿈을 매우 소중하게 여기고 꿈이 전해 주는 메시지에 귀를 기울였습니다. 그는 이 꿈이 하나님으로부터 온 것임을 조금도 의심하지 않았습니다. 물론 이 꿈이 제롬에게 교회법을 어기라고 부추긴 것은 아니었습니다. 그러나 당시 동료 학자들의 관심을 모았던 이교도 문학에 정면으로 도전하도록 자극한 것만은 틀림없는 사실이었습니다.

이는 이교도 고전에 대한 열정을 끊고 성경에만 몰두함으로써 꿈이 전해 준 메시지를 행동으로 옮겼던 것입니다. 그는 꿈이 시키는 대로 살아가는 바보라고 조롱하는 친구들에게 자기 자신을 변호해야 할 필요를 조금도 느끼지 않았습니다.

물론 이 꿈은 문자적으로도 뚜렷한 메시지를 제롬에게 주고 있습니다. 그러나 그가 꾼 다른 꿈이나 환상들은 여러 가지 상징들로 가득 차 있었습니다. 그러므로 '자신의 죽음에 관한 꿈' 또는 '산과 바다를 넘어서 공중으로 날아가는 꿈' 등을 꾸고 난 후 이 꿈들을 해석하기 위해서는 깊은 명상이 필요했을 것입니다. 제롬은 그의 서신과 변증 적인 저술에서 자신의 꿈 이야기들을 거리낌 없이 자주 언급하고 있습니다.

제롬은 성경의 전통에 따라 꿈과 환상을 동일하게 취급하고 있습니다. 몰튼 켈시(Morton Kelsey)에 의하면, 제롬은 마리아의 잉태에 관한 요셉의 꿈을 이야기할 때, 천사가 꿈에 나타났는지,

아니면 깨어 있을 때, 보는 환상 중에 찾아왔는지, 확실하게 밝히지 않고 있습니다. 제롬에게 있어서 중요한 것은, 잠잘 때, 꾸는 꿈을 통해서든, 깨어 있을 때, 보는 환상을 통해서든, 간에 하나님께서는 늘 영상을 통해서 말씀하신다는 사실이었습니다.

제롬은 「예레미야서 주석」(Commentary on Jeremiah)에서, 하나님이 예언 뿐 아니라, 꿈을 통해서도 인간에게 자신을 드러내신다고 믿는 예레미야의 신앙을 크게 부각시키고 있습니다. 우리가 꿈을 통해서 하나님께로 돌아서게 된다면 이 계시는 하나님이 보내준 귀중한 선물이 될 것입니다. 하지만 하나님이나 공동체와는 관계없이 꿈을 자신의 이기적인 목적으로 이용하고 해석한다면, 꿈 해석은 자기 숭배적인 미신으로 전락하고 말 것입니다. 제롬에 의하면, 꿈의 가치는 꿈을 꾸기 원하고, 그 꿈을 해석하는 사람에게 전적으로 달려 있다고 합니다. 하나님과 깊고, 풍부한 관계를 맺고 있는 사람은, 꿈과 꿈 해석을 통하여, 하나님으로부터 소중한 계시를 받을 수 있습니다.

제롬이 꾸었던 꿈과 같은 강렬한 꿈들은 우리의 존재를 밑바닥부터 흔들어 놓음으로써, 자신도 모르게 물들어 있던 파괴적인 습관에서 벗어나도록 도와줍니다. 꿈을 하나님이 주신 선물로 여기고, 기도하고 예배하는 마음으로 해석할 때 우리는 보다 철저하게 변화될 수 있습니다. 꿈은 새로운 확신과 투시도를 만들어 주기 때문입니다.

하나님은 아브라함에게 자녀를 하나님께서 주시기로 약속하시고 하늘에 무수한 별들을 바라보고 헤아리게 하셨습니다. "그를 이끌고 밖으로 나가 가라사대 하늘을 우러러 뭇별을 셀 수 있나 보라 또 그에게 이르시되 네 자손이 이와 같으리라 아브람이 여호와를 믿으니 여호와께서 이를 그의 의로 여기시고 또 그에게 이르시되 나는 이 땅을 네게 주어 업을 삼게 하려고 너를 갈대아 우르에서 이끌어 낸 여호와로라(창15:5-6)" 그리고 꿈속에 그는 후손이 하늘의 별과 같고 땅의 티끌보다 많을 것을 마음속에 믿었습니다. 실제로는 아직까지 소유하지 못해도 그는 꿈을 소유하고 그리고 믿음으로 그를 받아들였습니다. 그 결과로 나중에 아브라함은 100세가 되어 아들이삭을 얻었으며 그 후손이 젖과 꿀이 흐르는 가나안 땅을 차지할 수 있게 된 것입니다.

이처럼 하나님께서는 한 사람에게 복을 주시려고 할 때에 그 마음속에 성령으로 꿈을 심어주는 것입니다. 그 꿈을 부여잡고 있으면 수 없이 난관이 다가오고 고통이 다가와도 그 꿈이 그 사람을 이끌어가고 그 꿈이 그 사람에게 하나님의 뜻을 이루도록 역사하여 주시는 것입니다. 이러므로 꿈을 저버리면 내일이 없습니다. 꿈이 없는 백성은 망합니다. 꿈이 없는 개인도 망하는 것입니다. 우리가 가장 어렵고 고통스러운 역경을 겪을 때에 마음속에 꿈을 버리면 안 됩니다.

바로가 꿈을 꾸었습니다. 바로가 꿈에 보니까 하숫가에 살진 7곱 암소가 들어와서 풀을 먹더니 그 뒤에 파리한 7곱 소가 나와서 그 살찐 암소를 다 잡아 먹고도 그대로 파리했습니다. 잠이 깨었다가 다시 잠이 들었는데 또 보니까 아주 살찐 충실한 7곱 이삭이 있는데 쇠약한 7곱 이삭이 뒤에 나와서 그 살찐 이삭을 다 먹고도 그냥 그대로 빈 죽정이가 되어 있었습니다.

똑같은 내용의 메세지가 실린 두 가지 꿈이니까 확실히 이루어 진다는 것을 말하고 있는 것입니다. 애굽의 모든 술객들을 다 불러서 물어도 해석을 못해서 그때 술 장관이 비로소 요셉을 기억하고 요셉의 말을 하니 요셉을 데려 오라고 했습니다. 빨리 와서 요셉을 면도를 시키고 이발을 시키고 좋은 옷을 입혀서 바로 앞에 데리고 오니, 그 요셉이 그 꿈을 해석합니다.

이것은 동일한 꿈을 두 번 보여주신 것이니, 하나님께서 바로에게 곧 다가올 것을 보여준 것입니다. 이 땅에 7년 큰 풍년이 다가오고 난 다음에 7년 흉년이 올 것인데 얼마나 거센 흉년인지 7년의 풍년이 온데간데없게 될 것입니다. 그러므로 이 나라를 구출하기 위해서는 7년 풍년 때 모든 수확의 5분지의 1을 거두어서 지역마다 곡창을 짓고 그것을 쌓아놓으면 흉년 때에 살릴 수가 있습니다.

이 말을 듣자 바로가 무릎을 딱 치고서 자네같이 지혜 있고 총명하고 모든 일을 아는 사람을 어떻게 구하겠는가. 오늘 이 시간에 자네를 온 나라의 통치하는 국무총리로 삼노라 하고서 자기 반지를 빼면서 주고 오직 보좌만 너보다 높지, 그 이외의 통치권은 너에게 다 이행한다. 순식간에 그 운명이 변화되고 만 것입니다. 자기를 떼려 잡아서 감옥에 넣었던 시위 대장이 바로 자기를 보호하는 사람이 되고 마는 것입니다. 사람 팔자 시간문제입니다.

그래서 7년 풍년 동안에 곡식 5분지의 1을 거두었다가 7년 흉년 동안에 그것을 팔아주니, 온 애굽이 살고 애굽의 모든 땅과 모든 돈은 바로에게 다 거둬주고 그때 가나안의 형들이 자기에게 곡식을 사려고 애굽에 와서 해와 달과 11별이 절하듯이 넙죽 엎드려 절하고 곡식을 팔아 달라고 간구하는 그러한 장면이 벌어진 것입니다. 하나님께서 보낸 꿈은 성령의 사람을 통해 해몽하십니다.

하나님은 보통 3가지 채널로 우리에게 말씀하십니다. 첫째는 그림언어인 꿈과 환상이요, 둘째는 소리언어인 음성이요, 셋째는 문자언어인 성경입니다. 꿈은 문자언어 이전에 하나님이 우리와 소통하시던 태초의 언어입니다. 하나님은 지금도 꿈이라는 채널을 통해 우리에게 다가오십니다. 꿈은 미신이 아닙니다. 꿈은 오늘의 운세도 아닙니다. 꿈은 밤에 말씀하시는 하나님의 언어요, 하나님이 손수 그리시는 그림이요, 하나님 자신이 연출하시는 동영상입니다. 하나님의 계시이며, 하나님이 우리에게 알려주는 축복의 메시지입니다. 하나님이 앞으로 우리에게 닥칠 환란이나 사고를 미리 경고하십니다.

꿈은 에너지를 줍니다. 꿈은 갈등을 해소시켜 줍니다. 꿈은 내면을 성장시켜 줍니다. 꿈은 통찰력을 줍니다. 꿈은 불행을 예고해 줍니다. 꿈은 길을 알려 줍니다. 꿈은 자신의 영육의 상태를 알려줍니다. 꿈은 인생을 풍요롭게 만듭니다.

4장 아브라함과 환상으로 언약하신 하나님

(창 15:1-3)"이 후에 여호와의 말씀이 환상 중에 아브람에게 임하여 이르시되 아브람아 두려워하지 말라 나는 네 방패요 너의 지극히 큰 상급이니라. 아브람이 이르되 주 여호와여 무엇을 내게 주시려 하나이까 나는 자식이 없사오니 나의 상속자는 이 다메섹 사람 엘리에셀이니이다. 아브람이 또 이르되 주께서 내게 씨를 주지 아니하셨으니 내 집에서 길린 자가 내 상속자가 될 것이니이다"

우리가 예수님을 구세주로 영접하여 하나님의 자녀가 되면 우리 안에는 성령님께서 주인으로 들어와 계시게 됩니다. 성령님의 역사로 말미암아 성령세례와 갖가지 영적인 은사를 받기도 하고 체험들을 하게 되는데 성령의 음성을 듣기도 하고, 방언의 은사를 체험하기도 하며, 환상을 보는 경우들도 있습니다. 이러한 영적인 은사와 체험들은 모든 사람에게 일률적으로 나타나는 것이 아니라, 사람에 따라 조금씩의 차이가 있을 수 있는데 분명한 것은 영으로 들어가면 갈수록 더 많은 영적인 체험들을 하게 된다는 사실입니다. 영의 공간 안에 들어왔기 때문에 영의 공간 안에서 나타나는 현상들을 체험해 갈 수가 있는 것입니다.

이러한 영적인 체험들 중에 쉽지 않은 것이 바로 하나님의 음성을 직접 들으며 대화를 하는 것입니다. 성경에 보면 하나님의 음성을 직접 듣는 경우들이 나오기는 하지만, 그것이 흔하게 일어난 일이 아니었고 아무나 체험할 수 있는 것도 아니었지요. 그만큼 하나님 앞에 합당한 사람들이 하나님의 음성을 직접 들을 수 있었고 그 중에서도 극히 소수만이 하나님의 형상을 뵈었습니다.

오늘날 하나님을 믿는 사람들 중에 "하나님의 음성을 직접 듣고 대화했다"고 말하는 사람들이 흔히 나오는데 그 중에는 친히 하나님의 음성을 들은 사람도 간혹 있겠지만, 성령께서 역사하시는 교회시대인 지금은 성령께서 하나님의 계시(뜻)를 알게 하거나 깨닫게 하는 경우가 많습니다(행10:17-22). 때로는 천사를 통해서 말씀하시기도 합니다(행10:1-8). 또한 사단의 역사를 받는 경우도 있기 때문에 성령의 역사 가운데 영적인 체험들을 해 나가는 것은 중요하지만 반드시 영적으로 앞서 있고 먼저 그 길을 체험해 나간 사람이 바른 길을 갈 수 있도록 인도해 주는 것이 필요합니다.

본문을 보면 아브람은 이상 중에 하나님과 교통을 하는 것이 나오는데 성도들 중에 어떤 것이 환상이고 어떤 것이 이상인지 구분할 수 있는 분은 많지 않을 것입니다. 물론 오늘날 대부분의 사람들이 체험하는 것은 환상 쪽에 가까운 것이 많지만 어떤 경우는 아브람처럼 이상을 보고도 환상으로 아는 경우도 있습니다. 그렇다면 이상과 환상의 차이는 어떤 것일까요? 먼저 두 가지 현상은 모두 하나님께서 육의 공간 속에 영의 공간의 문을 여심으로 순간 영의 공간으로 들어가면서 나타나는 현상이라는 공통점을 갖고 있습니다. 또한 영의 눈과 영의 귀를 열어 보고 듣게 하시는 체험적인 현상들은 둘 다 비슷하지요. 하지만 이상과 환상은 영의 공간을 얼마나 넓게 혹은 좁게 활용하여 펼쳐 주시느냐 하는 차이점을 가지고 있습니다. 이상은 환상에 비해 상대적으로 영의 공간을 좁게 활용하여 나타내 주시기 때문에 이상을 통해 역사하실 때는 많은 것을 보여주시거나 느끼게 하시기보다는 음성을 통한 대화 형식으로 역사하십니다. 육의 공간 안에 영의 공간이 펼쳐지면서 빛으로 둘려지고 그 속에서 음성이 들리는 것입니다.

본문에 아브람이 체험한 것도 육의 공간 안에 영의 공간의 문이 열리면서 아브람이 순간 영의 공간으로 들어가게 되었고 아브람이 빛으로 둘려진 상태에서 빛 가운데서 들려오는 음성을 들은 것입니다. 그 음성이 분명 하나님의 음성이었지만 이때 하나님께서 친히 임재 하셨거나 아브람이 하나님의 형상을 뵌 것은 아니며 하나님께서는 빛 가운데 머금고 계신 소리로써 아브람에게 역사하신 경우입니다.

그리고 이때 빛으로 둘려있는 모습이나 빛 속에서 들려오는 음성은 주변의 다른 사람들이 보거나 들을 수 있는 것이 아니며 오직 자신만이 보고 들을 수가 있습니다. 그래서 누군가 이상을 보고 있을 때 주변의 다른 사람이 볼 때는 마치 기도하고 있는 것처럼 보이지만 느낌은 받게 됩니다. 사도 바울도 주님을 다메섹에서 영접하며 음성을 들을 때도 주변 사람들이 이렇게 느꼈던 것을 볼 수 있습니다.

반면에 환상은 이상에 비해 활용되는 영의 공간이 더 넓다 할 수가 있습니다. 육의 공간 속에 영의 공간의 문을 여시는 것은 이상으로 역사하는 경우와 동일하지만, 환상의 경우는 어떤 것을 친히 보고 만진 듯 친히 그곳에 가서 경험한 듯이 역사해 주시지요. 영의 공간을 열어 여러 형태와 여러 각도에서 볼 수 있게 하시는 것입니다. 입체적으로 보게 하신다는 것입니다.

첫째, 하나님께서 환상 중에 임하셨다. 하나님의 말씀이 환상 중에 아브람에게 임하였는데 자연 영역을 초월한 하나님의 계시 전달 방법으로 일반적으로는 꿈이나 비몽사몽간이나 황홀한 상태에서 주어지는 경우가 대부분이지만 아브람에게는 현실 속에서 특별한 경우로 임재 하셨습니다. "이르시되 내 말을 들으라. 너희 중에 선지자가 있으면 나 여호와가 환상으로 나를 그에게 알리기도 하고 꿈으로 그와 말하기도 하거니와 내 종 모세는 그렇지 아니하니 그는 내 온 집에 충성함이라(민12:6-7)" 하나님이 모세와 대면하신 것 같이 아브람도 정상적인 정신 활동의 상태에서 그의 감각기능을 통해 하나님의 뜻이 전달되었던 것입니다. 당시의 아브람은 영적 침체에 있었습니다. 조카 롯과 그의 가족을 구원할 목적으로 적을 용감히 무찔렀으나 그 뒤에 찾아오는 허탈감과 공포가 그를 엄습했기 때문입니다.

하나님의 백성은 위기를 당하면 영적으로, 정신적으로 대단한 위력을 발휘하지만 그 은혜의 순간이 지나가고 나면 쉽게 육신적으로, 인간적으로 돌아가는 경향이 있습니다. 아브람이 목숨을 걸고 구해준 롯은 신앙을 회개하지도 않은 채 다시 소돔으로 돌아갔고, 함께 했던 사람들도 흩어지고 나니 그의 마음이 괴로웠을 것이다. 영적 좌절에 고민하고 있는 아브람에게 하나님은 '두려워하지 말라.'고 하시면서 '나는 네 방패요 너의 지극히 큰 상급이니라.'고 하셨습니다. 아브람의 고민을 잘 알고 계시는 하나님은 두 가지 문제를 동시에 해결하여 주셨던 것입니다.

첫째로 내가 너의 방패라고 하신 이 말씀은 그 어떤 상황 즉 위험이나, 환난이나, 전쟁이나, 삶에 폭풍이 몰아친다 할지라도 하나님이 보호하시고 피난처가 되어 주신다는 것입니다. "이스라엘아 여호와를 의지하라 그는 너의 도움이시오 너희의 방패시로다. 아론의 집이여 여호와를 의지하라 그는 너희의 도움이시오 너희의 방패시로다. 여호와를 경외하는 자들아 너희는 여호와를 의지하라 그는 너희의 도움이시오 너희의 방패시로다(시115:9-11)" 적군의 재 침략에 대한 하나님의 강력한 메시지는 하나님께서 친히 아브람의 방패가 되어 주신다는 말로 해결이 되었습니다. 그러므로 동방의 4개국 연합군의 재침공 따위는 더 이상 겁날 것이 없었습니다.

두 번째로, 내가 너의 지극히 큰 상급이라 하신 말씀은 아브람에게 약속하신 축복, 즉 땅과 민족과 복에 대한 언약은 변함이 없다는 말씀입니다. 하나님은 상을 주시는 분인 동시에 그분 자신이 상급 그 자체가 되십니다. 자손과 분깃마저도 묘연해지는 것 같은 심리적 갈등을 느끼는 상황에서 아브람은 상급을 재차 확인함으로 큰 활력을 얻었던 것입니다.

주 여호와여' 직역하면 '아도나이 예호와'입니다. 만물에 대한 하나님의 주권 및 다스림을 강조하는 신명인 '아도나이'와 언약에 신실하신 하나님 명칭 '여호와'를 합하여 부른 신명입니다. 후일 다윗도 자신에게 주신 축복을 감사할 때 이 이름을 불렀습니다. 그러므로 이 이름은 언약의 성취와 관련하여 나타나는데 아브람이 '주 여호와'를 찾은 것은 그의 자손과 분깃에 대한 주의 언약을 자세히 알고 싶어 하는 간절한 심정의 발로라 할 수 있을 것입니다. 아브람은 하나님의 약속의 내용을 이해할 수 없었습니다. 하나님의 약속은 반드시 성취될 것이라는 그의 신념과 믿음은 있었지만 그것이 구체적으로 어떻게 이루어질 것인지에 대해서는 일말의 의구심이 있었던 것입니다. "무엇을 내게 주시려 하나이까. 나는 자식이 없사오니 나의 상속자는 이 다메섹 사람 엘리에셀이니이다." 아브람은 이미 자기 집에서 태어나고 자란 가장 신임 받는 종 엘리에셀을 후계자로 지목하고 있었는데 하나님의 언약을 성급하게 인간적인 방법으로 이루려고 한 것입니다. 이는 하나님의 뜻을 완전히 이해하지 못한 그의 섣부른 판단에서 비롯되었습니다. 성도는 약속을 바라고 기다리는 인내가 가장 중요하고 필요합니다.

"내 집에서 길린 자가 내 상속자가 될 것이니이다." 아브람은 자기 친족도 아닌 이방인 다메섹 사람, 종의 자식인 엘리에셀을 양자로 삼아 재산을 양도해 주고 노후를 의탁하려고 했습니다. 아마도 조카 롯이 있었다면 그를 후계자로 삼았을 것이나 이제 혈육은 더 이상 기대할 수 없으므로 이런 결정을 내렸을 것입니다.

그러나 아브람의 이 결정은 그가 애굽에서 실수 후에 또 한 번

불신앙의 모습을 드러낸 것일 뿐만 아니라, 그의 후손으로 오실 메시야를 염두에 두지 않는 불경건한 처사였다고 할 수 있습니다. "네 몸에서 날 자가 네 상속자가 되리라 하시고" 하나님의 약속의 자녀는 셋-노아-셈-에벨-아브람으로 이어지는 경건한 신앙 계보를 이탈하지 않는 자손으로 이어져야 하기 때문에 하나님은 아담에게 '여자의 후손' 약속을 하시고 믿음의 계보를 세워주셨습니다. 그렇다면 아브람은 자신의 몸에서 태어날 경건한 후손을 위해 기도하고 간구해야 하는 것입니다. 아무리 신체적 조건이 늙어가고 인간적인 생각에서 자식을 기대하기 어렵다고 할지라도 하나님의 구속 역사를 바라보는 영안이 열려야 하는 것입니다.

"뭇별을 셀 수 있나 보라." 아브람의 이상이 환상이나 꿈이 아니라 현실이라는 것이 확실하다. 하나님은 자신을 믿지 못하는 아브람을 향해 하늘을 바라보고 수많은 별들을 세어보라고 하셨습니다. 이렇게 하신 이유는 두 가지 깨우침을 주기 위해서입니다.

첫째로 지금은 무자한 아브람이지만 언젠가는 그의 후손이 하늘의 별만큼 많아질 것을 구체적으로 제시하신 후 바라보고 믿게 하기 위함이었습니다. 둘째로 아브람의 자손들이 땅에 속한 사람들이 아니라 하늘에 속한 자로서 하늘의 별들이 찬란하고 영광스럽고 아름다운 자태를 뽐내듯이 영원한 존귀함을 입게 될 것이라는 사실을 보여주기 위함이었습니다. 이 사실은 아브람의 후손으로 오신 만왕의 왕 되신 예수 그리스도와 그의 교회를 통하여 온전히 성취되어 가고 있습니다.

"아브람이 여호와를 믿으니", '믿다'에 해당하는 히브리어 '아만'은 '계속해서, 꾸준히 신뢰하다.'라는 뜻입니다. 여호사밧 왕이 야하시엘 선지자의 말을 듣고 하나님의 말씀을 믿은 바로 그 믿음입니다. 이는 어떤 대상에게 자신을 맡기고 끝까지 의지하려는 마음의 상태를 말하는 것입니다. 참된 신앙이란 일의 형편과 무관하게 무조건 그 일의 주관자 되신 하나님을 의지하는 것입니다. 아브람은 "네 몸에서 날 자가 네 상속자가 되리라."고 하신 말씀을 전적으로 의지했으며 이미 계시된 여자의 후손 메시야에 대해서도 신앙하였습니다. 나아가 메시야를 통하여 그의 후손이 하늘의 별과 같이 많을 것을 믿은 것입니다. 이 믿음은 순간적인 감정에 의해 충동적으로 신뢰한 것이 아니라 어떠한 충격에도 흔들림 없이 지속적으로 의뢰한 전폭적인 신앙이었습니다.

"여호와께서 이를 그의 의로 여기시고", '의'라는 말 '체다카'는 생각이나 행동이 하나님의 뜻과 일치하는 상태 즉 타락 이전의 인간의 상태를 가리키는 말입니다. 이 말을 문자적으로 해석하면 하나님이 아브람을 아담이 범죄 하기 이전의 상태로 인정하셨다는 말인 것입니다. 타락한 인간에게서는 완전한 의를 찾아볼 수 없습니다. 다만 인간은 하나님의 구속의 은총에 의해 칭의를 받을 뿐입니다(롬3:23-24). 그러므로 인간의 입장에서는 '의'라는 말 보다 '칭의'라는 표현이 더 적절합니다. 하나님은 능동적인 '의' 인 반면에 인간은 수동적인 '의' 이기 때문입니다. 모든 인간은 하나님 앞에 벌거벗은 죄인입니다.

오직 하나님께서 덧 입혀 주시는 '의의 옷'으로만 그 죄악을 가릴 수 있을 뿐입니다. 그러므로 아브람의 의를 잘못 이해하면 아브람 스스로가 그의 노력과 순결한 정신에 의해 믿음을 쌓아갔고 그 결과 하나님께서 그의 탁월한 믿음을 보시고 의롭다 하신 것처럼 보입니다. 그러나 아브람이 의롭게 된 것은 그가 개발한 믿음이나 선한 의지 때문이 아니라 그는 여전히 연약한 그릇이며 죄 많은 인간에 불과했으나 하나님께서 그에게 믿음을 선물하시고 그 믿음을 통해 의롭다고 인정해 주신 것입니다. 아브람은 신앙이 심히 연약했던 애굽 사건뿐만 아니라 가나안 남북 전쟁 후에 두려워하고 떨며 불안해 한 것이라든지, 하나님의 위로를 받았음에도 불구하고 무자식을 거론하고 임의로 상속자를 천거한 것을 보면 거의 믿음이라고는 찾아볼 수 없을 정도로 미미합니다.

오직 하나님의 은혜로운 경륜에 의해서 그의 믿음은 성숙해졌고 의롭다하심을 받은 것입니다. 이처럼 인간이 의롭게 되는 유일한 방법은 '믿음'이며 그 믿음을 가능하게 하신 분은 하나님이십니다. 죄인을 용납하시고 의인되게 하시는 하나님의 은혜와 긍휼은 진정 죽을 수밖에 없는 우리를 살리시는 유일한 능력인 것입니다. '여기시고.' 헬라어 '로기조마이'로 번역된 '하솨브'는 '정하다' '계산하다'의 뜻으로 여기서는 전가된 '의'를 나타냅니다. 이는 사실은 그렇지 않지만 그런 것으로 간주한다는 의미입니다. 성경에서 전가된 대표적인 예는 세 가지가 있습니다. 첫째로 전 인류에게 전가된 아담의 원죄입니다(롬5:12). 둘째로 그리스도에게 전가된 인류의 죄입니다(사53:6). 셋째로 그리스도를 믿는 모든 죄인에게 전가된 하나님의 의입니다(롬4:25). 결국 이것은 죄인 된 우리가 의인으로 간주되기 위해서는 그리스도로 말미암아 그분의 의가 우리 죄인에게 온전히 옮겨졌다는 사실을 믿는 믿음이 수반되어야 하는 것입니다.

"업을 삼게 하려고", '기업을 상속하게 하려고' 라는 의미입니다. 본래 아브람은 가나안 땅을 차지할 아무런 권한이나 명분이 없습니다. 인간적인 눈으로 볼 때는 그 땅에 우거하는 자요 나그네일 뿐입니다. 그러나 하나님은 아브람으로 하여금 그 땅을 차지하여 하나님 나라 백성과 제사장이 되게 하시려고 그를 타락한 이방 땅에서 부르신 것입니다. 이것을 가리켜 우리는 무조건적 은혜라고 부릅니다. 바로 이 은혜야말로 오늘 우리가 속량 받은 죄인으로서 왕 같은 제사장이 된 근원적 이유가 되는 것입니다.

아브람은 하나님의 언약을 좀 더 구체적으로 알기를 원했습니다. 믿음을 더욱 공고히 하기 위해서는 하나님의 확실한 징표를 구하는 열의가 있어야 합니다. 성경에서 이러한 징표를 구한 이들이 많이 있습니다. 기드온이 구한 여호와 샬롬과 양털의 표징, 히스기야 왕의 일영표 이적, 동정녀 마리아 찬송이 바로 그런 것입니다. 이들은 이적과 표징을 통하여 하나님의 뜻을 확실히 깨닫게 되었고 더 큰 확신을 가졌습니다. 우리도 환경에 나타나는 증표를 보고 하나님의 함께하심을 믿을 수가 있습니다.

"나를 위하여" 하나님은 아브람의 요청을 받아들여 언약을 확증할 표적을 삼기 위해 제물들을 준비하게 하셨습니다. 하나님이 아브람과 맺으신 언약의 영원성을 확약하는 증거물인 동시에 이를 통하여 하나님이 영광을 받으시기 위한 제사로 드려지는 것입니다. 하나님께서 단순히 언약을 위한 증거물을 준비하게 하셨다면 '나를 위하여'라는 말씀을 하시지 않았을 것입니다. 그러나 아브람의 계약은 계약이기 이전에 하나님께 드리는 예배였습니다. 그러므로 이 제물들로 드려지는 제사는 궁극적으로 '하나님을 위하여' 준비된 것입니다. 사실 구약의 모든 제사와 신약의 모든 예배는 무엇보다 우선하여 하나님을 위한 것이며 하나님께만 드려지는 것입니다.

하나님은 비둘기를 제외하고 동물들은 모두 삼 년 된 것으로 준비하게 하셨습니다. 희생제물은 충분히 성숙되고 아름답고 가장 귀한 것들이어야 하며 특별히 완전 수 3의 상징적 의미에 근거하여 3년 된 희생제물 세 종류를 준비하게 하심으로 온전함을 나타낸 것입니다. "그 중간을 쪼개고… 마주 대하여 놓고" 고대 근동 국가에서 언약이나 동맹을 체결한 후 이를 보증하기 위해 시행하던 관습으로 이스라엘 민족들도 습관적으로 행하였습니다(렘 34:18). 이 의식은 두 가지 의미를 가지니다. 첫째로 피와 고통과 죽음 앞에서 자신이 맺은 조약은 죽음을 각오하고서라도 반드시 지키겠다는 맹세 의식입니다. 둘째로 화해와 통일을 나타내는 한 몸 의식이며 둘로 쪼개진 희생 제물은 곧 언약의 두 당사자를 의미합니다. 그러므로 계약을 위반한 자는 쪼개진 제물과 같은 신세가 될 것이라는 상징적 의미가 담겨 있습니다. 그렇다면 이 의식은 장차 가나안을 상속 받기 위해 이스라엘이 겪어야 할 노예 생활의 고

통과 출애굽시 지불해야 하는 피와 죽음을 예시합니다.

또 구속사적 의미로 볼 때 장차 영적 이스라엘에게 하늘 가나안을 보장해 주기 위해 예수 그리스도께서 겪어야 할 수난과 희생을 상징한다고 볼 수 있습니다. 아브람이 비둘기 새끼들은 쪼개지 아니하였는데 이것은 그 크기가 작았기 때문입니다. 훗날 모세의 율법에도 새는 쪼개지 않고 통째로 불에 태우도록 규정되었습니다(레1:17). 어떤 이들은 새를 쪼개지 않은 이유에 대해 비둘기가 성령을 상징하기 때문이라고 하나 근거가 없습니다. 또 아브람이 새를 쪼개지 않아 하나님께 범죄했다고 하나 근거 없는 낭설에 불과합니다.

"아브람이 쫓았더라." 솔개와 독수리, 매와 같은 맹금류들은 짐승의 사체를 먹기 위하여 접근하는 것이 당연합니다. 하나님께 드리는 거룩한 예물을 지키는 것은 제사를 드리는 자의 신성한 의무이기 때문에 아브람이 새들을 쫓아서 그들의 접근을 막았습니다. 사단이 제물에 접근하지 못하게 했다고 생각해도 무방합니다. 그런데 이 구절도 어떤 이들은 솔개의 공격을 받은 제물을 장차 애굽에서 원수에게 고난 받는 이스라엘로 이해하며 또 솔개를 쫓는 아브람을 어떤 고난 속에서도 멸망하지 않는 이스라엘로 보는 견해도 있습니다. 굳이 이를 영적으로 해석하자면 하나님께 신령한 제물을 드릴 때에 긴 인내의 시간이 필요함을 깨닫게 합니다. 그 이유는 우리가 주님의 강림하실 시간과 그 때를 알지 못하며 사탄은 집요하게 신자의 헌신을 방해하기 때문입니다. 아브람이 솔개의 공격을 지혜롭게 막은 것같이 우리도 항상 깨어 있어 주님의 오심을 인내하며 기다려야 할 것입니다. 아브람의 현명한 처신은 형식적이고 습관적인 예배를 일삼는 우리들에게 좋은 귀감이 됩니다(요4:23-24).

둘째, 하나님과 횃불 언약이 체결되다. 어떤 일에 대하여 어떻게 하기로 미리 정해 놓고 서로 어기지 않기를 약속하면서 구두로, 혹은 공식문서로 약속하는 것을 계약이라고 부릅니다. 그렇다면 '언약'이란 무엇인가요. 히브리어로 '베리트'라는 이 말은 하나님과 인간의 약속을 구두로 하기 때문에 붙여진 말입니다. "깊은 잠이 임하고" 해질 때에 아브람에게 깊은 잠이 임하였는데 그의 이상이 전날 밤 하늘에 별들이 총총히 떠있을 때 시작하여 만 하루를 지나고 있음을 알 수 있습니다. '깊은 잠'에 해당하는 히브리어 '타르데마'는 초자연적인 수면상태를 말합니다. 하나님이 하와를 만드시기 위하여 아담을 깊이 잠들게 하신 것과, 하나님의 낯을 피하여 다시스로 달아났던 요나가 선창 밑에서 깊이 잠든 것과 동일합니다.

이는 낮 동안 솔개를 쫓느라 지친 아브람이 해질 무렵에 피곤하여 잠이 들었는데 그의 평범한 잠을 하나님이 초자연적 잠으로 만들어 그것을 자신의 특별계시 수단으로 삼은 것이며 아브람은 깊은 무아지경에 몰입하였습니다. 쉽게 설명하면 육적인 의식이 없어지고 영적인 상태가 되었다는 것입니다. "큰 흑암과 두려움이 그에게 임하였더니" 직역하면 "극심한 어두움에 대한 두려움이 그에게 임하였다."입니다. 공포 의식을 느낄 정도의 어두움이 임하였는데 자연 상태의 어둠이 아니라 깊은 어두움 즉 초자연적 어둠이 그를 엄습하였습니다. 이는 장차 그의 후손이 당하게 될 어둠의 역사를 미리 보고 큰 놀라움과 두려움 속에 떨었을 것입니다. 다시 말하면 그의 후손이 당할 애굽의 육체적 속박과, 영적인 빛의 세계가 사라진 어둠의 시대를 상징한다고 할 수 있습니다.

"너는 반드시 알라" 문자적인 뜻은 '알고 또 알라.' 입니다. '명심하고 똑똑히 알아 두어라.' 라는 말입니다. 지금부터 하나님이 하시는 말씀을 분명히 인지하고 있으라는 것입니다. 그 내용은 아브람의 후손들이 이방에서 객이 되어 그들을 섬기고 사백 년 동안 괴롭힘을 당한다는 것이었습니다. 정확한 기간은 430년이지만 4라는 연단의 기간을 생각하면 400년이 이해가 됩니다. 이처럼 하나님이 아브람의 후손에게 약속의 땅을 즉시로 주지 않고 이방에서 400년 동안 종살이를 시키시는 것은 네 가지 이유가 있습니다. 첫째로 현재 가나안 땅의 주인인 아모리 족속의 죄악에 대한 심판을 유보하여 그들에게 회개의 기회를 주시기 위함입니다. 이들에게 임할 심판의 유보 기간이 400년입니다. 둘째로 이스라엘이 가나안 땅을 차지하여 신정국가를 형성할 수 있도록 백성의 수적 증가가 있어야 하기 때문이며, 셋째로 아브람의 후손들이 가나안 땅에 그대로 머물러 살게 되면 가나안 족속과 혼혈은 물론 그들의 우상숭배와 더러운 정신문화 속에 빠져 거룩한 백성이 되지 못할 것이며, 넷째로 애굽에서 노예로 전락하여 종살이를 해야만 이스라엘의 종족 보존과, 오로지 하나님께만 부르짖는 신앙의 연단 과정을 통하여 성숙한 신앙의 인격체가 될 수 있는 것입니다.

"그들이 섬기는 나라를 내가 징벌할지며" 이스라엘의 애굽 연단이 끝나면 하나님께서 애굽을 징계하여 다스리실 것이며 정당한 절차에 따라 사법적 제재를 가하는 것을 의미합니다. 이스라엘이 출애굽할 당시 애굽이 당한 10가지 재앙은 그들의 죄악에 대한 하나님의 정당한 심판의 행위였습니다. 하나님은 애굽 왕 바로에게 "내 백성을 그 땅에서 내어보내라."고 명령하셨지만 바로가 이를 완강히 거절하므로 하나님의 요청을 거역한 죄로 10가지 재앙을 당한 것입니다. 바로가 하나님의 요청에 처음부터 순종하였더라면 재앙을 당하지 않았을 것입니다.

"네 자손이 큰 재물을 이끌고 나오리라." 비록 이스라엘이 430년 간 노예 생활로 애굽의 채찍아래 중노동을 당하고 압제를 당했지만, 하나님은 그 같은 비극의 역사를 180도 바꾸어서 이스라엘이 마치 애굽과의 전쟁에서 승리한 병사처럼 많은 전리품을 거두고 당당히 출애굽할 것을 시사하고 있습니다. "여호와께서 애굽 사람들에게 이스라엘 백성에게 은혜를 입히게 하사 그들이 구하는 대로 주게 하시므로 그들이 애굽 사람의 물품을 취하였더라(출 12:36)" 그러므로 출애굽은 이스라엘 백성의 불안한 애굽 탈출이 아니라, 하나님의 10가지 재앙으로 애굽을 이기고 승리하여 보무도 당당히 행렬을 갖추고 애굽에서 얻은 재산을 다 가지고 즐겁게 나온 것입니다.

"조상에게로 돌아가 장사될 것이요" 아브람의 유해가 조상의 장지인 메소포타미아 땅으로 운구 되어 안장될 것이라는 말이 아니라, 하나님이 인정하신 천수의 삶을 살다가 경건한 신앙 계통의 조상들이 이미 가 있는 영적 가나안에 들어갈 것을 의미합니다. 이처럼 이미 가나안 땅에 살고 있는 아브람에게는 영적 가나안 축복이, 그의 후손들에게는 실제적 가나안 땅이 기업으로 주어짐으로써 아브람에 대한 하나님의 약속은 공평히 이루어진 것입니다. "사대 만에" 당시 평균 수명이 백세가 넘었던 족장들의 세대를 기준하여 100년을 한 세대로 본 것입니다. 이는 아브람의 증손 레위에 의해서 그대로 입증되었는데 야곱의 셋째 아들 레위가 1세대, 레위의 아들 고핫이 2세대, 고핫의 아들 아므람이 3세대, 아므람의 아들 모세가 4세대였습니다. 그러므로 사대 만에 출애굽한 것이 확실합니다.

"해가 져서 어두울 때에" 이 어둠은 사탄과 죄에 예속되어 있는 흑암의 세계를 상기시켜 줍니다. 상황이 좀 더 진행되어 밤이 매우 깊어갔습니다. 이 상징성은 애굽에서 이스라엘 백성들의 고역이 매우 절망적인 상태에 이르렀음을 보여줍니다. 이때 아브람의 눈에 '연기 나는 화로'가 보였습니다. 개역성경에는 풀무라고 하였는데 '탄누르'라는 이것은 불을 담기 위한 둥근 항아리 같은 것으로 '화로'라는 표현이 적합합니다. 이는 이스라엘이 장차 당할 고난을 상징합니다(사48:10).

"연기 나는 화로"는 호렙 산 떨기나무에 붙은 불, 광야에서 이스라엘을 인도하던 불기둥과 같이 하나님의 임재를 나타내는 가견적 현상입니다. 성경은 애굽을 쇠풀무 혹은 용광로에 비유합니다. 그 풀무에 나타나신 하나님의 임재는 대적들에게는 그들을 소멸시키는 진노와 심판을 의미하며 하나님의 자녀들에게는 구원과 보호를 의미하는 것입니다.

"타는 횃불이 쪼갠 고기 사이로 지나더라." 계약 당사자들이 쪼갠 고기 사이로 함께 지나가는 것은 고대의 일반적인 계약 양식이었습니다. 그러나 아브람과 계약을 맺으신 하나님은 불꽃으로 임재하여 홀로 쪼갠 고기 사이로 지나가셨습니다. 이는 아브람과 계약이 쌍무계약이 아니라 편무계약 즉 일방적 계약이라는 것을 보여줍니다. 하나님은 아브람의 신실성 여부에 관계없이 아브람과 맺으신 언약에 하나님의 명예를 걸고 친히 주도적으로 이루어 가실 것을 보여주신 것입니다. 하나님께서 흑암 중에 아브람에게 계시하셨던 약속들은 이스라엘의 운명을 개괄적으로 묘사한 것입니다.

한편으로는 풀무를 보여 주심으로 아브람의 후손들이 풀무와 같은 애굽에서 연단을 받아 정결하게 될 것을 예표하시고, 횃불로 나타나심으로 흑암 같은 애굽의 고난에서 밝은 빛으로 인도하실 것을 예표하셨습니다. 그러므로 횃불 언약은 풀무불 언약이요, 일방적 언약이며, 영원한 언약이라 할 수 있습니다. 이 언약은 인간에게는 약속 이행의 능력이 없음을 아시고 하나님께서 오직 당신의 성실과 사랑의 집념으로 맺으셨음을 보여줍니다.

"애굽 강에서부터 그 큰 강 유브라데까지" 지금까지 반복된 아브람의 분깃 즉 이스라엘에게 주어질 가나안 땅의 경계가 처음으로 언급되고 있습니다. 남쪽으로는 애굽 강에서부터 북쪽으로 유브라데 강 서편에 있는 딥사에 이르는 영토의 전 지역입니다. 여기서 애굽 강이란 애굽의 젖줄인 나일 강을 이르는 말이 아닙니다.

바란 광야에서 지중해로 흐르는 애굽 시내를 가리킵니다(민34:3-5). 그러나 여호수아 지도하에 이스라엘이 가나안 정복 시에는 이모든 지역을 차지하지 못하였고 훗날 솔로몬 치세 때에 비로소 국경이 형성되었습니다.

"네 자손에게 주노니" 직역하면 '네 자손에게 주었다.'입니다. 하나님께서 아브람과 계약을 맺으신 이상 이미 그 계약이 성취된 것이나 다름이 없습니다. 따라서 아직 그 언약이 성취되지 않았을지라도 계약의 효력이 발생한 것처럼 말씀하십니다. 이 말은 기업이 될 땅에 대한 반복된 약속에다 인준까지 마친 계약 완료의 상태를 의미하는 것입니다. 여기서 중요한 것은 '네 자손들'이라 하지 않고 '자손'이라고 한 것에 유의해야 합니다. 하나님께서 가나안 땅을 그리스도에게 이미 주셨다고 선언하심으로 영적 가나안은 예수를 믿고 성령으로 세례 받아 그리스도와 연합한 성도에게 주신 것입니다. "너희가 그리스도의 것이면 곧 아브라함의 자손이요 약속대로 유업을 이을 자니라(갈3:29)" "곧 겐 족속과 그니스 족속과" 장차 이스라엘이 차지할 땅에 살고 있는 10족속의 명단이 언급됩니다. 대개 가나안 족속을 7족속으로 표기하는데 여기서는 10족속으로 나타납니다. 그 이유는 가나안 족속을 모두 몰아내고 이스라엘이 완전하게 땅을 차지하게 될 것을 예표하는 것입니다. 이것은 이 땅에 죄악이 관영한 모든 족속들은 마지막 날에 모두 멸망당하고 오직 하나님의 백성들 즉 영적인 아브람의 후손들이 그 땅을 다 차지할 것이며 영원하고 영광된 하나님 나라를 건설할 것을 종말론적 개념으로 선포하신 것입니다.

5장 요셉을 꿈으로 인도하시는 하나님

(창37:18-20) "요셉이 그들에게 가까이 오기 전에 그들이 요셉을 멀리서 보고 죽이기를 꾀하여, 서로 이르되 꿈 꾸는 자가 오는 도다. 자, 그를 죽여 한 구덩이에 던지고 우리가 말하기를 악한 짐승이 그를 잡아먹었다 하자 그 꿈이 어떻게 되는 것을 우리가 볼 것이니라 하는지라"

하나님께서 그의 선지자들에게, 그가 택하신 사람들에게 지시하시고, 인도하시고, 교정하시고, 가르치시는 방법으로 꿈을 사용하셨습니다. 꿈은 하나님의 언어이며, 영의 언어입니다. 낮에는 육신과 혼(정신)이 깨어 있기 때문에 영이신 하나님의 말씀을 듣지 못합니다. 하나님은 밤에 잠을 잘 때 사람의 영에다가 하나님의 뜻을 심기 위해 밤중에 자지 않고 있는 영에다가 하나님께서 말씀하시는 것입니다. 육체가 잠든 사이에 이 영에 심어진 하나님의 꿈이 깨어나면서 의식(혼, 마음) 안으로 옮겨 오게 되면, 우리가 마음으로 우리 영에 심겨진 하나님의 뜻을 깨닫게 됩니다.

꿈은 행복을 갖다 줄 수도 있고 불행을 갖다 줄 수 있습니다. 기쁨을 갖다 줄 수도 있고 슬픔을 갖다 줄 수도 있고 축복을 갖다 줄 수도 있고 낭패를 갖다 줄 수 있습니다. 열한 째 야곱의 아들은 요셉입니다. 요셉은 성격이 쾌활하고 또 자기 자랑을 많이 하는 사람입니다. 나이 늦게 야곱이 아들을 낳았으니까는 채색 옷을 만들어서 입혔습니다. 그 아버지의 사랑을 많이 받으니까 형제들에게 시기와 질투를 받고 미움을 입었습니다.

그런데 요셉이 하나님께서 보내준 꿈을 꾼다는 말입니다. 그가 꿈에 보니까 형님들하고 추수하러 가는데 수숫단 곡식이 자기 추수한 수숫단이 일어서 있는데 다른 단들이 엎드려서 절을 합니다. 아 꿈에서 깨어나서 아침 아마 식사할 때 쭉 둘러앉아서 식사하면서 이야기를 했던 것 같습니다. "형님들 내 말들어보십시오. 우리가 추수하러 꿈에 나갔는데 내 단은 일어서고 형들의 단은 전부 나에게 절을 합디다." 형들이 "뭐 어쩌고 어째? 우리 단이 너에게 절을 한다. 그럼 네가 우리 임금이 되겠다는 말 아니냐? 건방진 놈." 그래서 형들의 미움을 받는데 요셉이 한 번만 꾸었으면 좋을 걸 또 꾸었습니다.

그가 "아버지, 형들 내 말 들어보소. 내가 어제 저녁에 자면서 또 꿈을 꾸었는데 꿈에 하늘을 쳐다보니까 해와 달과 열 한 별이 내게 엎드려 절하더이다." 해는 아버지고 달은 어머니고 그다음 별들은 형제간 아닙니까? 그 아버지조차 자기에게 엎드려 절할 것 이라는 그런 내용으로 말을 했습니다. 그러니 형들이 "아 이놈이 두고 보니 큰일 날 놈이다." 그러나 아버지는 그 말을 깊이 새기고 있었습니다. 그런데 하루는 아버지가 요셉에게 "야 요셉아 형들이 들에서 양을 치고 있는데 이 음식도 갖다 주고 편안한지 알아보고 오너라.", "예 그러겠습니다." 그래 요셉이 철렁철렁 형들이 양치는 곳으로 찾아가서 형들이 눈으로 보아서 사람을 알아

줄 정도의 거리에 가니까 형들이 "아 저놈 꿈꾸는 놈이 온다. 우리 저놈을 잡아서 죽여 버리자.", "꿈이 어떻게 되는가 보자." 빈 우물 구덩이에 빠뜨렸습니다. 아라비안 대상이 물건을 가나안에 팔고 또 물건을 떼서 애굽으로 가는 장사를 하는 사람들이 지나가는데 "형 유다가 아 그 죽일 것 없다. 그 건져가지고서 우리 팔아먹자. 돈 삼십 냥이면 큰 돈 인데 우리 팔아먹자." 그래서 그들이 달려들어서 우물에 던져 넣은 동생을 건져내어서 옷을 벗기고 종으로 팔아먹고 이제 꿈이 잘 인도할 터이니까 두고 보자. 사람이 꿈을 꾸면 꿈이 사람을 업고 갑니다. 사람들은 꿈을 자기가 이루어야 될 줄로 생각하는데 그렇지 않습니다.

꿈을 우리가 마음에 심으면 꿈이 자신을 위해서 열매를 맺게 되는 것입니다. 그냥 꿈을 꾸고 꿈을 꿨다고 말할 때가 많이 있습니다. 그러지 말고 꿈을 내 가슴에 심는 것입니다. 씨앗을 심은 것처럼 꿈을 심으면 꿈이 꽃피고 열매 맺는 것입니다. 꿈을 어떻게 심느냐? 꿈을 생각하고 꿈을 내 가슴에 안고 꿈이 이루어질 줄 믿고 그 꿈을 자꾸 이야기하고 자랑하면 꿈이 자라기 시작하는 것입니다. 오늘날 세계는 꿈에 대한 이야기가 굉장히 많습니다. 어느 성공한 사람도 꿈을 가지고 있지 않았다고 한 사람은 없습니다. 모두다 꿈을 생각하고 꿈을 바라보고 꿈을 믿고 꿈을 이야기하니까 꿈이 그 사람을 꿈을 가진대로 끌고 갔다는 것입니다.

요셉의 형제들이 저놈을 잡아 죽여 꿈이 어떻게 되는가 보자. 그러나 그들은 늦었습니다. 하나님을 향한 꿈이 벌써 요셉을 점령

하고 있기 때문에 그 모든 과정이 꿈이 인도한 과정에 형들이 이용당할 뿐인 것입니다. 꿈이 벌써 요셉을 안고 있습니다. 꿈이 유다의 마음속에 요셉을 팔라고 하고 꿈이 아라비안 대상에게 종으로 팔고 꿈이 그를 애굽에 가서 왕의 근위대 군대를 거느리는 군대장관에게 종으로 팔렸습니다. 그것 다 꿈이 한 일인 것입니다. 우리 알던지 모르던지 하나님께서 꿈을 보여주시고 그 꿈을 통해서 역사하는 것입니다. 하나님은 꿈이 있는 사람을 사용하시는 것입니다. 하나님은 꿈이 있는 사람을 찾습니다.

꿈이 있는 사람은 믿음도 있습니다. 꿈은 언제나 믿음을 대동해서 오기 때문인 것입니다. 꿈과 믿음을 갖고서 자랑하고 입술로 고백하면 기적이 일어나기 시작하는 것입니다. 꿈을 씨앗으로 심으면 굉장한 힘이 나타납니다. 단단한 껍질을 뚫고 싹이 날 때, 그 싹이 굉장한 힘이 있어야 저렇게 뚫고 나옵니다. 단단한 껍질뿐 아니라 씨앗은 자기 무게의 몇 백배가 되는 흙을 뚫고 나와야 되는 것입니다.

미국의 정치가 윌리엄 제닝스 브라이언은 "수박씨는 자기보다 20만 배나 더 무거운 흙을 뚫고 나오는 힘을 소유하고 있다"는 것입니다. 씨앗은 작지만 그 안에 엄청난 생명력이 있어 모든 어려움을 이기고 싹을 틔우는 것입니다. 그러므로 꿈을 짓밟아 죽일 수 있다고 생각하지만 할 수 없습니다. 엄청난 힘이 꿈속에 있습니다. 꿈은 씨앗과 같으니까 영적인 씨앗이니까…. 그러니 심어놓으면 그것이 엄청난 힘을 나타내는 것입니다. 심지 않고 내버려놓으면 아무것도 아니지만 심어놓으면 그렇게 힘이 있는 것입니다. 영적으로 심는 것은 영적으로 꿈을 생각하고 꿈을 꿈꾸고 믿고 말하면 심어지는 것입니다. 심어지면 싹이 나고 잎이 피고 열매를 맺는 역사가 일어나기 시작하는 것입니다.

첫째, 요셉의 꿈과 미래. 요셉은 꿈을 꾸었습니다. 그 꿈이 글쎄 요셉의 운명을 결정지은 것입니다. 꿈을 하나님이 우리에게 심어주실 때 꿈과 더불어 시련도 허락하시는 것은 시련이 사람을 연단해서 강하게 만들어주기 때문인 것입니다. 꿈이라는 씨앗이 요셉의 마음에 심어지고 난 후에 엄청난 시련이 요셉에게 다가온 것은 형들에게 배신당했지요. 구덩이에 빠졌지요. 미디안 대상에 형들에 의해서 팔렸지요. 종으로써 또 보디발 집에 팔렸지요. 그다음에 보디발의 아내의 참소를 받아 시위대 뜰 감옥에 죄수로 들어갔지요. 엄청난 시험이 다가왔습니다.

그러나 요셉이 잔잔한 마음으로 하나님을 의지하고 있은 이상 꿈이 어떠한 장애물도 헤치고 나오는 힘으로 작용하고 있습니다. 형들이 요셉을 죽이려고 들판에 있는 마른 우물에 던졌지만은 살아 나오는 것 보십시오. 그대로 있으면 죽었는데, 꿈이 있으니까 장사꾼들을 그곳으로 지나가게 해서 요셉을 돈 주고 사게 만든 것입니다. 요셉이 애굽에 가서 다른 여러 사람의 종으로 팔릴 수도 있는데 구태여 보디발의 집에 팔렸느냐? 보디발은 임금님 지키는 사명을 가진 사람인 것입니다. 아 거기에 팔렸어요. 그리고 꿈을 가졌기 때문에 꿈이 요셉을 지킵니다. 종으로 있으면서도 요셉이 하는 일은 너무나 잘되는 것입니다. 그 보디발이 큰 부자가 되었어요. 그래서 요셉을 아주 보배롭게 생각하는 것입니다.

그리고 요셉은 난 직접 만나보지는 못했지만은 그 모습을 성경에 기록한 것 보니까 굉장히 미남이었습니다. 일도 잘하고 미남이고 그러니까 보디발의 아내가 한눈을 팔게 된 것입니다. 아무도 없을 때, 보디발의 아내가 요셉하고 같이 잠자리에도 들어가고 같이 재미있게 인생을 살자고 꾀었으나 요셉이 순종하지 않았습니다. 하루는 일 볼일이 있어서 안채에 들어갔다가 보디발의 아내가 요셉의 옷을 붙잡고 자기 방으로 가자고 하는데 그걸 떨치고 나오니까 옷이 요셉의 손에 들려있던 옷이 보디발의 아내의 손에 들려갔습니다. 그러니까 사랑이 미움으로 변하면 무서운 복수를 하지 않습니까? 고함을 쳐서 "이 남편이 데리고 온 히브리 종이 나를 겁간 할라고 하다가 내가 고함을 치니까 옷을 벗어놓고 도망을 쳤다"고 그 웃옷을 가지고 흔드는데…. 누가 아무나 본 사람이 있나요? 그 옷가지 증거가 제시되니까 두말 할 수 없이 많이 얻어맞고 시위대 뜰 감옥에 들어갔습니다.

그런데 시위대 뜰에 있으면서 죄수들을 돌보는데 요셉이 와서 돌보니까 그렇게 감옥이 편안하고 좋습니다. 그런데 그 감옥에 술 장관과 떡 장관이 임금님에게 잘못 보여서 감옥에 들어왔었습니다. 그런데 술 장관과 떡 장관이 하루는 보니까 굉장히 낙심을 하고 의기소침해 있습니다. 또 꿈 문젭니다. 그들이 하는 말이 "우리가 꿈을 꾸었는데 해석을 할 수 없으니까 이렇게 기운이 없다."
"아 꿈은 하나님이 해석해 줄 테니까 꿈의 내용을 말하라." 술장
관이 하는 말이 내가 꿈에 보니까 포도나무에 포도 열매를 주렁
주렁 달고 있는데 세 송이를 저가 잘라서 즙을 짜서 왕에서 드리
니까 왕이 마셨다. 그러니까 요셉이 아 그거 간단하다고. 세 송이
는 사흘 후에 당신의 지위가 복구가 된다. 다시 술잔을 들고서 왕
에게 드릴 수가 있게 된다. 그러니까 떡 장관이 그 말을 듣는데 아
내 꿈도 좀 해석해달라고. 꿈에 내가 임금님이 좋아하는 여러 가
지 지짐과 떡을 만들어서 세 광주리가 닮아서 머리에 이고 임금님
의 식탁을 준비해주었다. 그런데 그것을 머리에 이고 가는 동안에
새들이 와서 그 지짐을 쪼아 먹기에 내가 새들을 좇으면서 꿈을
꾸었다. 아 그러니까 요셉이 안됐지만은 해석을 해드리겠습니다.
세 광주리는 삼일을 말하고 바로가 먹기를 좋아하는 부침개나 음
식 모든 것은 그대로 좋지만 새들이 와서 쪼아 먹었다는 것은 당
신이 사흘 만에 죽을 것을 말한다. 지짐을 먹는 것은 당신이 전공
하는 그것을 새들이 먹을 것이라고 말하니까 죽어서 머리가 날아
갈 것을 말하는데 사흘 만에 임금에게 특명이 떨어졌습니다.

그런데 요셉이 부탁을 했습니다. 술 장관에게. 당신 복권되어서
술 장관으로 들어가거들랑 임금님에게 이야기해서 나를 좀 석방
시켜 주십시오. 나는 정말 해를 끼치지 아니하고 폭행도 하지 않
았으니 날 좀 돌봐주십시오. 아 술 장관이 걱정하지 마라. 내가 가
면 다 말을 해줘 해결해주겠다. 해결해주기는 뭘 해결해주어요.

자기 나가고 난 다음에는 까맣게 잊어버렸습니다.

그런데 또 꿈 이야기가 나옵니다. 바로가 꿈을 꾸었는데 그 꿈에 보니까 나일강에 아주 살찌고 투실투실한 소 일곱 마리가 나와서 풀을 뜯어먹다가 잠시 후에 아주 파리하고 뼈만 남은 일곱 소가 나와 가지고서 살찐 소를 잡아 먹어버렸다. 다 잡아먹어도 뼈가 나온 무시무시한 흉년이 예시적으로 보여준 것입니다. 그 다음에 깨어났다가 다시 꿈을 꾸는데 아주 투실투실한 이삭이 주렁주렁 달린 알곡이 나왔는데 거기 벼인지 수수인지는 모르겠습니다만, 처음에 그렇게 착실한 열매 맺은 곡식이 나왔는데, 뒤에 다 바른 일곱 이삭이 나와 가지고서 그 다 잡아먹어 버리고, 그리고 또 마른 이삭이 되었어요. 그 임금이 답답해서 이것을 알기 위해서 전국에 유명한 꿈 해석 하는 사람을 불렀는데 누가 오려고 하나요? 다 겁을 집어먹고 안 나오는데 그때야 술 장관이 바로에게 술을 대접하면서 "왕이여 내가 안 죽고 여기 복권된 것도 요셉이란 청년이 감옥에 있어서 꿈 이야기를 듣고 해석을 잘해주어서 나는 살고 떡 장관은 죽었습니다."

그러니까 이 왕이 빨리 요셉을 불러오너라. 갑자기 사람들이 와서 이발을 하고 목욕을 시키고 좋은 옷을 입히고 수레에 태워서 임금님에게 데려왔습니다. 임금님이 "네가 꿈을 잘 해몽한다면서?" "왕이여 서론은 필요 없습니다. 하나님께서 명쾌하게 해몽을 하실 것입니다. 왕이 경험한 그 꿈을 이야기해주십시오." 이야기해주니까 "일곱 마리 암소는 칠 년 풍년을 말합니다. 일곱 마리 아주 뼈만 남은 것은 칠 년 흉년을 말합니다. 칠 년 동안 큰 풍년이 와서 곡식을 처치할 도리가 없을 만큼 많이 곡식이 될 것입니다. 그러나 그 다음에 연달아 칠 년 동안 흉년이 오면 풍년이 꿈에 본 듯이 사라지고 온 애굽 사람이 굶어 죽을 것입니다. 그 다음에 일곱 곡식 열매 맺는 곡식이 일곱 송이가 나오고 뒤에 나오는 바른 이삭 일곱 송이에게 잡아먹혀버리고, 그래도 마른 이삭 밖에 없다는 것은 역시 칠 년 동안 흉년이 오고 칠 년 동안 풍년 다음에 흉년이 와서 굶주림이 애굽 천지에 꽉 찰 것을 보여주는 것입니다. 두 개 똑같은 내용을 두 번 강조해서 이렇게 보여주는 것은 하나님께서 정하신 것이라는 것입니다. 그러므로 왕이여, 왕이 곡식이 풍년으로 잘될 때 오분지 일을 나라가 거두어서, 그 곡식을 창고에 모아놓았다가 흉년이 들었을 때 국민들에게 나누어주면 이 나라가 삽니다."

그러니까 임금님이 겁이 나서 얼굴이 노랗게 돼 있다가 "그래? 그렇게 해결이 되냐?" "해결이 됩니다." "이렇게 머리 좋고 총명한 사람, 하나님의 영에 감동되어 꿈을 해석한 사람이 또 어디에 우리가 구할 수 있겠느냐? 애굽 사람이든, 히브리 사람이든 상관할 바 없다. 너는 내 제자로 내 백성으로써 우리 애굽에서 사는 이상 나를 도와주어야 되겠다. 오늘 이 시간부터 요셉은 애굽의 국무총리다." 아, 왕의 손 가락지를 뽑아가지고서 손에 꼽아주고 왕이 타는 버금수레를 내어주면서 요셉 앞에 다 엎드리라고. 전부 요셉에게 절하며 엎드립니다. 사람 팔자가 이렇게 시간문제가 될 줄은 꿈에도 몰랐습니다.

그래서 요셉은 자기가 꾼 꿈도 이루어지고 술 장관, 떡 장관의 꿈도 이루어지고, 임금의 꿈도 이루어진 것입니다. 우리가 꿈이라고 다 믿을 수는 없지만은 우리가 주님을 잘 믿고 사는 사람은 하나님께서 우리에게 끊임없이 꿈으로 이야기할 때가 많습니다. 우리는 내용이 있는 꿈을 꾸었을 때는 꿈을 해석해보고 신앙생활에 도움이 되도록 하는 것이 좋습니다.

둘째, 꿈을 씨앗으로 가슴에 심고서 인내하라. 꿈이란 씨앗을 가슴에 받아들여 심고 항상 꿈을 바라보면서 기도하면 꿈이 열매를 맺는 것입니다. 요셉은 꿈으로 인하여 애굽의 국무총리까지 된 사람인 것입니다. 꿈이 없이 기도하는 것은 기도가 응답 잘 안 되는 것입니다. 아브라함이 칠십 오세에 가나안 땅에 와서 아들을 달라고 십 년을 기도했으나 아들을 얻지 못했습니다. 하나님이 아들 주겠다고 하시는데도 아들 안 생겨요. 그래서 크게 불평을 말하고 자기는 이제는 후계자를 자기의 종 중에서 선택해야 되겠다고 말하니까 하나님이 아브라함의 기도를 고쳐주었습니다. "저녁에 천막에서 나오라. 기도하기 전에 하늘을 쳐다보라. 뭐가 보이느냐?" "별들이 보입니다." "얼마나 많으냐?" "헤아릴 수 없이 많습니다." "네 자손이 저 별들처럼 헤아릴 수 없이 많을 것이다." 그래 보니 와아~ 마음에 감동이 되는 것이 그 별들이 자기를 향해서 "아버지 아브라함이여~" 외치는 것 같습니다.

그러니까 그 감동에서 믿음이 생깁니다. 이런 일이 반드시 있을 것이라고 믿음이 생기고 아~ 마음에 감격해서 기도가 물줄기처럼 입에서 잘 나왔습니다. 그래서 백세에 아들을 낳았습니다. 그게 이삭인 것입니다. 기도할 때 가슴에 꿈을 품고서 기도해야 되는 것입니다. 꿈을 심어놓고 난 다음에 꿈을 바라보고 기도해야 됩니다. 그게 굉장히 중요한 것입니다. 많은 사람이 가슴에 꿈을 심지 않고 텅 빈 가슴으로 기도를 하고 몸부림을 쳐도 응답이 안 오지 않습니까? 가슴에 꿈을 품고 그걸 바라보고 하나님 앞에 기도하면 하나님 성령께서 함께 기도해주심으로 놀라운 기적이 일어나는 것입니다.

우리의 생활 속에 하나님의 손길이 늘 같이 있어야 되는 것입니다. 우리들은 하나님이 도와주시는 기적적인 손길을 늘 느껴야 되는 것입니다. 우리 예수 믿는 사람은 하나님의 백성입니다. 하나님 성령도 연약함을 도와주시기 위해서 받들어 주는 것입니다. 우리는 하나님이 택해서 세운 자녀들이므로 하나님은 기도를 응답해주기를 원하시고 계시는 것입니다. "사랑하는 자여 네 영혼이 잘됨 같이 네가 범사에 잘 되고 강건하기를 내가 간구하노라" 바로 오늘 이 시간 하나님이 우리들을 보고 말씀하시는 것입니다.

그러므로 그냥 억지 부리지 말고 소원하는 바를 꿈으로 마음속에 심으십시오. 자기 소원하는 바를 뭘 소원하는지 생각하고 그 다음 그것을 꿈꾸어 보고 믿고 입술로 고백하고 구하고 감사하면 하나님이 그런 기도는 기쁘게 들어주시는 것입니다. "아브라함이 바랄 수 없는 중에 바라고 믿었으니 이는 네 후손이 이 같으리라 하신 말씀대로 많은 민족의 조상이 되게 하려 하심이라. 그가 백세나 되어 자기 몸이 죽은 것 같고 사라의 태가 죽은 것 같음을 알고도 믿음이 약하여지지 아니하고 믿음이 없어 하나님의 약속을 의심하지 않고 믿음으로 견고하여져서 하나님께 영광을 돌리며 약속하신 그것을 또한 능히 이루실 줄을 확신하였다(로마서4:18-21)" 백세가 되어서 바라봄의 법칙을 사용하고 낙심 안 합니다. 이제는 자기에게 아들이 주어진 것을 꿈으로 마음속에 끌어안고 그 꿈을 바라보고서 기도하니까 백세가 아니라, 천세라도 하나님이 하시고자 하면 하는 것입니다(30:19).

하나님이 자기편에 서서 역사해주도록 기도를 그렇게 하십시오. 꿈을 가슴에 품고 꿈을 믿고 하나님께 기도하면 하나님을 자기편에 모시게 되는 것입니다. 왜냐하면 5차원의 영성이 영적인 것이기 때문에 하나님은 자신의 생각을 통해서, 꿈을 통해서, 믿음을 통해서, 입술의 고백을 통해서야 일할 수 있는 것입니다. 육신의 감각적으로는 하나님이 일하지 않으십니다. 크리스천의 속사람과 하나님이 일하지 겉 사람과 일하지 않습니다. 그 속사람이 5차원의 영성을 가진 사람이기 때문입니다. 자신이 생각하는 생각을 본 적이 있습니까? 생각 못 봤지요. 영이 영적인 것이기 때문에 생각을 눈에 못 봅니다.

그리고 꿈을 실제로 눈으로 보나요? 꿈은 꾸는 꿈으로 보지 그건 영적으로 당연히 못 보는 것입니다. 믿음도 본 적이 없고, 입술의 고백도 꿈이지 실제로 보여지지 않습니다. 그것이 전부 영적인 선의 속에 있기 때문에 생각하고 꿈꾸고 믿고 말하면 하나님이 기쁘게 같이 협조하고 그 안에 일해서 승리를 가져오게 되는 것입니다. 우리들은 다 승리할 수 있습니다. 오늘 우리 예수 믿는 사람들은 마음속에 깊이 생각하고 바라보고 믿고 말하고 이루어질 수 있는 세계에 하나님이 우리들을 끌고 와 있습니다.

셋째, 생명의 열매를 맺게 하는 갈보리 십자가. 갈보리 십자가 쳐다보십시오. 십자가는 죄인은 죽고 의인으로 새롭게 태어나는 것입니다. 십자가는 예수님이 거기서 못 박혀서 우리의 죄를 청산한 곳이고, 허물을 청산해서 거룩하고 성령 충만하게 만든 곳이고, 병을 짊어지고 청산한 곳이고, 저주를 청산한 곳이고, 죽음조차 충만한 은혜의 복음이 넘쳐 나오는 것이 갈보리 십자가인 것입니다. 모든 사람 남녀노유 빈부 귀천할 것 없이 십자가는 우리들을 위해서 다섯 가지 축복을 허락해주신 것입니다. 오늘 이 시간에도 우리가 마음으로 십자가를 바라볼 수 있습니다. 찬송하면서 십자가를 바라볼 수 있습니다. 그것이 마음에 꿈으로 볼 수 있지 않습니까. 십자가를 생각하고 복음을 꿈꿀 수 있는 것입니다. 십자가에 못 박혀 피 흘려서 죄를 사하시고, 허물을 사하시고, 그 다음 "저가 채찍에 맞음으로 병 고침을 받았느니라." 병이 물러가고, "나무에 달린 자마다 저주 아래 있는 자라" 그리스도 예수 안에서 우리는 저주에서 해방되고 아브라함의 복을 받게 된 거에요. 그 꿈 꿀 수 있습니다. 그 꿈을 가슴에 품고 "저는 십자가 보배로운 피를 흘리신 것은 내 것이다! 하나님이 내게 주신 은혜다!"

그것을 생각하라는 것입니다. 그것을 생각하고 그것이 이루어진 모습을 마음속에 꿈을 꾸고 그것을 믿고 "나는 복 받은 사람이다. 하나님이 나를 특별히 택해서 축복을 해 주신다!" 입술의 고백을 하면 그것이 이루어집니다. 놀랍게 이루어지는 것입니다. 생명의 열매를 맺게 하는 갈보리 십자가가 되는 것입니다.

우리는 그러므로 예수 믿는 사람들은 예수 십자가를 통해서 하나님 앞에 꿈을 꿀 수 있고 하나님은 이 꿈을 5차원의 영성을 통해서 이루어지게 하는 것입니다. 하나님이 우리들과 같이 역사해서 이루어지는 것은 5차원의 영성을 통해서 나타나는 것입니다. 생각을 올바르게 하고 꿈을 올바르게 가지고 그 다음 믿고 입술로 긍정적이고 적극적이고 창조적인 말을 하면 하나님께서 대단히 기뻐하십니다. 문제를 쉽게 해결하는 것입니다.

창세기 37장 19절로 20절에 요셉의 형들이 "서로 이르되 꿈꾸는 자가 오는 도다 그를 죽여 한 구덩이에 던지고 우리가 말하기를 악한 짐승이 그를 잡아먹었다 하자 그의 꿈이 어떻게 되는지를 우리가 볼 것이다" 꿈이 어떻게 됐습니까? 자기들이 그렇게 했다고 이루어졌느냐 요셉을 못 죽였습니다. 요셉은 자기가 생각한 대로, 바라본 대로, 믿은 대로, 말한 대로 애굽의 국무총리가 되고 형들이 와서 다 꿇어 엎드려 절하게 된 것입니다.

예수 믿는 사람들이 신앙생활을 하고 마음에 평안하고 영생을 얻는 것은 말할 수 없이 좋거니와 이 땅에 살아 있으면서 영혼이 잘되고 범사에 잘되고 강건하게 되어서 남을 도와주면서 살고, 위에 있고 아래 내려가지 않고 남에게 꾸어 줄 지라도 꾸지 않는 삶을 살아봐야 되는 것입니다. 가는 곳마다 남의 짐이 되고, 다른 사람 앞에 손 내밀고, 무시당하고 멸시당하고 살아서야 되겠습니까? 하나님 백성은 하나님께서 원하는 대로 돼야 되는 것입니다. "내 영혼아 여호와를 송축하고 그 모든 은택을 잊지 말지어다. 저가 모든 죄악을 사하시며 모든 병을 고치시며 너희 생활에 축복을 해 주어서 독수리같이 새롭게 해주겠다"고 약속하신 말씀을 누릴 수가 있는 것입니다. 그러므로 우리들의 가슴 속에 언제나 갈보리 십자가 예수님의 보혈을 간직한 살리는 복음을 가슴에 꿈으로 안고 있으십시오. 그리고 전인구원이 이를 통해서 영혼이 잘되고 범사에 잘되며 강건하고 생명을 얻되 넘치게 얻는 전인구원이 이루어지는 모습을 가슴 속에 바라보십시오. 그 꿈을 안고서 감사하고 간구하고 기도하고 입술로 선언하면 그대로 좋은 일이 일어나는 것입니다. 고난도 참고 정복하고 일어날 수 있는 것입니다. 그러면 우리가 예수 믿는 사람으로서 자랑할 수가 있고, 우리가 꿈을 잃어버리지 않는 이상은 꿈속에서 우리를 만나주는 하나님을 만나서 복을 얻게 될 것입니다.

결론적으로 예수님을 주인으로 영접하고 성령의 세례를 받고 성령의 지배 속에 있는 성도에게 하나님께서 꿈을 주시면 자신이 꿈을 이루는 것이 아니고 주인이신 성령께서 꿈이 이루어지도록 인도하시는 것입니다. 중요한 것은 성령의 지배와 인도를 받는 것입니다. 그러면 성령께서 꿈이 이루어지게 할 것입니다.

6장 꿈으로 기근을 대비하게 하시는 하나님

(창 41:25-37)"요셉이 바로에게 아뢰되 바로의 꿈은 하나라 하나님이 그가 하실 일을 바로에게 보이심이니이다. 일곱 좋은 암소는 일곱 해요 일곱 좋은 이삭도 일곱 해니 그 꿈은 하나라. 그 후에 올라온 파리하고 흉한 일곱 소는 칠 년이요 동풍에 말라 속이 빈 일곱 이삭도 일곱 해 흉년이니, 내가 바로에게 이르기를 하나님이 그가 하실 일을 바로에게 보이신다 함이 이것이라. 온 애굽 땅에 일곱 해 큰 풍년이 있겠고, 후에 일곱 해 흉년이 들므로 애굽 땅에 있던 풍년을 다 잊어버리게 되고 이 땅이 그 기근으로 망하리니, 후에 든 그 흉년이 너무 심하므로 이전 풍년을 이 땅에서 기억하지 못하게 되리이다. 바로께서 꿈을 두 번 겹쳐 꾸신 것은 하나님이 이 일을 정하셨음이라 하나님이 속히 행하시리니, 이제 바로께서는 명철하고 지혜 있는 사람을 택하여 애굽 땅을 다스리게 하시고, 바로께서는 또 이같이 행하사 나라 안에 감독관들을 두어 그 일곱 해 풍년에 애굽 땅의 오분의 일을 거두되, 그들로 장차 올 풍년의 모든 곡물을 거두고 그 곡물을 바로의 손에 돌려 양식을 위하여 각 성읍에 쌓아 두게 하소서, 이와 같이 그 곡물을 이 땅에 저장하여 애굽 땅에 임할 일곱 해 흉년에 대비하시면 땅이 이 흉년으로 말미암아 망하지 아니하리이다. 바로와 그의 모든 신하가 이 일을 좋게 여긴지라."

하나님은 순종하라고 뜻을 알려주시는 것입니다. 많은 크리스천들이 꿈을 꾼 다음에 해석을 한다고 이곳저곳에 다니면서 해석을 요청합니다. 환상을 본 경우도 마찬가지입니다. 환경에 나타나는 증표에도 마찬가지입니다. 상담이나 예언을 듣는 것도 마찬가지입니다. 모두 하나님의 뜻을 알았으면 순종하는 것이 중요합니다. 그런데 순종하기 쉬우면 문제가 안 되는 데 자신의 생각하고 다르면 순종을 하지 않는 것이 보통입니다. 순종하지 않으려면 무엇 때문에 꿈을 해석하려고 합니까? 환상은 무엇 때문에 보며 해석하려고 노력합니까? 순종하지 않으려면 음성은 무엇 때문에 들으려고 합니까? 상담이나 예언은 무엇 때문에 들으려고 합니까? 순종하지 않으려면 아예 하나님의 뜻을 뒤로 하고 자신의 마음대로 살아가면 되는 것입니다.

치유를 받으려고 해도 부부가 하나가 되어야 한다하면 그렇게 되려고 해야 치유가 되는 것입니다. 자기 마음대로 하는데 어떻게 하나님의 역사로 문제가 해결이 될 수 있겠습니까? 분명하게 성경은 이렇게 말씀하십니다. "내가 그리스도와 함께 십자가에 못박혔나니 그런즉 이제는 내가 사는 것이 아니요 오직 내 안에 그리스도께서 사시는 것이라 이제 내가 육체 가운데 사는 것은 나를 사랑하사 나를 위하여 자기 자신을 버리신 하나님의 아들을 믿는 믿음 안에서 사는 것이라(갈 2:20)" 예수를 믿으면서 죽은 사람답게 바울과 같이 성령의 의중에 순종하시기를 바랍니다. 예수님은 이렇게 말씀하셨습니다. "그 날에는 내가 아버지 안에, 너희가 내 안에, 내가 너희 안에 있는 것을 너희가 알리라(요 14:20)" 그 날이란 예수 믿고 성령으로 세례 받는 날을 말하는 것입니다. "내가 아버지 안에, 너희가 내 안에, 내가 너희 안에 있는 것을 너희가 알리라" 잘 생각하면서 성령으로 깨달아 보세요. 말씀대로라면 자신이 예수님이요, 예수님이 자신이라는 것입니다. 예수님이 주인이라는 것입니다. 순종하지 않으려면 하나님의 뜻을 알려고 하지도 말아야 합니다. 하나님의 은혜로 치유를 받으려고 시도도 하지 말아야 합니다. 자기 마음대로 하는 성도가 어떻게 하나님께 치유나 문제 해결이나 복을 받을 수가 없습니다. 순종하지 않는 성도에게 하나님은 아무것도 하실 수가 없습니다.

우리는 아브라함을 본받아야 합니다. 자신에게 한 명밖에 없는 독자를 번제로 드리라고 해도 순종한 것입니다. "손을 내밀어 칼을 잡고 그 아들을 잡으려 하니, 여호와의 사자가 하늘에서부터 그를 불러 이르시되 아브라함아! 아브라함아! 하시는지라 아브라함이 이르되 내가 여기 있나이다. 하매, 사자가 이르시되 그 아이에게 네 손을 대지 말라. 그에게 아무 일도 하지 말라. 네가 네 아들 네 독자까지도 내게 아끼지 아니하였으니 내가 이제야 네가 하나님을 경외하는 줄을 아노라(창 22:10-12)" 하나님께서 아브라함에게 특별한 복을 주십니다. "여호와의 사자가 하늘에서부터 두 번째 아브라함을 불러 이르시되 여호와께서 이르시기를 내가 나를 가리켜 맹세하노니 네가 이같이 행하여 네 아들 네 독자도 아끼지 아니하였은즉, 내가 네게 큰 복을 주고 네 씨가 크게 번성하여 하늘의 별과 같고 바닷가의 모래와 같게 하리니 네 씨가 그 대적의 성문을 차지하리라(창 22:15-17)"

바울도 마찬가지입니다. "여러 날 머물러 있더니 아가보라 하는 한 선지자가 유대로부터 내려와 우리에게 와서 바울의 띠를 가져다가 자기 수족을 잡아매고 말하기를 성령이 말씀하시되 예루살렘에서 유대인들이 이같이 이 띠 임자를 결박하여 이방인의 손에 넘겨주리라 하거늘, 우리가 그 말을 듣고 그 곳 사람들과 더불어 바울에게 예루살렘으로 올라가지 말라 권하니, 바울이 대답하되 여러분이 어찌하여 울어 내 마음을 상하게 하느냐. 나는 주 예수의 이름을 위하여 결박당할 뿐 아니라. 예루살렘에서 죽을 것도 각오하였노라 하니, 그가 권함을 받지 아니하므로 우리가 주의 뜻대로 이루어지이다 하고 그쳤노라(행 21:10-14)" 결국 하나님의 뜻대로 순종하여 예루살렘에서 순교를 당합니다. 이렇게 죽더라도 순종하려면 하나님의 뜻을 구하고 그렇게 하지 않으려면 마음대로 사는 것입니다. 순종하지 않는데 어찌 하나님의 은혜를 받을 수가 있겠습니까?

요셉은 바로의 꿈을 해석해주면서, 칠 년의 풍년 동안에 다가오는 칠 년의 흉년을 잘 대비해야 한다고 말했습니다. 형통하고 평안할 때 환난의 때를 대비해야 한다는 것은 단순하면서도 매우 중요한 진리입니다. 특히 성도는 마지막 심판의 날을 미리 대비하면서 살아야 합니다. 잘 준비한 사람은 그날에 영광스런 상을 받게 될 것입니다. 그러나 준비되지 못한 사람은 큰 낭패를 당하게 될 것입니다. 당신은 준비되어 있습니까?

첫째, 바로 왕이 꿈을 꾼다. 바로는 이상하고 충격적인 꿈을 꾸었습니다. 그 꿈은 너무나도 특별했는데, 바로는 그것이 신의 계시임을 직감했습니다. 충격적인 꿈을 꾼 바로는 아침에 애굽의 점술가들과 현인들을 불러 그 꿈을 해몽하라고 명령했습니다. 그러나 아무도 바로의 꿈을 해몽하지 못했습니다. 아무도 그 꿈을 해석하지 못하자 바로는 더욱 답답하고 번민하게 되었습니다.

이 때 술 맡은 관원장이 요셉을 생각해냈습니다. 그리고 바로에게 요셉을 천거했습니다. 오랫동안 기약도 없이 감옥에 갇혀 있던 요셉은 면도하고 옷을 갈아입고, 드디어 감옥에서 나오게 되었습니다. 그리고 바로 앞에 서게 되었습니다. 하나님의 사자로서 만반의 준비를 갖추고, 바로의 꿈을 해몽하기 위해서였습니다.

요셉을 보자마자 바로는 반갑고 기대하는 마음으로 이렇게 말했습니다. "바로가 요셉에게 이르되 내가 한 꿈 을 꾸었으나 그것을 해석하는 자가 없더니 들은즉 너는 꿈을 들으면 능히 푼다 하더라"(창41:15절). 이 때 요셉은 꿈의 해석은 요셉 자신에게 있지 않고 하나님께 달려 있다는 것을 분명히 말했습니다. "요셉이 바로에게 대답하여 이르되 내가 아니라 하나님께서 바로에게 편안한 대답을 하시리이다"(창41:16절).

지금 요셉은 천하의 바로 앞에 서 있습니다. 뿐만 아니라 애굽의 권위 있고 전통 있는 전문가들과 석학들이 풀지 못했던 바로의 꿈을 해석해야 했습니다. 그러나 요셉은 담대하고 침착했습니다. "하나님께서 바로에게 편안한 대답을 하시리이다"라고 합니다. 하나님을 온전히 의지했기 때문이었습니다. 당시 초강대국이었던 애굽의 절대군주 바로는 문제 앞에서 번민하며 불안해하고 있었습니다. 반면에 요셉은 담대하고 침착하게 바로 앞에 섰습니다. 얼마나 대조되는 모습입니까? 뿐만 아니라 요셉은 자신을 조금도 내세우지 않고, 오직 하나님만을 철저하게 내세우고 있습니다. 요셉은 모든 것은 하나님께 달려 있다는 사실을 분명히 말했습니다. 역사를 주관하시는 분은 하나님이시며, 미래를 주관하시는 분이 하나님이심을 증거 했던 것입니다.

하나님을 온전히 의지하는 사람은 어떤 경우에도 담대하고 침착합니다. 어떤 문제를 만나도 흔들릴 필요가 없습니다. 당신은 지금 어떤 문제를 가지고 있습니까? 그 모든 것이 하나님께 달려 있음을 잊지 마십시오. 그리고 하나님만을 온전히 신뢰하십시오. 하나님께 도움을 구하십시오. 하나님께서 당신의 문제를 선하게 해결해주실 것입니다.

둘째, 꿈을 말하는 바로 왕. 바로는 요셉에게 자신이 꾸었던 꿈을 말했습니다. "바로가 요셉에게 이르되 내가 꿈에 나일 강 가에 서서 보니 살지고 아름다운 일곱 암소가 나일 강 가에 올라와 갈밭에서 뜯어먹고 그 뒤에 또 약하고 심히 흉하고 파리한 일곱 암소가 올라오니 그같이 흉한 것들은 애굽 땅에서 내가 아직 보지 못한 것이라. 그 파리하고 흉한 소가 처음의 일곱 살진 소를 먹었으며 먹었으나 먹은 듯 하지 아니하고 여전히 흉하더라 내가 곧 깨었다가 다시 꿈에 보니 한 줄기에 무성하고 충실한 일곱 이삭이 나오고 그 후에 또 가늘고 동풍에 마른 일곱 이삭이 나더니 그 가는 이삭이 좋은 일곱 이삭을 삼키더라 내가 그 꿈을 점술가에게 말하였으나 그것을 내게 풀이해주는 자가 없느니라"(창 41:17-24절).

창세기 저자는 본문에서 바로의 꿈을 다시 한 번 그대로 되풀이하여 기록하고 있습니다. 1-7절에서 바로의 꿈을 기록했는데, 여기서 또 다시 그대로 되풀이하고 있는 이유가 무엇일까요? 하나님께서는 우리가 말씀을 소홀히 여기는 것을 원하시지 않습니다. 하나님의 말씀을 있는 그대로, 충실하게 다루기를 원하십니다. 다 아는 내용이라고 해서 시큰둥하게 넘어가는 것은 하나님 말씀에 대한 올바른 태도가 아닙니다. 성경말씀이나 설교나 영적인 서적을 드라마 보듯이 들으려고 하지 마십시오. 반쯤 졸면서, 딴 생각을 하면서 말씀을 읽거나 책을 읽거나 설교를 들으려고 하지 마십시오. 하나님께서 지금 이 말씀을 통하여 나에게 주시는 메시지를 분명히 붙잡겠다는 굳은 의지를 가지고 집중하십시오. 이것이 말씀에 대한 합당한 자세입니다. 이렇게 말씀을 듣는 성도에게 하나님께서는 지금 나에게 필요한 음성을 들려주십니다.

셋째, 하나님의 감동으로 꿈을 해석하는 요셉. 바로의 꿈을 들은 요셉은 즉시 그 꿈을 해석했습니다. 주저하거나 연구해보고 대답하겠다고 하지 않았습니다. 그 자리에서 즉시 꿈을 해석했습니다. 이것은 요셉에게 하나님의 지혜와 영적 통찰력이 있었음을 보여줍니다. "요셉이 바로에게 아뢰되 바로의 꿈은 하나라 하나님이 그 하실 일을 바로에게 보이심이니이다. 일곱 좋은 암소는 일곱 해요 일곱 좋은 이삭도 일곱 해니 그 꿈은 하나라 그 후에 올라온 파리하고 흉한 일곱 소는 칠 년이요 동풍에 말라 속이 빈 일곱 이삭도 일곱 해 흉년이니 내가 바로에게 이르기를 하나님이 그가 하실 일로 바로에게 보이신다 함이 이것이라 온 애굽 땅에 일곱 해 큰 풍년이 있겠고 후에 일곱 해 흉년이 들므로 애굽 땅에 있던 풍년을 다 잊어버리게 되고 이 땅이 그 기근으로 망하리니 후에 든 그 흉년이 너무 심하므로 이전 풍년을 이 땅에서 기억하지 못하게 되리이다 바로께서 꿈을 두 번 겹쳐 꾸신 것은 하나님이 이 일을 정하셨음이라 하나님이 속히 행하시리니"(창 41:25-32절).

요셉이 꿈을 해석하는 모습은 당시 애굽의 점술가들의 모습과는 전혀 달랐습니다. 첫째로 그는 엑스타시에 빠지지 않았습니다. 대개 당시 꿈을 해석하는 사람들은 황홀경에 빠진 상태에서 꿈을 해석했습니다. 그러나 요셉은 온전한 정신으로 분명하게 꿈을 해석했습니다. 둘째로 요셉은 꿈을 해석하기 위해서 어떤 자료들이나 사례들을 들먹이지 않았습니다. 과거에도 아무개가 이와 비슷한 꿈을 꾸었다는 둥 그런 이야기를 하지 않았습니다. 요셉은 단순하고 명쾌하게 하나님의 감동으로 꿈을 해석했습니다. 대개 꿈을 해석하는 사람들은 애매하고 추상적인 이야기를 합니다. 그러나 요셉은 그렇지 않았습니다. 이것은 당시 애굽의 점술가들이 꿈을 해석하던 것과 완전히 대조되는 모습이었습니다.

요셉의 해석은 단순하고 명쾌했습니다. 바로가 그토록 번민하며 고민하던 문제가, 애굽의 점술가들과 현인들이 그렇게 쩔쩔매며 속수무책이었던 문제가, 요셉의 몇 마디 말로 모두 명쾌하게 해결되었습니다. 이것이 바로 하나님의 지혜입니다. 이것이 바로 하나님의 사람의 특징입니다. 오늘 우리에게 이처럼 하나님의 지혜를 가진 사람이 얼마나 필요합니까? 당신이 바로 그런 사람이 되기를 바랍니다. 가정에서나 직장에서나, 당신이 가면 모든 문제가 쉽게 풀리게 되기를 바랍니다. 그러기 위해서 어떻게 해야 할까요? 문제만 말하지 말고 적용을 잘하는 사람이 되어야 합니다.

이처럼 하나님의 지혜를 가진 사람이 되려면 하나님 말씀에 헌신된 사람이 되어야 합니다. 말씀을 진지하게 묵상하며 그대로 순종하기를 힘쓰십시오. 일이 복잡해지는 이유는 하나님께서 주시는 답을 그대로 받아들이지 않고, 인간적인 술수와 생각을 개입시키기 때문입니다. 말씀을 묵상하다가 하나님의 뜻을 깨달았습니까? 기도하다가 성령의 감동을 받았습니까? 그냥 그대로 순종하십시오. 인간적인 생각으로 재보거나, 내 생각을 개입시키지 말고 그대로 행동하십시오. 그러면 일이 단순하고 명쾌하게 해결될 것입니다. 다시 분명하게 말하면 하나님께서 보내신 꿈은 반드시 하나님의 사람을 통하여 해석하게 하신다는 것을 믿어야 합니다.

넷째, 대책까지 제시하는 요셉. 하나님의 감동하심을 입은 요셉은 꿈을 해석해주었을 뿐만 아니라 대책(적용)까지 제시해주었습니다. "이제 바로께서는 명철하고 지혜 있는 사람을 택하여 애굽 땅을 다스리게 하시고 바로께서는 또 이같이 행하사 나라 안에 감독관들을 두어 그 일곱 해 풍년에 애굽 땅의 오분의 일을 거두되 그들로 장차 올 풍년의 모든 곡물을 거두고 그 곡물을 바로의 손에 돌려 양식을 위하여 각 성에 쌓아 두게 하소서 이와 같이 그 곡물을 이 땅에 저장하여 애굽 땅에 임할 일곱 해 흉년에 대비하시면 땅이 이 흉년으로 말미암아 망하지 아니하리이다(창 41:33-36절)." 하나님은 흉년에도 세상 사람들이 죽지 않고 살아갈 수 있는 방법을 가지고 계시는 것입니다. 하나님은 코로나19속에서도 죽지 않고 살아가기를 원하십니다. 하나님께 코로나19를 가두는 효과적인 방법을 구해야할 것입니다.

요즘 우리 사회에는 수많은 주장과 비판이 난무하지만, 정작 올바른 대안을 제시하는 사람은 별로 없습니다. 비판이 아무리 옳고 날카롭다 해도, 대안이 없으면 무슨 소용이 있습니까? 정부에서 대책을 발표하면 즉시 신랄한 비판이 나옵니다. 다 옳고 일리가 있는 비판입니다. 그러나 더 좋은 대안을 제시하는 경우는 별로 없습니다. 오늘 우리는 어떻습니까? 오늘 우리에게 필요한 사람은 비판하는 사람이 아니라 올바른 대안을 제시하는 사람입니다.

애굽이 엄청나게 큰 문제에 직면하게 되었을 때, 요셉은 단순하고 명쾌한 대책을 제시했습니다. 그것은 풍년이 드는 칠 년 동안 곡물의 오분의 일씩을 거두어 저장하라는 것이었습니다. 그렇게 하면 뒤이어 오는 극심한 칠 년의 기근을 무사히 넘길 수 있다는 것이었습니다. 한 마디로 형편이 좋고 형통할 때 어려운 때를 대비하라는 것이었습니다. 이 대책은 평범하고 단순하지만, 너무나도 분명하고 확실한 대책이었습니다. 20년 전 IMF 외환위기를 만나기 이전에 우리 사회는 사치가 극에 달했다고 합니다. 선진국에서도 구경하기 힘든 최고의 사치품들이 불티나게 팔렸습니다. 부동산 투기는 또 얼마나 심했습니까? 기업들도 기업해서 돈을 버는 것이 아니라, 부동산 투기로 돈을 벌 정도였습니다. 그러다가 어려움이 오자 꼼짝없이 당하고 말았던 것입니다. 돈이 있다고 사치하거나 낭비해서는 안 됩니다. 풍년일수록 더 절제하고 저축해서 흉년을 대비해야 합니다. 평안할 때 기도하며 경건하게 살아야 합니다. 그래야 환난의 때와 마지막 심판을 준비할 수 있습니다.

다섯째, 바로 왕이 요셉에게 애굽의 국무총리 전권을 줌. 요셉의 해석과 대책을 들은 바로와 신하들은 요셉의 말을 좋게 받아들였습니다. 뿐만 아니라 바로는 요셉이 하나님의 신에 감동된 사람임을 인정하고, 그에게 애굽의 전권을 부여하여 총리로 삼았습니다. "바로와 그의 모든 신하가 이 일을 좋게 여긴지라 바로가 그 신하들에게 이르되 이와 같이 하나님의 영에 감동된 사람을 우리가 어찌 찾을 수 있으리요 하고 요셉에게 이르되 하나님이 이 모든 것을 네게 보이셨으니 너와 같이 명철하고 지혜 있는 자가 없도다 너는 내 집을 다스리라 내 백성이 다 네 명령에 복종하리니 내가 너보다 높은 것은 내 왕좌뿐이니라"(창 41:37-40절).

바로와 그의 신하들이 요셉의 해석과 대책을 좋게 받아들인 것은 참으로 다행스런 일이었습니다. 그 덕분에 애굽이 구원을 받게 되었기 때문입니다. 그런데 요셉에게 굳이 애굽의 전권을 위임하고 총리로 삼을 필요까지 있었을까요? 이미 그 대책까지 다 나온 마당에 말입니다. 이미 대책을 알고 있었기 때문에 자기들이 그렇게 하면 되지 않았을까요? 대책을 안다는 것과 그것을 그대로 실천에 옮기는 것은 별개의 문제입니다. 형편이 계속 좋을 때는 사람들이 방심하고 해이해지게 되어 있습니다. 주체할 수 없는 엄청난 풍년이 들기 시작하면, 처음에는 아마도 요셉이 말한 대로 수확의 오분의 일을 저축할 것입니다. 그러나 해마다 그런 풍년이 계속되면 교만해지고 방심하게 될 것이 뻔한 일이었습니다. 이렇게 태평한 세월이 계속되는데, 어떻게 그런 끔찍한 일이 닥치겠느냐고 생각하게 될 것입니다. 바로와 그의 신하들은 이 사실을 알고 있었습니다. 그들은 요셉이라면 이 모든 일을 차질 없이 온전히 감당할 수 있으리라 믿었습니다. 그래서 바로는 요셉을 총리로 삼아 그에게 애굽의 전권을 위임했던 것입니다.

여섯째, 환란의 때를 대비하라. 칠 년의 풍년은 큰 축복임과 동시에 시험이요 유혹이었습니다. 만일 그것이 단순한 축복인줄 알고 맘껏 즐기면서 칠 년을 보낸다면, 그 다음에 다가오는 칠 년의 흉년에는 아무도 살아남을 수 없을 것이었습니다. 이것은 오늘 우리에게도 마찬가지입니다. 경기가 어렵다, 살기가 힘들다고들 말하지만, 우리는 그래도 평안한 때를 살아가고 있습니다. 이제 머지않아 환난의 때가 오게 될 것입니다. 만일 우리가 지금 그 때를 대비하지 않는다면 큰 낭패를 당하게 될 것입니다. 지금까지 우리가 살아왔던 모든 것이 다 수포로 돌아가고 말 것입니다.

규모 없이 살아가는 사람들이 많습니다. 수입이 들어오는 대로 다 써버리는 것입니다. 그러다가 어려운 일이 생기면 대책이 없게 됩니다. 중요한 기회가 와도 준비가 되어 있지 못하기 때문에 아무 소용이 없게 되어버립니다. 평소에 아끼고 절제하면서 미래를 준비하면서 살아가야 합니다. 이러한 진리는 오늘 우리의 신앙생활에도 마찬가지로 적용됩니다.

오늘 우리는 기독교 신앙의 가장 핵심적인 부분을 소홀히 하는 경향이 있습니다. 주님께서는 다시 오실 것을 말씀하시면서, 우리에게 깨어서 준비하고 있으라고 명령하셨습니다. "홍수 전에 노아가 방주에 들어가던 날까지 사람들이 먹고 마시고 장가들고 시집가고 있으면서 홍수가 나서 그들을 다 멸하기까지 깨닫지 못하였으니 인자의 임함도 이와 같으리라 그 때에 두 사람이 밭에 있으매 한 사람은 데려가고 한 사람은 버려둠을 당할 것이요 두 여자가 맷돌질을 하고 있으매 한 사람은 데려가고 한 사람은 버려둠을 당할 것이니라 그러므로 깨어 있으라 어느 날에 너희 주가 임할는지 너희가 알지 못함이니라 너희도 아는 바니 만일 집 주인이 도둑이 어느 시각에 올 줄을 알았더라면 깨어 있어 그 집을 뚫지 못하게 하였으리라 이러므로 너희도 준비하고 있으라 생각하지 않은 때에 인자가 오리라"(마24:38-44)

주님께서는 약속하신 대로 곧 오실 것입니다. 그러므로 우리는 잘 준비하고 있어야 합니다. 주님의 재림을 기다리며 준비하는 이 재림신앙이야말로 기독교 신앙의 핵심입니다. 재림신앙을 가진 성도는 깨어서 살아있는 신앙생활을 하게 됩니다. 그러나 재림신앙이 희미한 성도는 세상에 집착하여 살며, 그 날을 제대로 준비하지 못합니다. 당신은 어떻습니까?

오늘 본문은 우리에게 중요한 교훈을 줍니다. 성도는 말씀을 통하여 시대를 분별하는 지혜를 배워야 합니다. 말씀에 바로 서 있는 성도는 세상의 풍요와 평안 가운데서도 교만하거나 나태해지지 않고, 주님 오실 그 날을 깨어서 준비합니다. 지금 잘 먹고 잘 사는 것이 축복이 아닙니다. 항상 깨어서 주님 오실 그 날, 마지막 심판의 날을 잘 준비하는 성도가 되시기 바랍니다.

충만한 교회에서는 매주 토요일 09:30-12:00까지 1주전 예약하여 집중기도내적치유 시간이 있습니다. 악몽을 많이 꾸시는 분, 정신적인 문제로 고생하시는 분, 공황장애나 우울증, 불면증으로 고생하시는 분, 성령의 불세례를 받고 싶으나 받지 못하며, 상처나 질병이 깊고 권능이 나타나지 않는 분들이 참석하시면 기적적인 영육의 치유와 능력을 받습니다. 반드시 1주전에 전화하시고 예약해야 합니다.

7장 환상과 천사를 통해 인도하시는 하나님

(행 10:9-16)"이튿날 그들이 길을 가다가 그 성에 가까이 갔을 그 때에 베드로가 기도하려고 지붕에 올라가니 그 시각은 제 육 시더라. 그가 시장하여 먹고자 하매 사람들이 준비할 때에 황홀한 중에 하늘이 열리며 한 그릇이 내려오는 것을 보니 큰 보자기 같고 네 귀를 매어 땅에 드리웠더라. 그 안에는 땅에 있는 각종 네 발 가진 짐승과 기는 것과 공중에 나는 것들이 있더라. 또 소리가 있으되 베드로야 일어나 잡아 먹어라 하거늘, 베드로가 이르되 주여 그럴 수 없나이다 속되고 깨끗하지 아니한 것을 내가 결코 먹지 아니하였나이다 한 대, 또 두 번째 소리가 있으되 하나님께서 깨끗하게 하신 것을 네가 속되다 하지 말라 하더라. 이런 일이 세 번 있은 후 그 그릇이 곧 하늘로 올려져 가니라."

하나님은 성령의 지배를 받는 사람에게는 기도하여 황홀한 중에 환상과 성령의 음성으로 뜻을 알게 하시고, 성령으로 거듭나지 않은 사람에게는 천사를 통하여 말씀하십니다. 본문에 보면 **베드로는 기도하여 황홀한 상태에 성령께서 환상으로 말씀을 하셨습니다.** 반대로 **고넬료에게는 천사를 통해 말씀하십니다.** 성령의 음성을 들을 수가 없기 때문에 천사를 통해 말씀하신 것입니다. 하나님은 한 가지 중요한 일을 위해서…. 그런데 그 일이 사람들 상호간의 오해가 없도록 하기 위하여 하나님은 사람들을 혼란스럽게 하거나 분란이 일어나지 않도록 적절하게 인도하신다는 것입니다. 사람들이 하나님의 선하신 일을 감당하도록 하나님은 시기와 때를 맞추어서 각자의 영적수준에 따라서 성령의 감동이나 환상이나 천사나 각각 적절한 방법으로 말씀하시는 것입니다.

앞서 사도행전 9장에서의 사울과 아나니아의 만남, 그리고 오늘 본문의 고넬료와 베드로를 보면 이러한 하나님의 원칙를 잘 이해할 수 있습니다. 평소에 하나님의 일을 한다면서 서로 다투고 시기하고 심지어 훼방하는 우리의 부족한 모습이 고발당하는 것만 같아 매우 부끄럽습니다. 특히 주의 사역자들이 돌이켜 볼 일입니다. 절묘하고도 물 흐르듯이 이루어져 가는 하나님의 섭리가 놀랍기만 합니다.

베드로도 기도 시간에 황홀한 상태에서 주의 환상을 보고, 성령의 음성을 듣습니다. 그 기도를 시작한 시간이 육시라 했습니다. 고넬료가 구시에 기도한 것과 비교하면 세 시간 앞섭니다. 그렇다면 그 세 시간은 베드로가 환상을 보며 기도했던 시간이요, 고넬료가 보낸 사람들이 베드로를 찾아오는 시간인 것입니다. 짐작도 할 수 없는 서로 다른 상황에서…. 그리고 전혀 관련이 없는 인간관계 속에서도 하나님은 능히 하나님의 사람들을 통해 자신의 일을 이루어 가십니다.

지붕에 올라가 기도하던 베드로는 하늘이 열리며 한 그릇이 내려오는 것을 봅니다. 황홀한 중에…. 그 그릇은 보자기 같고, 그 그릇의 네 귀퉁이에 끈이 매여 땅으로 드리우며 내려옵니다. 그 안에는 각종 네 발 가진 짐승과 기는 것과 공중에 나는 것들이 있었습니다. 한 마디로 말하자면 유대인으로서의 베드로가 먹기에 속되고 깨끗하지 아니한 것들이었습니다(레1장). 그런데 베드로에게 임한 소리는 베드로에게 그것들을 잡아먹으라는 음성이었습니다. 당연히 거절하지만 세 번의 강권하심 가운데 하나님의 음성은 베드로에게 그것을 먹으라고 하십니다. 그리고는 그 그릇이 다시 하늘로 올리어 갔습니다.

참으로 기이한 환상이요, 음성입니다. 베드로에게 율법에 어긋난 음식들을 하늘의 음성은 먹으라는 것입니다. 그것도 세 차례나…. 당연히 베드로는 이 환상이 무엇을 의미하는지 생각하지 않을 수 없었습니다. 우리의 지식과 경험과 상식을 초월하는 하나님의 계획이 우리 가운데 임할 때에 우리는 그 뜻을 다 헤아려 수용할 수 없습니다. 그저 믿음과 순종만이 필요합니다. 깨어 있어서 주의 뜻을 고민하여 분별하며 그 뜻대로 자신을 쳐 복종시키는 사람이 고넬료와 베드로처럼 복된 사람입니다.

오늘 본문의 베드로와 같이 하늘의 환상과 들려지는 음성으로 이시대에서도 하나님의 사명을 받는 사람들…. 그런 축복과 영광이 우리 충만한 교회 권속들에게도 있어지기를 기대하고 소원합니다.

첫째, 베드로와 고넬료의 인도방법이 다르다. 행 9장에 사울의 회심이 소개되었습니다. 이방인 사역을 위한 일꾼을 준비하신 것입니다. 이것은 인간적으로 볼 때 불가능한 일이었지만 하나님께서 강권적으로 역사하셔서 일어난 일입니다. 이제 10장에 와 보면 이방인에게로 복음이 진군하는 길목에 결정적인 사건이 소개되고 있습니다. 여기에 등장하는 사람이 베드로와 고넬료입니다. 저들은 누구며 왜 이 대목에서 등장하는 것일까요?

1) **베드로 그는 누구인가요**? 본문에서 베드로는 유대인을 대표하는 사람으로 등장합니다. 복음이 이방인에게 전파되고자 할 때 가장 큰 걸림돌 가운데 하나가 유대인으로서 예수를 믿는 사람들입니다. 성령님이 주인된 사람들입니다. 저들의 의식 속에 자기들의 힘으로 극복할 수 없는 편견이 있었습니다. 사도행전 10장 28절에서 베드로가 자기 입으로 말하듯이 "유대인으로서 이방인을 교제하는 것과 가까이 하는 것은 위법"이라는 편견입니다. 이 편견이 극복되어야 복음이 이방인에게로 나아갈 수 있었습니다. 하나님께서 직접 베드로의 편견을 깨뜨리고 계십니다.

하나님께서 지금 유대인의 이 편견을 제거하시는 일을 하고 계신 것입니다. 그러니까 이방인이 회심하고 돌아오기 이전에 유대인들이 이 편견을 제거하는 회심이 먼저 있어야 했던 것입니다. 즉 본문은 이방인들을 향한 베드로의 회심을 다루고 있는 것입니다. 베드로의 율법적인 의식을 복음적이며 성령의 인도를 받는 의식으로 전환시키고 계시는 것입니다. 이방인들을 대하는 태도와 편견을 바꾸고 계시는 것입니다. 그래야 이방인들에게 복음을 전하여 하나님의 뜻을 이룰 수가 있기 때문입니다.

2) **고넬료 그는 누구인가요?** 본문에 등장하는 고넬료는 이방인을 대표하는 사람입니다. 그는 하나님의 역사와는 전혀 무관한 사람이었습니다. 그러나 하나님의 섭리 가운데 이 복음의 땅 축복의 땅에 와 있었습니다. 이미 하나님의 섭리 가운데 하나님께 누구보다도 가까이 나아와 있었습니다.

하나님께서 이제 베드로를 통해 고넬료의 회심을 일으키십니다. 이방인이 거룩한 하나님의 백성이 될 수 있음을 드러내 보이시고 계신 것입니다. 이 회심을 위해 지금 하나님께서 환상 가운데 말씀하시고 계십니다. **베드로에게는 기도하는 중에 황홀한 상태에서 성령으로, 고넬료는 천사를 통하여 역사하고 계십니다.** 하나님은 이방인들을 향한 뜻을 정확하게 알게 하고 계시는 것입니다.

둘째, 성경 본문에 나타난 아이러니. 본문에는 생각하기 어려운 뜻밖의 장면들 즉 아이러니가 여럿 등장입니다. 이것은 누가가 의도적으로 강조하고 있는 점이기도 합니다. 당시 독자들의 편견 내지는 고정관념을 뒤 흔들고자 하는 의도에서 소개되고 있는 것입니다. 베드로는 성령으로, 고넬료는 사자(천사)로 인도하심입니다.

1) **피장이의 집에 머문 베드로입니다.** 행9장 43을 보면 베드로가 욥바에 있는 시몬이라는 피장의 집에서 여러 날 머물렀다고 기록했습니다. 그리고 그 집에서 기도시간에 기도하다가 환상 중에 말씀하시는 하나님의 음성을 듣게 되었다는 것입니다.

피장이란 어떤 사람인가요? 피장이란 가죽을 다루는 사람입니다. 유대인들에게 가죽을 다룬다는 것은 죽은 짐승을 다루는 일이라 부정한 것이요 경멸스런 것입니다. 그래서 저들은 마을 밖 격리 된 곳에서 살아야 했습니다. 사회적으로 뿐 아니라 종교적으로 저들은 차별 받던 사람이었습니다. 베드로가 이 집에 머물렀습니다. 그것도 여러 날 머물렀고 이 집에서 기도했고 이 집에서 환상 중에 하나님의 말씀을 들었습니다. 이것은 당시 사람들에게는 하나의 충격적인 사실입니다. 이미 베드로는 유대인 내의 신분의 벽은 복음 안에서 넘어섰음을 보여주고 있습니다. 물론 다른 유대인들에게는 아직도 넘기 힘든 장벽이었습니다.

2) 고넬료에게 말씀하신 하나님이십니다. 고넬료는 누구인가요? 첫째로 로마 백부장이었습니다(행10:1). 그는 가이사랴에 주둔하고 있던 로마 군대의 백부장이었다. 즉 로마 군대의 장교였다는 것입니다. 아직 성령세례를 받지 못한 사람입니다.

둘째로 경건한 사람이었습니다(행10:2). 그는 로마 군인이었지만 온 집이 하나님을 경외했고 백성을 많이 구제했고, 항상 하나님께 기도하는 사람이었다는 것입니다. 즉 경건한 사람이었다는 것입니다. 이방인답지 않게 기도하고 있는 경건한 사람이었습니다.

셋째로 의인이요, 칭찬 받는 사람이었습니다(행10:22). 그의 사환들에 의하면 그는 의로운 사람이고, 심지어 유대인들조차도 칭찬하는 사람이었다는 것입니다. 즉 삶이 변화된 사람이었다는 것입니다. 하나님께서 기뻐하시고 택하신 이방인 이었습니다.

넷째로 말씀 듣기를 좋아하는 사람이었습니다(행10:33). 그는 하나님의 말씀 듣기를 즐거워했던 사람이었습니다. 즉 그는 하나님의 말씀에 대해 열려있던 사람이었다는 것입니다. 이런 사실은 또 하나의 아이러니합니다. 어떻게 이방인이 유대인 수준의 사람이 되었는가? 하나님께서 이미 이방인 속에서도 역사하셔서 준비해 놓으신 것입니다. 그러나 고넬료는 아직 성령세례를 받지 못했습니다. 하나님께서 사자(천사)를 통해 고넬료에게 말씀하십니다. 사도행전 10장 3-8을 보면 하나님의 사자가 기도 시간이 오후 3시 고넬료가 기도하던 중에 찾아왔습니다. 하나님께서 보내셨기 때문입니다. 여기서 두 가지를 말씀했습니다.

첫째로 고넬료의 경건생활을 인정해 주셨습니다(행10:4). 특히 고넬료의 기도를 하나님께서 듣고 계시고, 또한 그의 구제를 하나님께서 기뻐 받으시고 기억하고 계시다는 것입니다.

둘째로 고넬료가 해야 할 일을 말씀해 주셨습니다(행10:5). 욥바로 사람을 보내서 베드로라는 시몬을 청하라는 것입니다. 베드로를 통해 성령세례받으라는 것입니다. 하나님께서 이방인 고넬료를 인정해 주신 것도 놀라운데 친히 이방인 고넬료에게 말씀하셨다는 것입니다. 이 또한 놀라운 아이러니가 아닐 수 없습니다. 하나님의 구원역사는 사람의 지혜로는 이해가 불가능한 것입니다. 우리는 그냥 믿고 받아들이는 것입니다. 토를 달지 않고 받아들이는 것이 축복입니다. 사도행전 10장 23절을 보면 재미있는 장면이 소개됩니다. 베드로가 성령께서 지시하신 대로 고넬료가 보낸 사람을 집안으로 불러들여 유숙하게 했습니다. 지금 함께 만남을 갖고 유숙하고 있는 사람들의 면면을 보겠습니다. 거룩한 유대인의 사도 베드로, 부정한 유대인 피장이 시몬, 그리고 깨끗지 못한 이방인들입니다. 이들은 도저히 함께 만날 수 없던 사람들입니다. 저들이 한 지붕 밑에서 만났고, 함께 잠을 잤습니다.

그리고 욥바에서 고넬료의 집까지 50키로가 되는 먼 거리를 베드로와 이방인이 함께 걸어갑니다. 그 뿐 아니라 이방인이 고넬료의 집에서 베드로에게 수일 더 머물러 달라고 말하고 있습니다. 당시에 유대인에게 있을 수 없는 아이러니입니다. 하나님께서 직접 연출하신 아이러니입니다. 모두의 편견을 깨고 복음의 진군을 위해 일으키신 하나님의 놀라운 역사입니다. 베드로는 성령님의 인도에 순종합니다. 이는 기도시간 황홀한 중에 하나님께서 환상으로 알려주셨기 때문입니다.

셋째, 하나님의 메시지이다. 사도행전 10장에 환상이 나타납니다. 이 성령으로 세례받은 베드로에게 환상을 통해서 성령으로 하나님께서 직접 말씀하시려는 메시지가 나타납니다.

1) **환상의 내용은 이렇습니다.** 베드로가 기도 중에 환상을 봅니다. 하늘이 열리고 한 그릇이 내려옵니다. 그것은 큰 보자기처럼 생겼는데 네 귀가 매어서 땅으로 내려오고 있었습니다. 그 안을 보니 각색 네 발 가진 짐승과 기는 것과 공중에 나는 것들이 있었습니다.

그 때 하늘에서 음성이 들렸습니다. "베드로야 일어나 잡아먹으라." 하나님께서 베드로에게 말씀하시기 위해 의도적으로 환상을 보이셨다는 것입니다. 하나님께서 음성으로 베드로의 율법적인 의식을 바꿨다는 것입니다. 이방인을 향한 하나님의 뜻을 베드로에게 직접 알려주셨다는 것입니다. 하나님은 영이시며 살아계신 분입니다. 믿음의 사람을 통하여 일을 하시는 분입니다.

2) **베드로의 반응입니다.** 베드로가 불쾌하고 단호하게 말했습니다. "주여! 그럴 수 없나이다. 속되고 깨끗지 아니한 물건을 내가 언제든지 먹지 아니하였삽나이다." 주목할 것은 하나님의 명령과 베드로의 거부가 세 번 반복되었다는 것입니다. 이것은 베드로의 편견이 얼마나 견고했는지를 보여줍니다. 이런 베드로의 편견을 깨뜨리지 않으면 하나님의 뜻을 이룰 수가 없기 때문에 하나님께서 직접 개입하여 역사하시는 것입니다. 하나님은 관념적인 분이 아니시고 살아계신 하나님이라는 것을 증명한 것입니다.

3) **하나님의 메시지입니다.** 우선 잡아먹으라. 말씀하셨습니다. 베드로의 고정관념을 확인하시기 위해 하신 말씀입니다. 베드로는 이 명령에 "속되고 깨끗하지 못한 것들이기 때문에 먹을 수 없다"고 말씀했습니다. 주님께서 이 편견을 깨뜨리시기 위해 지금 이 환상으로 말씀하시는 것입니다.

다음으로 "하나님께서 깨끗케 하신 것을 네가 속되다 하지 말라" 말씀하셨습니다. 하나님께서 이방인들을 깨끗케 하실 것이라 말씀하시는 것입니다. 아무리 이방인이라고 해도 하나님께서 깨끗케 하실 수 있다는 것입니다. 아니 하나님께서 적극적으로 깨끗케 하실 것이라는 말씀입니다. 이제 누구든지 하나님께서 복음

안에서 새로운 하나님의 자녀로 세우실 것을 말씀하신 것입니다. 예수님을 믿고 받아들이면 하나님의 자녀가 되는 권세를 주시고자 하신 뜻을 이루시는 것입니다. "하나님이 세상을 이처럼 사랑하사 독생자를 주셨으니 이는 그를 믿는 자마다 멸망하지 않고 영생을 얻게 하려 하심이라(요 3:16)" 하나님의 역사에 때론 우리의 편견이 걸림돌이 됩니다. 하나님께서 우리의 편견을 버리기를 원하십니다. 또 이를 위해 말씀하십니다. 그 말씀을 들어야 합니다. 아무리 자신이 미워하는 사람이라도 예수님을 믿고 받아들이면 예수 인으로 받아들이는 자세가 중요합니다. 필자는 안수사역을 많이 합니다. 안수 사역할 때 절대로 차별하지 않습니다.

4) 순종하는 베드로입니다. 베드로가 황홀한 중에 황상을 본 후에 고넬료가 천사의 말을 듣고 보낸 사람들이 도착한 것입니다. 사도행전 11장 11-14절에 "마침 세 사람이 내가 유숙한 집 앞에 서 있으니 가이사랴에서 내게로 보낸 사람이라. 성령이 내게 명하사 아무 의심 말고 함께 가라 하시매 이 여섯 형제도 나와 함께 가서 그 사람의 집에 들어가니, 그가 우리에게 말하기를 천사가 내 집에 서서 말하되 네가 사람을 욥바에 보내어 베드로라 하는 시몬을 청하라. 그가 너와 네 온 집이 구원 받을 말씀을 네게 이르리라 함을 보았다 하거늘" 베드로가 의심하지 않고 따라가서 말씀을 전합니다. "내가 말을 시작할 때에 성령이 그들에게 임하시기를 처음 우리에게 하신 것과 같이 하는지라(행 11:15)" 말씀을 증거하니 보증으로 성령의 역사가 고넬료의 가정에 임합니다.

베드로가 이렇게 말합니다. "내가 주의 말씀에 요한은 물로 세
례를 베풀었으나 너희는 성령으로 세례를 받으리라 하신 것이 생
각났노라. 그런즉 하나님이 우리가 주 예수 그리스도를 믿을 때에
주신 것과 같은 선물을 그들에게도 주셨으니 내가 누구이기에 하
나님을 능히 막겠느냐 하더라. 그들이 이 말을 듣고 잠잠하여 하
나님께 영광을 돌려 이르되 그러면 하나님께서 이방인에게도 생
명 얻는 회개를 주셨도다 하니라(행 11:16-18)"

베드로 자신이 성령으로 세례를 받은 때와 같은 성령의 세례가
임한 것입니다. 베드로가 이를 보고 감탄합니다. "그런즉 하나님
이 우리가 주 예수 그리스도를 믿을 때에 주신 것과 같은 선물을
그들에게도 주셨으니 내가 누구이기에 하나님을 능히 막겠느냐
하더라(행 11:17)" 이는 하나님께서 함께 하셨다는 보증의 역사
입니다. 하나님은 이렇게 베드로와 같은 순종하는 사람을 통하여
살아계심을 이방사람에게 증명하십니다. 하나님은 지금도 이렇
게 순종하는 사람을 통하여 살아계심을 증명하십니다. "내가 네
게 명령한 것이 아니냐 강하고 담대하라 두려워하지 말며 놀라지
말라 네가 어디로 가든지 네 하나님 여호와가 너와 함께 하느니라
하시니라(수 1:9)" 강하고 담대하게 하나님의 살아계심을 증명해
야 합니다. 그것도 생명이 살아있을 때 말입니다.

넷째, 하나님의 뜻을 전달하는 수단이 각각 다르다. 하나님께
서 사람들에게 뜻을 전달하는 수단이 한결같지 않다는 것입니다.

오늘 고넬료에게는 천사의 방문을 통하여 말씀을 전하셨습니다. "하루는 제 구 시쯤 되어 환상 중에 밝히 보매 하나님의 사자가 들어와 이르되 고넬료야 하니, 고넬료가 주목하여 보고 두려워 이르되 주여 무슨 일이니이까? 천사가 이르되 네 기도와 구제가 하나님 앞에 상달되어 기억하신 바가 되었으니 네가 지금 사람들을 욥바에 보내어 베드로라 하는 시몬을 청하라. 그는 무두장이 시몬의 집에 유숙하니 그 집은 해변에 있다 하더라. 마침 말하던 천사가 떠나매 고넬료가 집안 하인 둘과 부하 가운데 경건한 사람 하나를 불러 이 일을 다 이르고 욥바로 보내니라(행 10:3-8)"

베드로에게는 황홀한 중에 환상을 통하여 보여주시고 성령으로 직접 말씀을 하셨습니다. "이튿날 그들이 길을 가다가 그 성에 가까이 갔을 그 때에 베드로가 기도하려고 지붕에 올라가니 그 시각은 제 육 시더라. 그가 시장하여 먹고자 하매 사람들이 준비할 때에 황홀한 중에 하늘이 열리며 한 그릇이 내려오는 것을 보니 큰 보자기 같고 네 귀를 매어 땅에 드리웠더라. 그 안에는 땅에 있는 각종 네 발 가진 짐승과 기는 것과 공중에 나는 것들이 있더라. 또 소리가 있으되 베드로야 일어나 잡아먹어라 하거늘, 베드로가 이르되 주여 그럴 수 없나이다. 속되고 깨끗하지 아니한 것을 내가 결코 먹지 아니하였나이다. 한 대, 또 두 번째 소리가 있으되 하나님께서 깨끗하게 하신 것을 네가 속되다 하지 말라 하더라. 이런 일이 세 번 있은 후 그 그릇이 곧 하늘로 올려져 가니라. 베드로가 본 바 환상이 무슨 뜻인지 속으로 의아해 하더니 마침 고넬료가 보낸 사람들이 시몬의 집을 찾아 문 밖에 서서 불러 묻되 베드로라 하는 시몬이 여기 유숙하느냐 하거늘, 베드로가 그 환상에 대하여 생각할 때에 성령께서 그에게 말씀하시되 두 사람이 너를 찾으니, 일어나 내려가 의심하지 말고 함께 가라 내가 그들을 보내었느니라 하시니(행 10:9-20)"

예수님의 모친 마이라는 천사의 방문으로 의붓아버지는 꿈으로 알려주셨습니다. 마리아는 하나님의 천사 가브리엘이 방문하여 예수 그리스도를 잉태하실 것을 보여 주셨습니다. 천사를 통해서 하나님 뜻을 보여 주신 것입니다. 누가복음 1장 35절에 "천사가 대답하여 가로되 성령이 네게 임하시고 지극히 높으신 이의 능력이 너를 덮으시리니 이러므로 나실바 거룩한 자는 하나님의 아들이라 일컬으리라" 그와 정혼한 요셉이 함께 되기도 전에 마리아가 잉태했다는 소식을 듣고 그는 굉장히 낙심해서 마리아와 약혼을 파혼하려고 했었습니다. 그럴 때 하나님의 뜻이 꿈으로 나타났던 것입니다. 마태복음 1장 20절로 21절에 "이 일을 생각할 때에 주의 사자가 현몽하여 가로되 다윗의 자손 요셉아 네 아내 마리아 데려오기를 무서워 말라 저에게 잉태된 자는 성령으로 된 것이라 아들을 낳으리니 이름을 예수라 하라 이는 그가 자기 백성을 저희 죄에서 구원할 자이심이라 하니라" 보십시오. 마리아에게는 천사의 방문을 통하여 알려주시고 요셉에게는 꿈으로 하나님이 뜻을 보여 주신 것입니다.

하나님은 이렇게 말씀하십니다. "여호와께서 갑자기 모세와 아론과 미리암에게 이르시되 너희 세 사람은 회막으로 나아오라 하시니 그 세 사람이 나아가매, 여호와께서 구름 기둥 가운데로부터 강림하사 장막 문에 서시고 아론과 미리암을 부르시는지라 그 두 사람이 나아가매, **이르시되 내 말을 들으라 너희 중에 선지자가 있으면 나 여호와가 환상으로 나를 그에게 알리기도 하고 꿈으로 그와 말하기도 하거니와 내 종 모세와는 그렇지 아니하니 그는 내 온 집에 충성함이라. 그와는 내가 대면하여 명백히 말하고 은밀한 말로 하지 아니하며 그는 또 여호와의 형상을 보거늘 너희가 어찌 하여 내 종 모세 비방하기를 두려워하지 아니하느냐?** 여호와께서 그들을 향하여 진노하시고 떠나시매, 구름이 장막 위에서 떠나갔고 미리암은 나병에 걸려 눈과 같더라 아론이 미리암을 본즉 나병에 걸렸는지라(민 12:4-10)"

하나님께서 사람들에게 말씀을 전하실 때는 각각 영적인 수준에 따라서, 성령으로 거듭남에 따라서 꿈으로 환상으로 음성으로 대면하여 명백하게 말하는 등 다르다는 것입니다. 우리들은 하나님과 대면하여 음성을 듣겠다는 의지를 가지고 자신의 내면 관리에 관심을 가져야 할 것입니다. 그리고 뜻을 알았으면 아무리 어려워도 순종하는 자세가 중요합니다. 순종하지 않으려면 꿈도 해석할 필요가 없고, 환상도 보고 해석할 이유가 없는 것입니다. 어젯밤 꿈 속에 하나님의 계시가 있습니다. 성령으로 기도하다가 황홀한 중에 환상으로 말씀하시기도 하기 때문입니다. 하나님은 순종하라고 하나님의 의중을 알려주시는 것입니다.

8장 바울에게 환상으로 길을 안내하신 하나님

(행 16:9-10) "밤에 환상이 바울에게 보이니 마게도냐 사람 하나가 서서 그에게 청하여 이르되 마게도냐로 건너와서 우리를 도우라 하거늘 바울이 그 환상을 보았을 때 우리가 곧 마게도냐로 떠나기를 힘쓰니 이는 하나님이 저 사람들에게 복음을 전하라고 우리를 부르신 줄로 인정함이러라"

하나님은 바울을 성령의 인도에 순종하게 하십니다. 바울이 사역지를 놓고 기도할 때 "환상이 바울에게 보이니 마게도냐 사람 하나가 서서 그에게 청하여 이르되 마게도냐로 건너와서 우리를 도우라" 하여 순종하고 마게도냐로 가서 복음을 전합니다. 바나바와 헤어진 바울은 더베와 루스드라로 건너와서 아직은 어린 성도들과 교회들을 돌보았습니다. 거기서 평생의 동역자의 영적인 아들인 디모데를 만났고 디모데와 함께 사역하기 시작했습니다. 그 열매는 정말 놀라웠습니다. 그 지역에 있는 많은 교회들이 이들의 사역을 통해서 믿음이 더 견고해져 갔고, 성도의 숫자도 더 많아지게 되었습니다.

바울과 디모데의 헌신으로 소아시아지역, 그러니까 지금의 터기에 있던 교회들은 질적으로 그리고 양적으로 크게 성장하고 있었습니다. 원래의 성도들의 믿음은 견고해져 갔고 새로 복음을 믿게 된 사람들도 굉장히 많아졌습니다. 그야 말로 최고의 부흥이 일어난 것입니다. 그래서 두 사람은 거기서 일하는 것이 하나님의 뜻이라고 확신하며 더 기쁘고 즐겁게 복음을 전하며 교회를 돌보고 있었고, 그래서 어떤 때보다도 교회는 이 두 사람의 도움을 크게 필요로 하고 있었습니다.

상황적으로 볼 때, 두 사람이 그 지역에서 일하는 것은 확실한 하나님의 뜻이고 섭리라는 것을 확신할 수밖에 없는 상황이었습니다. 그런데, 하나님께서는 두 사람이 더 이상 그 지역에서 복음을 전하지 못하게 가로 막으셨습니다. 참 이상한 일입니다. 이것이 구체적으로 어떤 일을 의미하는지는 잘 몰라도 한창 사역의 열매가 맺혀지고 있을 때, 그리고 교회가 두 사람을 가장 많이 필요로 하는 그 때, 하나님께서는 두 사람이 그 지역에서 복음을 전하지 못하게 막아 서셨던 것입니다. 제가 보기에 본문의 맥락상 이것은 상황이 어렵게 되었거나 복음 전도의 방해를 받았다고 말하기 보다는 오히려 성령님께서 직접 두 사람에게 하나님의 뜻을 알려 주신 것입니다.

원래는 두 사람은 계속해서 내륙으로 들어가서 에베소로 갈 예정이었던 것 같습니다. 그런데, 성령님께서 더 이상 그렇게 하지 못하게 하시자 브루기아와 갈라디아 의 경계를 따라서 북쪽으로 올라가 지금의 터키 북부지방인 무시아까지 갔습니다. 거기서 부터 비두니아 지역으로 가서 복음을 전하려고 했던 것입니다. 그런데, 이번에도 그렇게 하지 못했습니다. 이번에는 예수의 영이 그들이 그리로 가는 것을 허락하지 않으셨기 때문입니다. 이로보아 바울은 성령의 지배와 인도를 받는 사람임이 분명합니다.

첫째, 예수의 영이 허락하지 아니 하시니라. 그런데 마침 이 두 분의 선교사 파송예배를 예측이라도 했다는 듯이 우연찮게도 이번 주 메시지는 사도 바울의 '유럽 선교'가 본격적으로 시작되는 2차 전도여행의 갈림길에서 그가 겪었던 어려운 현장이 정밀하게 그려지고 있습니다. 예수의 영이란 성령님을 말하는 것입니다.

바울의 1차 전도여행은 오늘날의 터키 지방을 중심으로 소아시아 남부 해안지역에서 시작하여 내륙의 루스드라와 더베까지에서 다시 왔던 길로 되돌아 나가는 여정이 소개되었었습니다. 이번의 두 번째 전도 여행은 바울의 고향 다소의 북서쪽으로 지난 1차 여행의 마지막 반환점이었던 더베와 루스드라로 가는 길로서, 먼저 바울이 루스드라에서 디모데를 만나는 장면을 간략하게 설명하고 있습니다.

그런데 이번 여행에서는 지난번에 가지 못했던 흑해 연안의 비두니아 지방으로 가고자 계획하였으나, 어쩐 일인지 성령께서는 그가 아시아 지방으로 나아가 복음을 전파하려는 그의 계획을 막고 있습니다. 사도행전 16장 6-7절입니다. "성령이 아시아에서 말씀을 전하지 못하게 하시거늘 그들이 브루기아와 갈라디아 땅으로 다녀가 무시아 앞에 이르러 비두기아로 가고자 애쓰되 예수의 영이 허락하지 아니하시는지라"

저는 여기 본문에 표현된 대로 성령께서는 어떤 방법으로 그들에게 말씀을 전하지 못하도록 막았는지는 잘 알 수 없습니다. 또 바울 일행이 비두기아로 가고자 애썼지만 '예수의 영이 허락하지 않았다'고 적혀 있는데, 이 또한 어떤 방법으로 허락하지 않았는지도 잘 알 수 없습니다.

사실 바울 일행이 출발한 수리아 안디옥에서 더베와 루스드라, 그리고 부루기아에서 무시아까지는 유럽 방향인 서쪽으로의 이동이라 할 수 있습니다. 그러나 비두니아는 현재 터키의 흑해 연안 지방으로서 무시아에서 보면 북동쪽 방향이 됩니다. 그러므로 유럽 방향이라 보기에는 어렵습니다. 그렇기 때문에 예수님의 영이 허락하지 않았을까요? 그러나 저는 본문에서 오히려 이 '허락'이란 단어를 주의 깊게 살펴보며, 이 말씀을 깊이 생각해야 한다는 느낌을 갖게 되었습니다. 앞서 말한 것처럼 저는 어떻게 '예수의 영'이 '허락하지 않았는지'는 알 수 없습니다.

그리고 그것은 제가 알 수 있는 일도 아니라고 생각합니다. 그러나 '허락'이란 단어를 곰곰이 생각해 보면, 이 단어가 의미하는 바는 누군가가 어떤 행동에 대해 물어보든지, 혹은 무엇을 해야 할 것인지 여부에 대해 가부를 결정해 주는 의미가 있습니다. 그렇다면 이 말씀을 뒤집어 놓고 생각한다면 바울은 자신의 행동과 방향에 대해 어떤 방법을 통해서든지 수시로 예수님에게 의견을 구하고, 물어보며 '허락'을 구하는 삶을 살았다는 이야기가 됩니다.

이는 6절에 나타난 '성령이 말씀을 전하지 못하게 하시거늘'이란 표현과도 관련이 있습니다. NIV 성경은 이를 "having been kept by the Holy Spirit from preaching the word in the province of Asia."라고 적고 있습니다. 즉 '말씀을 전하는 일'이 성령에 의해

'삼가도록(keep from doing)' '강제되었다'는 것을 본문의 수동태 용법의 표현을 통해 분명히 알 수 있는 것입니다.

그러므로 적어도 이 표현만을 놓고 보자면, 바울은 전적으로 '성령님', 혹은 '예수님의 영'에 의해 조종을 받는 성령의 '꼭두각시'에 불과한 존재라는 것을 실감하지 않을 수 없습니다. '꼭두각시'란 자기 스스로의 생각과 판단, 그리고 결정 권한이 전혀 없는 존재입니다. 주인이 이리시키면 이리하고, 저리 시키면 저리합니다.

심지어 자신이 용도폐기 되어 쓰레기통에 들어가도 무슨 의견을 낼 수 없는 것이 바로 '꼭두각시'란 존재의 가치인 것입니다. 따라서 바울은 '성령의 방향에 순종했다'고 표현하기보다는, '성령의 지시에 따라 그대로 움직였다'라고 보는 것이 훨씬 정확하다고 할 것입니다. 그렇기 때문에 바울 일행은 무시아를 '지나쳐(pass by)' 드로아로 갔던 것입니다.

만약에 바울이 그런 예수님 영(성령)의 명령을 받지 않았더라면, 중간 지역인 무시아 지방에서도 분명히 복음을 전파하였을 터인데, 그렇게 하지 않고 유럽으로 가는 배를 탈 수 있는 에게 해 연안의 항구도시 드로아로 발걸음을 재촉하였던 것입니다. 바로 그날 밤, 바울은 주님이 주시는 분명한 환상을 보았습니다.

사도행전 16장 9절입니다. "밤에 환상이 바울에게 보이니 마게도냐 사람 하나가 서서 그에게 청하여 이르되 마게도냐로 건너와서 우리를 도우라 하거늘" 여기서 저희들은 복음 전파의 방향은 오로지 하나님의 뜻에 의해 결정된다는 사실을 알게 됩니다.

바울은 소아시아지역을 중심으로 북쪽의 비두니아 지방에 가서 선교활동을 전개하기를 희망하였지만, 하나님의 영은 그들을 마케도니아 지방, 곧 유럽 대륙으로 이끌었던 것입니다.

사도행전 16장 10절입니다. "바울이 그 환상을 보았을 때 우리가 곧 마게도냐로 떠나기를 힘쓰니 이는 하나님이 저 사람들에게 복음을 전하라고 우리를 부르신 줄로 인정함이라" 바울은 환상에서 얻어진 하나님의 선교방향에 즉각적으로 순종하여 마게도냐로 떠나기로 작정하고 힘을 기울여 노력하였습니다. 마게도냐 사람은 '건너와서 우리를 도우라'고 청하였습니다. 여기서 NIV 성경은 'come over'란 단어를 사용하고 있습니다. 이 말은 그들에게 오되, 그냥 오는 것이 아니라 '건너서 넘어오라'는 의미를 자기고 있습니다. 즉 지중해 연안의 에게 해 바다를 '넘어서 건너오라'는 말인 것이지요. 이 말씀은 또한 '아시아를 넘어서 오라'는 뜻이기도 합니다. 즉 새로운 땅으로 건너오라는 말입니다. 건너와서 자신들을 도와달라는 것입니다. 가만히 생각해 보면 이때부터 하나님께서는 본격적인 세계선교의 원대한 비전과 계획을 실현시키고 계셨던 것임을 추정할 수 있습니다.

더욱이 고린도를 중심으로 한 아가야 지방이 주 선교 목적지였으며, 이 지역이 그리스 문명의 발상지 중의 하나라는 사실은 시사하는 바가 적지 않습니다. 그러면 무엇으로 이들을 도우라는 것일까요? 바울은 그것이 바로 '하나님의 복음'을 전하는 길이라고 해석하고 있습니다.

사도행전 16장 10절 하반부입니다. "이는 하나님이 저 사람들에게 복음을 전하라고 우리를 부르신 줄로 인정함이라" 성령의 인도를 받는 바울이 즉각적으로 마게도냐로 향하여 떠날 수 있도록 준비한 것은 그들에게 복음을 전하기 위함이었습니다.

그렇다면 본문에서 저희들은 무엇을 배울 수 있나요? 사도 바울은 자신의 의견에 천착(穿鑿)하지 않았습니다. 그는 '주님, 이렇게 해 주세요.' 혹은 '저렇게 해 주세요'라고 자신의 의견을 표출하지 않았습니다. 아예 그는 자신의 주장을 내세우지 않았습니다. 그 대신 무엇이든지 주님에게 물어보고 '허락을 얻어' 일했습니다. 우리도 바울의 믿음을 본받아야 합니다. 성령께서 인도 지시하는 대로 순종해야 불필요한 고통을 당하지 않습니다.

저희들은 오늘날 우리의 삶에서 과연 몇 퍼센트를 주님께 물어보고 살아가고 있는 것일 까요? 혹은 교회일이네 하고 아무런 생각도 없이 자신의 생각과 주장을 관철시키기 위해 고집부리고 있는 것은 아닐까요? 만약 지난 날 제가 그런 적이 있었더라면, 저 먼저 깊이 회개하고 자신의 생각과 주장을 속히 철회하는 자가 되기를 간절히 기도합니다.

또한 작은 일에도 주님께 간구하며 먼저 물어보고 실천하는 신앙인이 되기를 소원합니다. 그리하여 온전히 자신의 뜻을 죽이고 오로지 주님의 뜻에만 자신을 도구로 드린 바울의 믿음과 실천력을 깊이 닮을 수 있기를 기도합니다.

둘째, 기도할 곳을 찾게 하시는 성령. 사도 바울 일행은 드로아에서 배를 타고 먼저 사모드라게로 직행하였습니다. 사모드라게는 에게 해 북동쪽에 있는 섬입니다. 여기서 '직행하였다'는 것은 다른 곳을 둘러보거나 거쳐서 갈 수도 있는데, 그렇게 하지 않았다는 것입니다. 사실 에게 해의 북동쪽엔 사모드라게 이외에도 수많은 섬들이 있고, 많은 배들은 이 섬들을 거쳐서 운항하고 있는데, 그렇게 하지 않았다는 의미이기도 할 것입니다. 또한 이런 표현은 바울이 어디를 먼저 갈 것인지 행선지를 이미 정하였다는 의미이기도 할 것입니다.

계속하여 이들은 그 다음날 '네압볼리'로 갔다가 '빌립보'에 도달하였습니다. 즉 '빌립보'가 이들의 유럽 여행에서 최초 목적지란 것이 여기서 판명되었습니다. 사실 '네압볼리'는 빌립보의 외항으로서 여기에 도착했다는 것은 빌립보에 들어가기 위한 통과 절차란 것을 알게 됩니다.

사도행전 16장 12절입니다. "거기서 빌립보에 이르니 이는 마게도냐 지방의 첫 성이요, 또 로마의 식민지라 이성에서 수일을 유하다가…" 당시 빌립보는 마게도냐의 '첫 성'이라고 말할 만큼 중요한 도시였습니다. NIV 성경은 'leading city'라고 기록하고 있는데, 그만큼 누가는 이 도시의 상징성을 중요하게 여겼기 때문입니다. 게다가 누가는 이 도시가 '로마 식민지'라고 기록하고 있습니다. 그러면 다른 지역은 로마 식민지가 아니냐는 질문을 할 수 있습니다.

물론 다른 지역도 당연히 로마 통치 아래 있는 지역입니다. 그런데 왜 이 지역만을 그렇게 표현했느냐 하면 바로 빌립보가 로마 식민 통치의 직할 지역이기 때문입니다. 그래서 바울 일행은 빌립보에서 며칠을 유숙했던 것입니다. 그런데 빌립보 시민들은 바울이 환상에서 본 것처럼 바울에게 다가와 '무엇을 도와 달라'고 요청한 사람은 아무도 없었습니다. 아니 바울 일행 자체에, 그들의 여행에 아무런 관심조차 보이지 않았습니다.

이런 상황에서 안식일이 되자 바울은 숙소에 그냥 처박혀 있어서는 안 될 것 같아, 기도처라도 찾기 위해 성문 밖 강가로 나갔습니다. 성령의 지배와 인도를 받는 바울은 하나님께 몰입하고 집중하며 기도할 수 있는 장소가 무엇보다도 중요했기 때문입니다. 이것은 당시 빌립보 성에는 유대인의 회당조차 없었다는 이야기가 됩니다. 그런데 그들이 나간 성문 밖 강가에는 삼삼오오 무리를 지어 잡담하는 한 무리의 여인들을 만날 수 있었습니다. 바울은 그 중에서 '두아디라' 시에서 온 '루디아'란 '하나님을 섬기는 자색 옷감 장수 여인'과 말을 하게 되었습니다. 여기서 본문을 보면 주님이 '그녀의 마음을 열어' 바울의 말을 영접하게 하였다고 기록하고 있습니다.

즉 그녀의 마음을 연 것은 주님이지, 그녀 자신이 아니라는 표현인 것입니다. 그렇다면 '두아디라' 지방의 '루디아'가 빌립보 성에 있게 된 것도 하나님의 인도하심이 있었다는 증거가 될 것입니다. 성령님의 인도로 '루디아'를 만나게 된 것입니다. 살아계신 성령님이 함께 하시고 계신다는 증거입니다. 그렇다면 '두아디라'는 도대체 어디인가요?

사도행전의 본문 말씀을 제외하면, '두아디라'라는 지명은 요한 계시록에서만 나타납니다. 요한계시록 2장 18절을 보면, "두아디라 교회의 사자에게 편지하라 그 눈이 불꽃같고 그 발이 빛난 주석과 같은 하나님의 아들이 이르시되"라는 기록을 통해 '두아디라 교회'가 존재하고 있었다는 사실을 알 수 있습니다. '두아디라'는 서아시아 해안지방의 항구도시인 '버가모'에서 내륙으로 남동쪽 약 32km지점에 위치한 작은 소읍으로 풍부한 곡물과 자줏빛 염색 약품공업으로 유명한 지역이었습니다. 버가모는 바울의 3차 전도여행 때 들렀던 소아시아의 도시이므로, 그 주변 도시들 중의 하나인 두아디라에서는 충분히 '하나님을 섬기는 사람'이 나타날 수 있습니다. 따라서 본문에 나타난대로 루디아가 하나님을 섬겼다는 말을 이해할 수 있습니다. 그러나 바울이 루디아를 만난 것은 소아시아 지역의 두아디라나 버가모에서 만난 것이 아니라 유럽 지역인 마케도니아의 한복판인 빌립보에서 만난 것입니다. 빌립보는 로마 직할 식민지이며, 그 성에서 가장 중요한 도시 중의 하나였습니다. 따라서 많은 로마 군인들이 주둔하고 있었습니다.

그런데 여기서 '루디아'가 '자색 옷감 장수'란 말을 주의 깊게 생각해 보면, 루디아는 당시 상당한 수완이 있는 국제 무역상이었음을 추측하기가 어렵지 않습니다. 먼저 그녀는 두아디라에서 버가모로 나가 배를 타고 빌립보로 왔을 것입니다. 그녀의 목적은 자색 옷감을 판매하는 것이므로 이 옷감의 소비자가 빌립보에 있었다는 이야기가 됩니다. 그런데 이 옷감이 그저 평범한 용도였다면 소아시아 지역에서 소비해 버리고 말 일이지, 굳이 빌립보 지역까지 여행할 필요가 없었을 것입니다. 여기서 저는 루디아가 '자색 옷감 (purple cloth)'을 가장 많이 소비하는 고객인 로마 군인을 상대로 상거래를 하고 있었다는 추정을 하게 되었습니다. 바로 이 일 때문에 루디아는 저 먼 두아디라에서 자색 옷감을 만들어 빌립보로 팔러 왔던 것입니다. 그러므로 당연히 그녀는 혼자가 아닌 일행이 있었을 것입니다.

사도행전 16장 15절입니다. "그와 그 집이 다 세례를 받고 우리에게 청하여 이르되 만일 나를 주 믿는 자로 알거든 내 집에 들어와 유하라 하고 강권하여 머물게 하니라" 루디아는 단순한 '옷감 장수 여인'이 아니라 소아시아와 마케도니아 유럽지역을 넘나들며 자색 옷감을 판매하는 국제 무역상의 우두머리였던 것입니다. 그러기에 그녀는 자신의 가족과 동료 모두에게 세례를 받도록 하였고, 바울 일행이 머무를 수 있도록 빌립보에서 거처를 마련해 준 것입니다.

이는 그녀가 두아디라에만 집이 있던 것이 아니라, 빌립보에도 그녀가 거처하고, 머물러 장사하는 장소를 마련하고 살았다는 추정이 가능하므로 그녀는 매우 부유한 사람이었음을 짐작케 합니다.

이상과 같은 고찰을 통해 요한계시록에 나타나는 두아디라 교회는 루디아를 중심으로 개척이 되었을 가능성이 가장 크다고 할 것입니다. 실로 그녀는 대단히 적극적인 성도로서 자기 고향을 자주 왕래했을 것이며, 이웃들에게 예수를 강력하게 전했을 것으로 보입니다.

하여튼 바울의 이런 포기치 않는 적극적인 도전 정신으로 인해 빌립보 개척이 가능해졌습니다. 그런데 가만히 생각해 보면 바울의 유럽 개척 역사가 이들, 소수의 여인들로부터 시작되었다는 사실은 묘한 감동을 불러일으킵니다.

당시 여인들은 사람 취급도 받지 못하던 시대였습니다. 게다가 마케도니아 빌립보에서 두아디라 여인을 본다면 그건 완전히 다른 나라 사람이었습니다. 그런데 그런 사람이 빌립보에 거처가 있었고, 그 집을 중심으로 세례의 역사와 함께 유럽 선교의 개척 역사가 시작되었다는 사실은 정말 놀라지 않을 수 없는 것입니다. 그것은 오늘날에도 하나님께서는 루디아와 같은 역할을 하는 사람 한 사람을 세우시고 구원의 역사를 이루어 나가신다는 사실을 충분히 알 수 있습니다.

독일 UBF의 개척과 선교 역사도 자매 간호사 몇 명이 복음을 영접함으로 시작된 사역이었다는 사실로 미루어 볼 때 이 두 사건은 얼마나 비슷한 점이 많은지 모릅니다. '주님의 허락하심'으로부터 유럽 개척이 시작되었다는 것은, 바울에게는 '성령의 부르심에 순종하는 것'으로 나타납니다. 사도 바울은 끊임없이 성령의 '허락'을 구하며 살았습니다. 성령의 허락이 없으시면 단 한 마디의 말도 하지 않았고, 단 한 발자국도 옮겨 놓지 않았습니다.

왜 그의 사역 가운데 이적과 기적이 많은가? 그것은 그가 한 일이 아니라 성령이 하신일이기 때문입니다. 바울의 외적 환경이 나쁘면 나쁠수록 그는 성령의 도우심을 더 필요로 했을 것입니다.

사실 빌립보는 복음의 황무지였습니다. 그런데 성령님은 그곳에 먼저 루디아라는 하나님을 섬기는 자매를 먼저 파송시키시고 바울을 기다리도록 안배하셨고, 말씀의 전파를 예비해 두신 것입니다.

저는 이런 사실을 통해 오늘날의 저희들에게도 용기와 힘을 얻는 계기가 마련될 것으로 믿습니다. 주님은 언제든지 저희들의 환경이 좋지 못함을 알고 계십니다. 그러나 그렇다고 해서 주님의 사역이 위축되거나 사라지지 않는 것은 언제든지 성령께서 믿는 한 사람을 예비해 두시고 그를 통해 역사하시기 때문입니다. 누가 압니까? 제가, 혹은 이 글을 읽는 분들 중의 한 분이 루디아와 같은 위대한 사역의 시발점이 될지 말입니다.

결론적으로 성령의 인도를 받아야 합니다. 필자는 항상 이렇게 말합니다. 목회자이든 성도이든 예수를 믿을 때 죽었습니다. 다시 예수로 태어났습니다. 지금 사는 것은 예수님의 인생을 사는 것입니다. 그렇기 때문에 성령의 인도에 순종하는 것이 정로입니다. 자신의 마음대로 개척하고 선교하는 것은 자신이 아직 죽지 않은 것입니다. 죽지 않은 사람이 하나님의 일을 하려고 하니 얼마나 고생스럽겠습니까? "내가 그리스도와 함께 십자가에 못 박혔나니 그런즉 이제는 내가 사는 것이 아니요 오직 내 안에 그리스도께서 사시는 것이라 이제 내가 육체 가운데 사는 것은 나를 사랑하사 나를 위하여 자기 자신을 버리신 하나님의 아들을 믿는 믿음 안에서 사는 것이라(갈 2:20)" 예수를 믿으면서 죽은 사람답게 바울과 같이 성령의 의중에 순종하시기를 바랍니다. 순종이 제사보다 낫다고 하셨습니다.

2부 꿈 환상을 구별하는 비결

9장 꿈 환상을 성령으로 분별하는 법.

(렘29:8-9)"만군의 여호와 이스라엘의 하나님이 이같이 말하노라 너희 중 선지자들에게와 복술에게 혹하지 말며 너희가 꾼바 꿈도 신청하지 말라. 내가 그들을 보내지 아니 하였어도 그들이 내 이름으로 거짓을 예언 함이니라 여호와의 말이니라"

하나님은 꿈에 대한 진실과 허실을 알고 분별하여 대비하라고 하십니다. 꿈에는 긍정적인 꿈과 부정적인 꿈도 있습니다. 잘 알고 분별하시어 미혹 당하지 바랍니다. 꿈을 해석하는 것으로 그치지 말아야 합니다. 반드시 조치를 해야 합니다. 성령으로 치유 받고 몇 칠 동안 힘이 없을 수 있습니다. 괜히 피곤하고 힘이 없습니다. 여러가지 이해하지 못할 체험을 하게 됩니다. 이에 대한 자세한 것은 **"신유은사와 고질병 순간치유"**를 읽어 보시기를 바랍니다.

첫째, 왜 꿈인가? 그토록 꿈꾸는 거짓 선지자들을 질타하던 예레미야 선지자도 결국 자신의 꿈 이야기를 하고 맙니다. "나 만군의 여호와, 이스라엘의 하나님이 이같이 말하노라. 내가 그 사로잡힌 자를 돌아오게 할 때에 그들이 유다 땅과 그 성읍들에서 다시

이 말을 쓰리니 곧 의로운 처소여, 거룩한 산이여, 여호와께서 네게 복 주시기를 원하노라 할 것이며 유다와 그 모든 성읍의 농부와 양떼를 인도하는 자가 거기 함께 거하리니 이는 내가 그 피곤한 심령을 만족케 하며 무릇 슬픈 심령을 상쾌케 하였음이니라 하시기로 내가 깨어보니 내 잠이 달았더라(렘31:23-26)"

꿈 그 자체가 문제인 것은 아닙니다. 심리적인 꿈을 하나님이 주신 꿈으로 오해하는 것이 문제입니다. 하나님이 주신 꿈을 이야기하는 것은 전혀 문제될 게 없습니다. 하나님은 꿈도 사용하십니다. 구약에서 요셉한테 해와 달과 열 한 별들이 절하는 꿈 이야기는 너무나 유명하지 않습니까(창37:5-10).

더 유명한 것은 신약에서 요셉이 꾼 꿈입니다. 요셉은 꿈대로 마리아를 버리지 않았기에 이 세상에 예수님이 탄생하실 수 있었습니다(마1:18-25). 또 꿈대로 애굽에 피난을 가기도 하고(마2:13-14) 애굽에서 돌아오기도 했습니다(마2:19-21). 꿈은 하나님이 우리와 말씀하시는 의사소통 수단 중의 하나입니다.

야곱은 꿈에서 하나님을 만나고 하나님의 말씀을 듣습니다. 그는 꿈을 통해서 체험적인 신앙인으로 거듭납니다. 그는 비로소 하나님이 자신과 함께 동행하시는 임마누엘이심을 깨닫게 됩니다(창28:10-19). 하나님은 요즘도 꿈으로 말씀하십니다. 그렇기 때문에 우리가 꿈을 폐기처분해서는 안 될 것입니다.

물론 성경에 나오는 꿈 이야기는 꿈이기 전에 이미 성경 말씀입니다. 꿈으로서의 권위보다는 성경말씀으로서의 권위가 더 큰 것입니다. 그러니까 오늘 날 성령께서 깨닫게 하시는 말씀은 우리가 꾸는 꿈과는 차원이 다르다고 봐야 할 것입니다.

우리는 성경에 나오는 꿈 이야기를 다름 아닌 성경 말씀으로 받아들이면서 그 말씀에 견주어 우리의 꿈 이야기도 다룰 수 있어야 합니다. 지금도 많은 사람들이 꿈을 꾸고 꿈을 이야기하고 있습니다. 그렇기 때문에 목회자들이 꿈의 유통을 막는다고 될 일이 아닙니다. 오히려 건전한 방식으로 꿈이 유통될 수 있도록 만들어야 할 것입니다. 그러려면 목회자 자신이 꿈에 대해서 열려 있어야 할 뿐만 아니라 꿈을 바르게 해석하고 바르게 적용하는 훈련이 돼 있어야 하겠습니다.

목회자가 꿈을 금기시한다면 많은 성도들이 서로 은밀하게 꿈이야기를 나누든지, 아니면 미신적인 해석가들을 찾아다니게 될 것입니다. 이미 전화 상담이나 인터넷 상담을 하는 미신적인 해석가들이 우후죽순처럼 번지는 실정입니다. 성도들은 어떻게 해서든지 꿈 이야기를 하여 해석하여 뜻을 알고 싶어 합니다. 이제 목회자들은 성도들의 꿈 이야기에 귀를 기울여야 하겠습니다. 성경적으로 바르게 꿈을 해석하고 바르게 적용하도록 저들을 안내할 수 있어야 하겠습니다. 실제로 많은 성도들이 꿈에 매달립니다. 왜 그렇습니까? 거의 모든 성도들이 꿈을 꾸기 때문입니다. 환상을 보는 사람은 드뭅니다. 성령께서 환상을 주시지 않으면 누가 받겠습니까. 어떤 형태로든지 하나님의 음성을 파악하는 사람은 더 드뭅니다. 그러나 많은 경우 심리적인 꿈이라고 해도 꿈꾸지 않는 사람은 거의 없습니다. 그러다 보니 사람들이 꿈에서 하나님의 메시지를 얻어내고 싶어 하는 것입니다. 이러한 욕구는 어쩔 수 없는 것 같습니다. 목회자들은 성도들의 이런 욕구를 누르기보다는 성경적인 방식으로 분출할 수 있도록 바르게 지도해야 하겠습니다.

어떻게 보면 심리적인 꿈도 신앙 지도에 얼마든지 유용할 수 있습니다. 심리적인 꿈을 이야기함으로써 꿈꾼 사람은 자연스럽게 내면의 한 단면을 열어 보입니다. 그래서 목회자는 꿈을 통해서 심리 상담, 신앙 상담, 진로 상담을 할 수 있게 되는 것입니다. 성도들은 목회자에게 선뜻 일상생활을 털어놓기가 어렵습니다. 그러나 자연스럽게 꿈을 통하여 알 수 있게 됩니다.

그러나 꿈 이야기는 아주 자연스럽게 나눌 수 있습니다. 꿈을 통한 상담과 지도가 얼마든지 가능하다는 것입니다. 우리는 꿈을 나누고 상담함으로써 내적인 치유와 함께 신앙 성장을 도모할 수 있습니다. 당연히 하나님이 주시는 꿈이 최고입니다. 그러나 그런 꿈만 좋고 심리적인 꿈은 나쁘다는 이분법은 바람직하지 않습니다. 하나님의 음성이 최고이지만 우리의 마음이 만들어내는 창조적인 아이디어도 귀한 것입니다. 그와 마찬가지로 우리의 마음이 만들어내는 심리적인 꿈도 경우에 따라서는 얼마든지 귀할 수 있습니다. 잘 활용하기만 하면 우리는 심리적인 꿈을 통해서 내면의 상처나 갈등이나 무질서를 치유하고 내면의 성장을 꾀할 수 있습니다. 30대 후반의 한 여 집사님이 자주 꿈에서 자기 집 안방에 누워 있는 시체를 보았습니다. 시간이 지나면서 시체가 부패해 가는데도 그것을 치워야 할 남편은 꿈쩍도 안 하고 있었습니다.

그래서 그녀는 늘 안타까운 마음으로 꿈에서 깨어나곤 했습니다. 이 꿈이 주는 의미는 무엇일까요. 한 마디로 이 꿈은 그녀의 부부생활을 그대로 드러내고 있습니다. 그녀의 부부생활은 부패해 가는 시체와도 같았습니다. 남편의 마음이 다른 여자한테 가 있었기 때문이었습니다.

이때에는 영적인 싸움을 해야 합니다. 성령으로 충만한 가운데 부부간에 정이 떨어지게 하고 다른 여자에게 눈 돌리게 하는 영을 결박하고 몰아내야 합니다. "성령이여 임하소서. 내가 나사렛 예수 이름으로 명하노니 부부 사이를 멀어지게 하는 더러운 귀신을 내가 나사렛 예수 이름으로 명하노니 결박될지어다. 물러갈지어다. 부부 금슬과 화목의 영이 임할 지어다."

둘째, 왜 꿈을 부정하나? 예레미야 선지자는 꿈에 대해서 아주 부정적입니다. 왜 그렇습니까. 거짓 선지자들이 거짓 꿈을 참 꿈처럼 예언하고 있기 때문입니다. "내 이름으로 거짓을 예언하는 선지자들의 말에 내가 몽사를 얻었다, 몽사를 얻었다 함을 내가 들었노라. 거짓을 예언하는 선지자들이 언제까지 이 마음을 품겠느냐. 그들은 그 마음의 간교한 것을 예언하느니라(렘23:25-26)" 거짓 선지자들의 문제는 자신들의 마음이 만들어낸 꿈을 마치 하나님이 주신 꿈처럼 예언하고 있다는 점입니다. 그래서 사람들이 거짓 꿈에 매달리게 되고 결국에는 하나님마저 잊어버리게 되는 폐단이 생기는 것입니다. "그들이 서로 몽사를 말하니 그 생각인즉 그들의 열조가 바알로 인하여 내 이름을 잊어버린 것 같이 내 백성으로 내 이름을 잊게 하려 함이로다(렘23:27)"

하나님께서 직접 주신 말씀이 알곡이라면 거짓 선지자들의 마음이 만들어낸 거짓 꿈은 쭉정이일 뿐입니다. "나 여호와가 말하노라. 몽사를 얻은 선지자는 몽사를 말할 것이요, 내 말을 받은 자는 성실함으로 내 말을 말할 것이라. 겨와 밀을 어찌 비교하겠느냐(렘23:28)" 거짓 꿈은 아무 효력이 없으나 하나님께서 직접 주신 말씀은 불 같이 뜨겁고 망치 같이 강합니다. "나 여호와가 말하노라. 내 말이 불같지 아니하냐, 반석을 쳐서 부스러뜨리는 방망이 같지 아니하냐(렘23:29)"

거짓 선지자들이 자신들의 마음이 만들어낸 꿈을 하나님의 말씀으로 예언하자 하나님은 그들을 처벌하시겠다고 단언하십니다. "나 여호와가 말하노라. 그러므로 보라, 서로 내 말을 도적질하는 선지자들을 내가 치리라. 나 여호와가 말하노라. 보라, 그들이 혀를 놀려 그가 말씀하셨다 하는 선지자들을 내가 치리라(렘23:30-31)"

거짓 선지자들의 잘못은 두 가지입니다. 하나는 자신들의 마음이 만들어낸 꿈으로 예언하는 것이고 다른 하나는 그렇게 함으로써 사람들을 미혹하는 것입니다. 거짓 선지자들이 그렇게 하는 가장 큰 이유는 헛된 자만입니다. "나 여호와가 말하노라. 보라, 거짓 몽사를 예언하여 이르며 거짓과 헛된 자만으로 내 백성을 미혹하게 하는 자를 내가 치리라. 내가 그들을 보내지 아니하였으며 명하지 아니하였나니 그들이 이 백성에게 아무 유익이 없느니라. 여호와의 말이니라(렘23:32)"

우리가 희한한 꿈을 꿀 수 있습니다. 그러나 그 꿈을 하나님이 주신 것이라고 단정 할 수는 없습니다. 그럼에도 불구하고 헛된 자만이 가득한 사람은 자신의 유익을 위해 하나님의 이름을 팔고야 마는 것입니다.

우리가 꾸는 꿈 중에는 우리의 마음이 만들어내는 꿈이 많습니다. "꿈이 많으면 헛된 것이 많고 말이 많아도 그러하니 오직 너는 하나님을 경외할지니라"(전5:7). 꿈 중에는 그저 그런 것도 많다는 것입니다. 그런데 그런 꿈을 하나님이 주신 꿈이라고 우긴다면 그것은 엄청난 교만일 것입니다.

셋째, 사람의 심리가 만들어내는 꿈도 있다. 거짓 선지자들에게는 아예 꿈 이야기를 꺼내지도 말아야 할 것입니다. "만군의 여호와, 이스라엘의 하나님이 이같이 말하노라. 너희 중 선지자들에게와 복술에게 혹하지 말며 너희가 꾼 바, 꿈도 신청하지 말라(렘29:8)" 꿈이 설사 맞아떨어진다 해도 우리가 하나님을 믿는 믿음에 장애가 된다면 우리는 단호히 그 꿈을 배격할 수 있어야 하겠습니다. 이유는 앞에서 여러번 강조했지만 하나님께서 보낸 영적인 꿈은 반드시 성령의 사람만이 해석할 수가 있기 때문입니다. 꿈이 맞는다고 다 유익한 것은 아닙니다. "너희 중에 선지자나 꿈꾸는 자가 일어나서 이적과 기사를 네게 보이고 네게 말하기를 네가 본래 알지 못하던 다른 신들을 우리가 좇아 섬기자 하며 이적과 기사가 그 말대로 이룰지라도 너는 그 선지자나 꿈꾸는 자의 말을 청종하지 말라. 이는 너희 하나님 여호와께서 너희가 마음을 다하고 성품을 다하여 너희 하나님 여호와를 사랑하는 여부를 알려 하사 너희를 시험하심이니라(신13:1-3)"

사실 상당수 목회자들이 꿈에 대해서 부정적입니다. 왜 그렇습니까. 꿈꾸는 성도들한테 종종 시달리기 때문입니다. 우리는 다음과 같은 경우를 조심해야 할 것입니다.

첫째는 사람의 마음이 만들어내는 심리적인 꿈을 하나님이 주신 영적인 꿈으로 착각하는 경우입니다. 이것은 헛된 자만이나 무지가 야기한 결과입니다. 심리적인 꿈 그 자체가 문제인 것이 아니라 사람의 마음이 만든 꿈을 하나님이 주신 꿈이라고 말하는 것이 문제입니다. "자기의 마음을 믿는 자는 미련한 자요, 지혜롭게 행하는 자는 구원을 얻을 자니라(잠28:26)"

둘째는 잘못된 해석입니다. 하나님이 주신 꿈이긴 한데 잘못 해석함으로써 분란을 초래하게 됩니다. 그렇기 때문에 우리는 꿈과 환상의 해석 방법도 배워야 하는 것입니다.

셋째는 병든 영혼이 만드는 병든 꿈입니다. 영혼이 병들면 생각도 병들고 말도 병들고 관계도 병듭니다. 병든 영혼이 만드는 꿈은 병든 꿈일 가능성이 큽니다.

넷째는 어린 영혼이 꾸는 어린 꿈입니다. 육체의 나이가 아니라 영적인 나이가 어리면 생각도 어리고 말도 어리고 관계도 어립니다. 어린 영혼이 만드는 꿈은 미성숙한 꿈일 가능성이 많습니다. 이런 잘못된 경우로 인해 꿈이 자주 매도당하게 됩니다. 꼭, 꿈뿐만이 아니고, 환상이나 예언도 마찬가지입니다. 하나님이 주신 것이 아닌데도 하나님이 주신 것으로 오해함으로써 많은 혼란과 폐단을 낳기도 합니다. 그러나 수많은 모래 속에 간혹 사금이 있듯이 참 꿈도 있는 법입니다. 꿈 그 자체보다는 꿈을 꾸고 분별하고 해석하고 적용하는 사람의 성숙도가 항상 문제입니다. 미성숙한 영혼이 미성숙한 꿈을 꾸고 미성숙하게 해석하고 미성숙하게 적용할 경우를 한 번 상상해 보십시오. 물론 미성숙한 영혼도 얼마든지 영적인 꿈을 꿀 수 있습니다. 그러나 그 다음에 언제나 해석의 덫에 걸리는 것을 보게 됩니다.

어떤 집사님이 자신이 꾼 꿈을 예언처럼 말하고 다니는데 어떻게 하면 좋겠느냐고 한 사모님이 조언을 구했습니다. 그 집사님은 아침마다 교회 성도들에게 전화해서 꿈 이야기를 한답니다. "어제 꿈에서 당신을 보았는데 조심해야 한다." "꿈에서 당신의 배에 종기가 난 것을 보았는데 암인 것 같다." 늘 이런 식입니다. 실제로 당사자가 암을 비롯한 종합검진을 받았는데 아무 이상이 없었다고 합니다. 심지어 그 집사님은 꿈에서 누구네 냉장고가 고장난 것도 보았다는 것입니다. 한 번은 자신이 다니는 교회의 목사님에게 이렇게 말했습니다. "꿈에 하늘에서 말을 타고 내려오는 분을 봤는데 그 분이 바로 목사님이십니다."

그러고는 하나님이 그 자신더러 교회를 옮기라고 하셨다면서 그 교회를 나가고 말았다는 것입니다. 그 집사님이 자신의 꿈을 예언처럼 말하고 다니는 바람에 초신자들이 쉽게 동요된다고 합니다. 이런 것이 바로 심리적인 꿈을 예언적인 꿈으로 곡해하는 전형적인 경우입니다. 이런 사이비 해몽가들 때문에 건전한 꿈 해석마저 교회 내에서 금기시 되는 안타까움이 발생하게 되는 것입니다. 꿈 그 자체는 크게 문제될 게 없어 보입니다. 하나님도 종종 꿈을 사용하시니까요. "이르시되 내 말을 들으라. 너희 중에 선지자가 있으면 나 여호와가 이상으로 나를 그에게 알리기도 하고 꿈으로 그와 말하기도 하거니와(민12:6)"

아니, 성령 충만의 한 현상이 바로 꿈이 아닙니까? 하나님은 꿈으로 많이 말씀합니다. 영적인 꿈은 성령 충만하여 영의 통로가 열려야 잘 꿉니다. 치유를 받은 후에 영적인 꿈을 많이 꿉니다. "그 후에 내가 내 신을 만민에게 부어 주리니 너희 자녀들이 장래 일을 말할 것이며 너희 늙은이는 꿈을 꾸며 너희 젊은이는 이상을 볼 것이며(욜2:28)" 한 성도가 종합병원에서 대수술을 받기 전에 큰 개와 싸우는 꿈을 꾸었습니다. 그는 결국 그 개를 몰아내고는 안도의 한숨을 쉴 수 있었다고 합니다. 이 꿈은 그가 병마와 싸워 이기고 안도의 한숨을 쉴 때가 올 것이라는 메시지를 담고 있습니다. 사실 그는 심각한 수술을 받아야 했고 그 결과는 아무도 예측할 수 없는 것이었습니다. 그러나 하나님에게 기도함으로 치유가 된다는 은혜를 받았습니다. 성령의 지배하에 성령의 인도를 받으면서 성령충만하고 목회자의 도움을 받아야합니다.

목회자가 꿈을 해석하고 상담하고 지도하는 준비만 제대로 돼 있다면 꿈은 아주 유용한 목회 도구가 될 수 있을 것입니다. 꿈은 앞으로 어떤 일이 벌어질 것인가를 보여 줍니다. 현재 우리가 어떤 상황에 처해 있는가를 보여 주기도 합니다. 그리고 지금 우리가 직면하고 있는 사건과 맞붙어 싸우는 싸움에서 어떤 결과가 초래될 것인가를 암시하기도 합니다. 우리는 성도들의 꿈을 바르게 해석하고 상담함으로써 그들의 신앙 성장을 도울 수 있을 것입니다. 꿈을 영적으로 해석하고 대적기도를 해야 합니다.

* 꿈을 해석하여 영적인 조치와 대적 기도하는 순서와 요령

① 먼저 꿈을 상기해 보세요. 꿈을 통해 해결할 영육의 문제를 찾아내라는 것입니다. ② 성령의 임재 가운데 들어가세요. 성령에 도움을 요청하세요. ③ 꿈을 마음으로 상기하고 그리면서 조명하세요. 꿈에 나타난 영상이 무엇을 암시하는 지 성령께 질문하라. ④ 문제원인에 따라 회개와 용서, 끊으세요. ⑤ 대적기도로 악한 귀신을 몰아내세요. ⑥ 몰아내시고 반대 영으로 채우세요. ⑦ 응답하신 하나님에게 감사하세요.

우리는 꿈을 통해 참다운 삶의 의미를 더 깊이 지각하게 됩니다. 상처 입은 성격도 치유 받게 됩니다. 꿈 해석을 통해 하나님과의 만남이 더욱 깊어지고 우리의 영혼이 활력을 얻게 됩니다. 꿈 해석은 우리의 갈등과 문제를 드러내는 한편 그런 문제의 저변에 숨어 있는 무한한 잠재력도 밝혀 줍니다. 꿈 해석은 우리에게 희망과 가능성을 자각시켜서 우리가 하나님의 형상대로 성장해 갈 수 있는 용기와 믿음을 갖게 해 줍니다. 꿈 해석은 우리의 영. 혼. 육이 어떤 상태에 처해 있는가를 밝혀 줌으로써 그것을 치유할 수 있는 지혜와 지식의 단서를 제공해 줍니다. 더 나아가 우리와 하나님과의 관계, 우리와 이웃과의 관계를 진단함으로써 우리의 병든 부분을 치유할 수 있게 만들어 줍니다. 결국 꿈 해석을 통해 우리는 전인 건강으로 나아갈 수 있게 되는 것입니다.

우리는 주 예수님의 십자가에 나타나 있는 하나님 아버지의 사랑을 깊이 깨달아야 합니다. "우리가 아직 죄인 되었을 때에 그리스도께서 우리를 위하여 죽으심으로 하나님께서 우리에게 대한 자기의 사랑을 확증하셨느니라(롬5:8)"

시화에서 만난 여 집사님의 장녀 이야기입니다. 내가 한창 전도를 하러 다닐 때의 이야기입니다. 전도를 하다가 주공 5단지 노인정에 갔습니다. 노인정은 항상 노인들이 있기 때문에 사람을 만나기가 쉬운 장소입니다. 가서 한창 복음을 전도 하는데 60대 중반의 한 여성분이 이러는 것입니다. 목사님이 하시는 말씀모두가 맞습니다. 우상숭배는 하나님의 진노를 사는 일입니다. 저는 대구에서 아들과 함께 전자 제품 도매상을 했습니다. 그 당시(1980년대) 재산이 50억 가량이 되었습니다. 그런데 하루아침에 다 날아가고 졸지에 거지가 되었습니다. 이유는 이렇습니다. 우리 집안은 대대로 예수를 믿었습니다. 그런데 큰 딸이 결혼을 했는데 불교를 믿는 사람하고 결혼을 했습니다. 그래도 저의 집이 사위의 집보다 부자이기 때문에 사위가 예수님을 믿고 교회를 다녔습니다. 문제가 하나 생겼습니다. 딸이 아들을 생산하지를 못하는 것입니다. 사위가 장손인데 아들을 낳지를 못하는 것입니다. 딸만 넷을 낳았습니다. 그러니까, 시어머니가 성화가 심합니다. 절에 다니던 사람이 교회를 가서 저주를 받아 아들을 낳지를 못한다는 것입니다. 그러면서 나는 절에 가서 빌고 너는 교회에 가서 빌어서 누가 더 용한 가 시험을 해보자고 하더랍니다. 아주 큰 죄악을 저지른 것입니다. 하나님을 시험하다니 말입니다. 그런데 문제가 발생했습니다. 딸이 어느날 꿈을 꾸니까, 중이 파란 구슬을 주더랍니다. 받아가지고 한참 와서 손을 펴보니까, 아무것도 없더랍니다. 이는 꿈을 정확하게 해석을 하면 이렇습니다. 절에 중은 아무것도 줄 수가 없다는 것입니다. 즉, 말로는 좋은 것을 준다고 하지만 실상은 아무것도 받지를 못한다는 꿈입니다. 그 꿈을 꾸고 나서 시어머니에게 이야기를 했습니다. 이야기를 하니 이번에 분명히 부처님이 아들을 주실 것이라고 했다는 것입니다. 얼마 있지 않아서 임신이 되었습니다. 낳고 보니 아들입니다. 그래서 시어머니가 내가 절에서 빌어서 아들이 생겼다고 좋아했습니다. 절이 더 능력이 있다는 것입니다.

딸이 믿음이 깊었으면 속지 않았을 것인데 믿음이 깊지를 못해서 며느리도 시어머니 말에 공감을 했습니다. 그 후, 시어머니가 다니는 절에 행사나 일이 있으면 절에 물질을 가져다가 주었답니다. 사위가 사업을 하는데 좀 더 크게 하기 위하여 은행대출을 받아야 했습니다. 당시 재산에 모두 아들 앞으로 되어있어서 아들이 보증을 서서 은행 대출을 받았습니다. 사업이 잘되지 않으니 자꾸 은행에서 대출을 받았습니다. 급기야는 부도가 났습니다. 그러자 보증을 선, 아들에게 갚도록 했다는 것입니다. 아들이 갚지를 못하니까, 경매에 들어가 경매를 당하여 졸지에 알거지가 되어서 모든 재산을 정리하고 나니 돈 50억이 다 날아가고 3,000만원밖에 남지 않더라는 것입니다. 그 돈으로 사화에 와서 은행 대출을 끼고 아파트를 분양을 받았습니다. 그런데 은행 대출금 이자를 갚지를 못했습니다, 아파트를 팔고 단독주택 지하실 방으로 옮겨야 한다는 것입니다. 하나님의 믿는 자녀가 절에 물질을 가져다가 주면 망합니다. 혼자만 망하는 것이 아니고 가족이 다 망합니다. 우리 영의 눈을 뜹시다. 그래서 이 분들과 같이 귀신의 저주를 자처하지 말아야 합니다.

이와 같이 꿈으로 믿음을 시험하시기도 합니다. 특별히 하나님은 사역자나 성도의 영적 수준을 높이기 위하여 꿈을 통하여 훈련하십니다. 이 때 승리하려면 영적인 말씀과 영적전쟁에 대한 말씀과 기도를 많이 하는 것이 유리합니다. 평소 훈련 해왔기 때문에 꿈에 나타나면 즉각적으로 담대하게 대처 할 수가 있습니다. 그리하므로 한 단계 더 깊은 하나님과의 관계와 영적인 능력을 소유하게 됩니다. 뱀이나, 죽은 시체, 또는 험상 궂은 형상을 한 사람을 꿈에 나타나게 하여 대처 능력을 시험하십니다. 꿈속에서도 성경을 보게도 합니다. 우리는 이렇게 꿈속에서도 영적 싸움을 한다는 것을 알고 대처하시기를 바랍니다.

10장 꿈 환상을 말씀으로 해석하는 법

(창41:15-16)"바로가 요셉에게 이르되 내가 한 꿈을 꾸었으나 그것을 해석하는 자가 없더니 들은즉 너는 꿈을 들으면 능히 푼다 하더라. 요셉이 바로에게 대답하여 이르되 내가 아니라 하나님께서 바로에게 편안한 대답을 하시리이다"

성경에 따르면 꿈 해석은 수천년 전부터 있어 왔습니다. 꿈을 가장 잘 해석할 수 있는 사람은 꿈꾼 사람 자신입니다. 꿈을 잘 해석하려면 꿈꾼 사람의 과거, 기억, 경험, 일, 대인관계와 환경 등을 고려해야 합니다. 그렇다면 꿈을 어떻게 해석해야 할까요? 대부분의 꿈은 상징으로 이루어집니다. 상징은 꿈꾼 사람의 어떤 부분을 가리킵니다. 꿈에 어떤 인물이 나타났다면 그 인물은 꿈꾼 사람의 어떤 모습을 나타내는 경우가 대부분입니다. 그렇기 때문에 꿈 해석에 있어 중요한 것은 상징이 가리키는 실체를 파악하는 것입니다.

첫째, 꿈 해석가이드. 예를 들어 집이 무너지는 꿈을 꾸었다면 그 집은 꿈꾼 사람의 삶을 의미한다고 볼 수 있을 것입니다. 반복적으로 꾸는 꿈이나 꿈에서 반복적으로 나타나는 상징은 중요한 의미를 가지고 있습니다. 예를 든다면 같이 사는 부모님이나 배우자가 사람이 많은 버스를 타고 좋은 옷을 입고 여행하다가 먼저 내린다면 얼마 있지 않아서 천국으로 들어간다는 예고일 수가 있습니다. 꿈꾼 사람은 중요한 꿈을 꾸고도 잊을 수 있습니다. 그래서 꿈꾼 사람의 심층심리가 반복적인 상징을 의식의 표면 위로 올려 보냄으로써 어떤 문제의 해결을 계속 촉구한다고 볼 수 있습니다.

등장인물이 반복된다면 우리는 그 인물이 가리키는 실체에 유념해야 할 것입니다. 꿈꾼 후 우리는 이런 질문들을 던짐으로써 꿈 해석을 시도할 수 있습니다. '어디서 이 꿈이 왔는가. 왜 이 꿈을 꾸었는가. 이 꿈에서 내가 느낀 감정은 어떠했는가. 이 꿈을 꾼 후의 감정은 어떠했는가. 이 꿈에서 내가 왜 그렇게 행동할 수밖에 없었는가. 이 꿈은 내 삶의 어떤 부분과 연관돼 있는가. 이 꿈이 제기하는 문제는 무엇인가. 이 꿈이 던지는 메시지는 무엇인가. 이 꿈에 대해 어떻게 반응할 것인가.' 꿈속의 자아를 떠올리면서 질문할 수도 있습니다. '꿈속의 자아가 현실의 자아와 비슷한가. 그 태도나 행동이 현실의 자아와 비슷한가. 그 태도나 행동이 마음에 안 들어 바꾸고 싶은가. 꿈속의 자아가 현실의 자아보다 더 적극적인가. 그렇다면 꿈속의 자아가 현실의 자아를 그렇게 행동하도록 촉구하는 것이 아닌가. 꿈속의 자아가 수동적이거나 패배의식에 사로잡혀 있지 않은가. 그렇다면 꿈속의 자아는 이전에는 그랬지만 지금은 더 나아졌다는 것을 보여줌으로써 현실의 자아에게 용기를 갖도록 하려는 것이 아닌가.' 꿈속의 등장인물에게 질문할 수도 있습니다. '당신은 왜 내 꿈에 나타났는가. 당신은 나를 어디로 인도하려는가. 어떻게 하면 당신의 인도를 잘 받을 수 있는가. 당신이 내게 주고 싶은 것은 무엇인가. 꿈에서 당신은 왜 그렇게 행동했는가. 당신은 내게 무엇을 가르치려는가. 꿈에서 왜 내가 당신에게 그런 태도나 행동을 취했다고 생각하는가.' 꿈에서 이해할 수 없는 상징이 나타났다면 그 상징이 주고자 하는 것이 무엇인지 곰곰이 질문해 봐야 합니다. 예를 들어 꿈에 나타난 십자가는 고난과 희생, 다시 태어남, 삶의 기로, 깨어진 인간관계를 회복시키는 에너지 또는 예수 그리스도의 고난을 잊지 말라는 메시지로 해석될 수 있습니다. 한편 입학, 졸업, 취직, 퇴직, 결혼, 이혼, 재혼과 같은 인생의 큰 전환점에서 꾸는 꿈은 특히 주의해서 살펴야 합니다. 꿈에 나타나는 적대자는 내 안에 있는 그림자를 드러내 줍니다. 그림자는 내가 직면하고 싶지 않은 나 자신의 어둡고 악한 측면입니다. 우리 내면의 깊은 곳에 억압돼 있는 파괴적인 본능, 악마적인 요소, 유치한 특성, 결점, 열등감, 분노, 반항심이 그림자를 형성합니다. 우리는 꿈을 통해 우리 자신의 그림자와 화해함으로써 그림자의 폭동을 예방하고 그림자의 에너지를 긍정적으로 활용할 수 있을 것입니다. 꿈에서 공격적으로 행동한다면 그것은 실생활에서 공격적일 필요가 있다는 뜻일 수 있습니다. 우리는 이런 꿈에서 수동적인 것, 비굴한 것, 운명론적인 것에서 벗어나고 자기주장을 더욱 강화하고 자신의 삶과 환경을 더욱 주도적으로 운영하라는 메시지를 읽을 수 있습니다.

꿈에서 상대방에게 공격적이었다면 그 상대방에 대한 무의식적인 분노나 질투가 표현돼 있습니다. 우리는 그런 본능을 무시하거나 억압하지 말고 건전하게 표출할 수 있어야 할 것입니다.

누군가를 죽이는 꿈은 억압된 분노의 표출을 뜻합니다. 거절하지 못하는 사람이 이런 꿈을 꾸게 됩니다. 이런 꿈을 꾸는 사람은 건강하고 의로운 분노를 적당하게 터뜨리는 법을 배워야 합니다. 또한 정당하게 거절하는 법도 배우고 그런 능력도 길러야 합니다. 직접 거절하는 법을 배우지 못한 사람은 다른 사람의 도움을 받아 거절해야 합니다.

싸우는 꿈은 가정이나 직장에서의 갈등을 나타냅니다. 본능적인 욕구와 사회적인 도덕 사이의 갈등을 나타내는 것일 수도 있습니다. 공격하는 상대방은 무의식의 지하감옥에서 탈출을 시도하는 자신의 숨겨진 분노의 일부일 수 있습니다. 자신의 마음속 무의식을 성령으로 정화해야 할 필요가 있는 분입니다. 우리는 싸우는 꿈을 통해 갈등의 요소들을 화해시키는 방안을 찾을 수 있습니다.

꿈에 나타난 귀신은 귀신 그 자체일 수도 있겠지만 심층심리학적으로 볼 때 무의식적인 공포, 파괴적인 두려움과 분노의 표현, 마음에 쌓여있는 것일 수 있습니다. 우리는 이런 것까지도 의식화함으로써 자기 자신의 일부로 수용할 수 있어야 합니다. 어른이 된 후에도 어렸을 때 꾼 꿈이 계속 생각난다면 그 꿈은 꿈꾼 사람의 심층심리에 내재해 있는 어떤 문제의 해결을 요구하고 있습니다. 그 문제는 어렸을 때 경험한 증오, 편견, 공포, 죄책감일 수 있습니다. 이혼하는 꿈은 지성과 감성의 분열, 남성성과 여성성의 분열, 의식과 무의식의 분열, 인간관계에서의 좌절을 표현하는 것일 수 있습니다.

지하실로 들어가는 꿈은 우리가 직면하고 싶지 않은 무의식의 깊은 곳을 적절하게 드러낼 것을 요구하고 있습니다. 어떤 것으로부터 달아나는 꿈은 실생활에서 그것을 두려워하고 있다는 것을 드러내 줍니다. 두려워하는 것이 있다면 정면으로 맞서야 합니다. 하기 싫은 일을 하거나 원하지 않는 상황으로 끌려가는 꿈은 하나님과의 새로운 관계, 무의식과의 새로운 관계, 나 자신의 변화를 촉구하고 있습니다. 많은 사람들 앞에서 나체로 몹시 부끄러워하는 꿈은 감정 표현을 두려워하는 나, 타인과의 인간관계가 개방적이지 못한 나, 회개하지 못하고 죄책감으로 괴로워하는 나를 상징합니다. 사람들 앞에서 벌거벗고는 창피해 어쩔 줄 몰라 하는 꿈은 마음속의 부끄러운 죄를 씻어야 함을 밝혀 줍니다. 벌거벗었지만 전혀 부끄러워하지 않는다면 심리적으로 자유로웠던 아동기를 그리워하는 것이라고 볼 수 있습니다.

괴로웠던 학창시절로 되돌아가는 꿈은 지금의 상태에 안주하지 말고 더 전진하고 한계에 도전하라는 격려의 메시지를 주는 것으로 볼 수 있습니다. 시험에 불합격하는 꿈은 현실에서 해결되지 않은 불안을 나타냅니다. 추락하는 꿈은 자만심이나 교만한 행동으로 인해 초래될 수 있는 비참한 결과를 경고하는 것일 수도 있습니다. 꿈에서 자신이 죽는 것은 과거의 낡은 가치관이나 습관, 잘못된 야심을 버리고 새로운 가치를 향해 나아가라는 메시지를 담고 있습니다. 여행을 떠나는 꿈은 자유에 대한 갈망, 부정적인 태도를 버리는 것, 새로운 가치관이나 생활방식을 갖는 것을 의미합니다. 허술한 건물을 배회하는 꿈에서 그 건물은 내 삶의 방식을 상징합니다.

꿈에서 내가 차를 운전한다면 내가 내 인생을 주도한다는 뜻이고 내가 승객이라면 타인이 내 인생을 통제하고 있다는 뜻입니다. 차가 달리는 방향이나 차도의 형태에 따라서 꿈 해석이 달라질 것입니다. 차가 부서졌다면 삶이 그렇게 망가졌다는 것입니다.

꿈에 교회당의 촛불이 꺼져 있는 것을 보았다면 먼저 꿈꾼 자신의 신앙을 점검해야 합니다. 자신의 신앙에 문제가 없다면 교회의 문제일 수 있습니다. 꿈에서 맛있는 음식을 자꾸 먹는다면 감기가 시작된다는 뜻일 수 있습니다. 감기가 시작되면 목구멍이 가장 민감해집니다. 우리가 미처 의식하기도 전에 목구멍에서는 열이 나고 침을 삼키기도 어렵습니다. 이런 상태가 음식을 삼키는 꿈으로 나타나는 것입니다.

둘째, 액면 그대로 해석하라. 하나님은 우리에게 꿈으로 말씀하십니다(민 12:6). 하나님은 우리의 질문에 대해 꿈으로 대답하십니다(삿 7:9~15). 하나님은 우리에게 꿈으로 하나님의 일을 가르쳐 주십니다(마 1:20~21). 하나님은 우리에게 꿈으로 경고하십니다(욥 33:14~18). 하나님은 그랄 왕 아비멜렉에게 꿈으로 경고하셨고(창 20:3~7), 야곱의 외삼촌 라반에게 꿈으로 경고하셨습니다(창 31:24). 하나님이 주신 꿈의 경고(마 2:12~13)를 동방박사들과 요셉이 무시했다면 아기 예수님의 목숨은 위태로웠을 것입니다.

어느 여성도가 꿈을 꾸었는데 담임목사님이 그녀에게 성경구절을 하나 짚어 주었습니다. 잠에서 깨어나 그녀가 그 성경구절을 찾아보니 잉태에 관한 말씀이었습니다. 그녀는 의아해하지 않을 수 없었습니다. 자신은 더 이상 아이를 낳을 수 없다는 의사의 판정을 이미 받아놓은 상태였기 때문이었습니다. 그 날 그녀는 딸의 소화 기관에 기생균이 있어 가족한테 전염될 수 있으니 가족이 다 약을 복용해야 한다는 의사의 지시를 받게 됐습니다. 그녀는 약을 복용 하려다가 무심코 약병에 기록돼 있는 경고문을 보았습니다. '임산 부가 복용하면 태아의 사망이나 유산을 초래할 수 있습니다.'

그녀는 이미 임신불가 판정을 받은 몸이었기 때문에 약을 안 먹을 이유가 없었지만 그 꿈을 기억하고는 임신유무 테스트를 받아보 았습니다. 놀랍게도 양성반응이 나왔고 마침내 그녀는 건강한 남자 아이를 출산할 수 있었습니다. 대체로 경고의 꿈은 그대로 직독직 해하면 됩니다. 어느날 꿈에서 제임스 라일 목사님은 자기 집안에 숨어 있는 방울뱀의 보금자리를 발견했습니다. 아이들이 걱정되었 습니다. 어떻게 방울뱀들이 집안으로 들어왔는지 살펴보니 텔레비 전을 통해서 들어온 것이었습니다. 그는 그 꿈을 통해 텔레비전이 아이들한테 큰 해독을 끼친다는 것을 깊이 깨달을 수 있었습니다.

아내의 꿈을 무시하다가 패망한 사람 중의 하나는 로마총독 빌라 도입니다. 그는 아내의 경고적인 꿈에도(마 27:19) 불구하고 하나 님의 아들 예수님을 처형하는 오판을 범하고 말았던 것입니다.

제가 어렸을 때 아마 중학교 이학년 정도 되었을 때 꾼 꿈입니다. 꿈에 비가 억수로 내리는 것입니다. 홍수가 나서 우리 집 앞에 있는 하천이 제방을 넘쳐서 논으로 물이 들어옵니다. 앞에 사시는 외가 집은 대문 안으로 물이 들어와 엉망이 되었습니다. 막 부엌에 물이 들어와 밥을 지을 수 없게 되었습니다. 꿈을 꾸고 나서 아침에 일어나서 어머니에게 어제 밤 꿈에 대한 이야기를 하면서 아마도 큰 홍수가 날 것 같다고 조심하시라고 하고 차를 타고 학교를 갔습니다. 학교에 갔다가 오후에 집에 돌아와 보니 간밤에 꿈에 본 그대로 물난리가 난 것입니다. 외가집은 물이 대문으로 들어와 부엌에 물이 차서 외삼촌들과 이모들이 물을 퍼내느라고 정신이 없습니다. 앞에 흐르는 하천의 제방이 무너져 논으로 물이 들와 논이 물어 잠겼습니다. 논 주인은 앉아서 통곡을 합니다. 제가 꿈에 본 그대로 된 것입니다. 저의 어머니가 그 이야기를 동리 사람들에게 해서 제가 영통한 아이라고 소문이 날 정도가 되었습니다. 저는 인생의 고비 때마다 하나님이 꿈으로 많이 알려주셨습니다.

이처럼 주로 경고의 꿈은 직독직해 할 필요가 있습니다. 그러나 대부분의 꿈은 상징적이기 때문에 비틀어서 해석해야 합니다. 껍데기를 비틀면 알맹이가 나오듯이 상징적인 꿈은 그 상징을 비틀어야 원래 꿈이 의도하는 참 뜻이 나타납니다. 가장 올바른 해석은 꿈을 꾼 사람이 성령의 임재가운데 성령님에게 질문하는 것입니다.

창세기 37장 6~9절에서 요셉이 연거푸 꿨던 곡식단 꿈과 별 꿈은 살짝 비틀면 그 참 뜻을 알 수 있습니다. 그래서 요셉의 형제들도 어렵지 않게 그 꿈의 메시지를 파악할 수 있었던 것입니다.

그런데 창세기 40장 9~19절에서 술 맡은 관원장이 꾸었던 포도송이 꿈과 떡 굽는 관원장이 꾸었던 떡 광주리 꿈, 그리고 창세기 41장 1~7절에서 바로가 꾸었던 일곱 암소와 일곱 이삭 꿈은 상당히 비틀어야 그 진의를 밝힐 수 있을 것입니다.

셋째, 왜 꿈을 다루어야 하는 가. 그토록 꿈꾸는 거짓 선지자들을 질타하던 예레미야 선지자도 결국 자신의 꿈 이야기를 하고 맙니다 (렘 31:23~26). 꿈 그 자체가 문제인 것이 아닙니다. 심리적인 꿈을 하나님이 주신 꿈으로 오용, 남용하는 것이 문제입니다. 하나님은 요즘도 꿈으로 말씀하십니다. 그렇기 때문에 우리가 꿈을 폐기처분해서는 안 될 것입니다. 물론 성경에 나오는 꿈 이야기는 꿈이기 전에 이미 성경 말씀입니다. 성경은 우리를 보호하는 울타리입니다. 성경은 모든 영적인 일에 기준입니다.

꿈으로서의 권위보다는 성경으로서의 권위가 더 큰 것입니다. 그러니까 성경은 오늘날 우리가 꾸는 꿈과는 차원이 다르다고 봐야 할 것입니다. 우리는 성경에 나오는 꿈 이야기를 다름 아닌 성경 말씀으로 받아들이면서 그 말씀에 견주어 우리의 꿈 이야기도 다룰 수 있어야 합니다. 지금도 많은 사람들이 꿈을 꾸고 꿈을 이야기하고 있습니다. 그렇기 때문에 목회자들이 꿈의 유통을 막는다고 될 일이 아닙니다. 오히려 건전한 방식으로 꿈이 유통될 수 있도록 만들어야 할 것입니다. 그러려면 목회자 자신이 꿈에 대해서 열려 있어야 할 뿐만 아니라, 꿈을 바르게 해석하고 바르게 적용하는 훈련이 돼 있어야 합니다. 목회자가 꿈을 금기시한다면 많은 성도들이 서로 은밀하게 꿈 이야기를 나누든지, 아니면 미신적인 해몽가들을 찾아다니게 될 것입니다. 성도들에게 꿈을 무시하라고 하면 더 궁금하게 생각을 합니다. 사람들이 꿈에 대하여 궁금하게 생각을 하니 이미 전화 상담이나 인터넷 상담을 하는 미신적인 해몽가들이 우후죽순처럼 번지는 실정입니다. 성도들은 어떻게든지 꿈을 이야기하여 해석하고 싶어 합니다. 사람은 육적이면서 영적이기 때문입니다. 이제 목회자들은 성도들의 꿈 이야기에 귀를 기울여야 합니다. 성경적으로 바르게 꿈을 해석하고 바르게 적용하도록 잘 안내할 수 있어야 합니다.

실제로 많은 성도들이 꿈에 매달립니다. 왜 그렇습니까? 거의 모든 성도들이 꿈을 꾸기 때문입니다. 꿈의 내용이 궁금하기 때문입니다. 환상을 보는 사람은 드뭅니다. 성령께서 환상을 주시지 않으면 누가 받겠습니까. 떤 형태로든지 하나님의 음성을 파악하는 사람은 더 드뭅니다. 그러나 많은 경우 심리적인 꿈이라고 해도 꿈꾸지 않는 사람은 거의 없습니다. 그러다 보니 사람들이 꿈에서 하나님의 메시지를 얻어내고 싶어 하는 것입니다. 이러한 욕구는 어쩔 수 없는 것 같습니다. 목회자들은 성도들의 이런 욕구를 누르기보다는 성경적인 방식으로 분출할 수 있도록 바르게 지도해야 합니다. 어떻게 보면 심리적인 꿈도 신앙 지도에 얼마든지 유용할 수 있습니다. 심리적인 꿈을 이야기함으로써 꿈꾼 사람은 자연스럽게 내면의 한 단면을 열어 보입니다. 그래서 목회자는 꿈을 통해서 심리 상담, 신앙 상담, 진로 상담을 할 수 있게 되는 것입니다. 성도들이 목회자에게 선뜻 일상생활을 털어놓기는 어렵습니다. 그러나 꿈 이야기는 아주 자연스럽게 나눌 수 있습니다. 꿈을 통한 신앙 상담과 진로 지도가 얼마든지 가능하다는 것입니다.

우리는 꿈을 나누고 상담함으로써 마음에 맺힌 것들의 치유로 온전한 하나님의 성전으로 살아갈 수가 있습니다. 당연히 하나님이 주시는 꿈이 최고입니다. 그러나 그런 꿈만 좋고 심리적인 꿈은 나쁘다는 이분법은 바람직하지 않습니다. 하나님의 음성이 최고지만 우리의 마음이 만들어내는 창조적인 아이디어도 귀한 것입니다. 이와 마찬가지로 우리의 마음이 만들어내는 심리적인 꿈도 경우에 따라서는 얼마든지 귀할 수 있습니다. 잘 활용하기만 하면 우리는 심리적인 꿈을 통해서 내면의 상처나 갈등이나 무질서나 불안이나 두려움, 우울함을 치유하고 내면의 질서와 성장을 꾀할 수 있습니다.

전주에서 40대 여성이 치유집회에 참석하여 꿈에 대하여 상담을 요청했습니다. 어제 저녁에 잠을 자다가 꿈을 꾸었는데 자기 집에 큰 덤프트럭이 모래를 세차나 실어다가 부리고 갔다는 것입니다. 그 뒤를 따라서 쥐들이 들어왔다는 것입니다. 이 꿈이 하도 이상하여 저에게 상담을 한 것입니다. 그래서 내가 물었습니다. "집에 누가 새로 이사를 왔습니까?" "예! 우리 지하층에 새로 이사를 왔습니다." "그분들의 가정 사정이 어떻습니까?" "예! 전에는 잘 살았는데 사업을 하다가 망했답니다." "그 집을 망하게 한 것들이 따라왔다는 것을 성령께서 보여 준 것입니다. 성령의 지배 가운데 영적인 싸움을 강하게 해야 하겠습니다." 이런 분은 영적인 경각심이 없이 지내다가는 영락없이 가정을 망하게 하는 영에게 당합니다.

한 성도가 위암이 발생하여 병원에서 대수술을 받기 전에 큰 뱀과 싸우는 꿈을 꾸었습니다. 그는 결국 그 뱀을 죽이고 너무나 기뻐

했다는 것입니다. 이 꿈은 그가 병마와 싸워 이기고 기뻐한다는 예지의 꿈 입니다. 사실 그는 심각한 수술을 받아야 했고, 그 결과는 아무도 예측할 수 없는 것이었습니다. 하나님은 그가 병마와 영적인 전쟁을 하면 반드시 승리한다는 것을 알려주신 것입니다. 목회자가 꿈을 해석하고 상담하고 지도하는 준비만 제대로 돼 있다면 꿈은 아주 유용한 목회 도구가 될 수 있을 것입니다. 꿈은 앞으로 어떤 일이 벌어질 것인가를 보여 줍니다. 현재 우리가 어떤 상황에 처해 있는가를 보여 주기도 합니다. 그리고 지금 우리가 직면하고 있는 사건과 맞붙어 싸우는 싸움에서 어떤 결과가 초래될 것인가를 암시하기도 합니다. 우리는 성도들의 꿈을 바르게 해석하고 상담함으로써 그들의 신앙 성장을 도울 수 있을 것입니다.

우리는 꿈을 통해 참다운 삶의 의미를 더 깊이 지각하게 됩니다. 상처 입은 성격도 치유 받게 됩니다. 꿈 해석을 통해 하나님과의 만남이 더욱 깊어지고 우리의 영혼이 활력을 얻게 됩니다. 꿈 해석은 우리의 갈등과 문제를 드러내는 한편 그런 문제의 저변에 숨어 있는 무한한 잠재력도 밝혀 줍니다. 꿈 해석은 우리에게 희망과 가능성을 자각시켜서 우리가 하나님의 형상대로 성장해 갈 수 있는 용기와 믿음을 갖게 해 줍니다.

꿈 해석은 우리의 영·혼·육이 어떤 상태에 처해 있는가를 밝혀 줌으로써 그것을 치유할 수 있는 단서를 제공해 줍니다. 더 나아가 우리와 하나님과의 관계, 우리와 이웃과의 관계를 진단함으로써 우리의 병든 부분을 치유할 수 있게 만들어 줍니다. 결국 꿈 해석을 통해 우리는 하나님의 성전으로 살아갈 수가 있게 되는 것입니다.

넷째, 꿈 통해 상담 치유 사역을 할 수 있다. 필자에게 이런 꿈 상담을 의뢰했습니다. "저희 회사가 굉장히 큰 회사라서 직급이 높은 임원은 저를 알지도 못할 텐데 꿈에 한 임원이 나타나서 저더러 아들을 낳아달라는군요. 이런 황당한 일이 있을까요?" 다음과 같이 답신을 보냈습니다. "이 꿈에서 아들을 낳아달라는 것은 뭔가 기발한 아이디어를 개발하라는 당부이지 않을까요. 전능하신 하나님께 지혜를 주시라고 기도하면 어떨까요." 그러자 그녀로부터 이메일이 왔습니다. "그렇군요. 요즘 회사에서 좀 뒤처지는 상황이었답니다. 바쁘다는 핑계로 멀리 했던 성경을 찾아봐야겠군요. 감사합니다."

이처럼 꿈 해석은 진로상담으로 이어지고 신앙상담까지 가능하게 해줍니다. 심지어 전도 상담으로 연결되기도 합니다. 꿈 하나를 매개로 총체적인 상담사역이 가능하다는 말이지요. 꿈은 자고 나면 생기는 하찮은 눈곱이 아니라 성도들의 삶을 한층 풍요롭게 해주는 귀한 목회자원이 될 수 있습니다.

꿈 심리 상담을 하던 중 한 자매로부터 다음과 같은 꿈 이야기를 접하게 됐습니다. "아버지가 집 마당에서 돌아가시고 나서 며칠 후 집에서 자다가 꿈을 꿨어요. 자는데 누가 부르는 것 같기도 하고 인기척이 있어서 방문을 열고 내다봤어요. 마당에 덩치 좋은 남자의 그림자가 저를 서서 지켜보는 겁니다. 아버지는 덩치 좋은 편이 아니었는데 저는 돌아가신 아버지라는 생각이 들었습니다.

두렵기도 하고 궁금하기도 해서 아빠를 불렀는데 그림자가 걷히면서 나타난 모습은 낯선 중년남자였습니다. 강도나 귀신이 아닐까 하는 생각으로 겁이 덜컥 나면서 깨었습니다."

이 꿈에 대해 다음과 같이 답신을 보냈습니다. "꿈을 꾸고 나서 몹시 불안했겠군요. 그 그림자의 정체는 아빠가 아니라 아빠로 변장한 침입자입니다. 우리 기독교에서 말하는 귀신일 수도 있겠고 심층심리학에서 말하는 꿈꾼 사람의 깊은 내면에 숨어 있는 불안이나 두려움이나 무서움이나 어두움일 수도 있습니다. 우리는 다 근원을 알 수 없는 불안, 두려움, 어두움에 휩싸여 삽니다. 저도 한 때 1분 단위로 한숨을 내쉬면서 살았지만 지금은 하나님의 아들 예수님을 믿고 평안하답니다. 혹시 기독교 신앙을 가져보면 어떨까요?"

그러자 그 자매로부터 이메일이 왔습니다. "아, 네. 아빠가 집에서 돌아가셨는데 그 집에 사는 동안 제 꿈이나 엄마 꿈에 아빠가 자주 나왔어요. 꿈에 돌아가신 분이 자주 나오니 좋은 일은 아닌 것 같았어요. 작년 겨울에 새 집으로 이사를 왔는데 그 때 마지막으로 저와 엄마 꿈에 아빠가 한 번씩 나오고는 끝입니다. 이런저런 핑계로 교회에 안 나갔는데 다시 열심히 나가야겠어요. 속이 다 후련해요. 감사합니다."

꿈 심리 상담을 하다보면 이렇게 기독교 신앙을 찾겠다고 결심하는 사람들을 종종 접하게 됩니다. 꿈에는 꿈꾼 사람이 미처 각성하지 못하는 위기나 심리적인 갈등이 드러나 있습니다. 꿈 심리 상담을 통해 이런 것을 통찰하게 해 줌으로써 자연스럽게 꿈꾼 사람을 전도할 수도 있어서 기독교 신앙으로 이끌 수 있게 됩니다.

11장 영적인 꿈을 해석하는 비결

(창37:5-7)"요셉이 꿈을 꾸고 자기 형들에게 말하매 그들이 그를 더욱 미워하였더라. 요셉이 그들에게 이르되 청하건대 내가 꾼 꿈을 들으시오. 우리가 밭에서 곡식 단을 묶더니 내 단은 일어서고 당신들의 단은 내 단을 둘러서서 절하더이다"

꿈을 가장 잘 해석할 수 있는 사람은 바로 꿈꾼 자신입니다. 꿈의 내용을 자세히 알고 있을 뿐만 아니라 꿈을 둘러싸고 있는 주변 상황도 잘 알기 때문입니다. 그렇기 때문에 스스로 기도하는 가운데 꿈 해석에 관한 성령 하나님의 인도하심을 받아야 할 것입니다. 우리는 꿈의 미신화를 제거하고 꿈을 통하여 자신의 내면을 정화하는 도구로 사용하고자 합니다. 그러려면 꿈 해석의 길잡이가 되는 글들을 읽고 꿈 해석의 다양한 사례들도 공부해야 할 것입니다. 점치듯이 남의 해석에 의존하기 보다는 그런 글들을 통해 스스로 해석하는 훈련을 쌓아가야 하겠습니다.

첫째, 영적인 꿈이란. 성령으로부터 온 꿈인가, 마귀로부터 온 꿈인가, 아니면 자신에게 온 심리적인 꿈인가를 분별해야 합니다. 분별하기 위하여 꿈을 보내주신 성령님께 오랫동안 하문해야 합니다. 성령이 주신 영적인 꿈은 보통 심리적인 꿈보다도 훨씬 생생하고, 자고 깬 후에도 오랫동안 마음에 남고 기억되는 경우가 많습니다. 그러나 때론 심리적인 꿈인데도 상당히 생생해서 이것이 영적인 꿈인가 하고 헷갈리는 경우도 있습니다.

그러나 영적인 꿈 (성령이 주신 꿈)은 자신이 기억치 않으려 해도, 염두해 두려하지 않아도, 영에 깊이 새겨지기 때문에, 적어놓지 않아도, 혹은 잊어버린 것 같아도, 어느 순간 다시 갑자기 성령에 의해 다시 떠오르는 등 기억에 오래갑니다.

심리적인 꿈은 아무리 꿈을 꿨을 그 날에 생생하게 기억에 남아도 시간이 지나, 며칠이 지나고 몇 달이 지나면 기억 속에 희미해지거나 사라지지만 성령이 주신 꿈은 몇 달 혹은 몇 개월, 혹은 몇 년이 지나도 어제 꾼 듯이 생생하게 기억되는 꿈들이 대부분입니다. 그런데 한 가지 또 분별해야 하는 것이 있는데, 마귀, 악한 영이 꾸게 하는 꿈도 있다는 것입니다. 흔히 말하는 악몽이 이에 해당하겠지만, 성령의 꿈인 듯 가장해서 꾸어지는 영적인 꿈들도 있습니다. 이 꿈은 성령의 꿈처럼 굉장히 뭔가 의미심장하고 뚜렷하고 생생하기는 하나 해석이 잘 되지 않을 수가 있습니다. 반드시 성령의 임재가운데 하나님에게 문의해야 합니다.

꿈은 꾼 이후 열매로 분별할 수 있습니다. 성령의 꿈은 두렵고 좋지 않은 분위기에 꿈이라고 할지라도 깨고 나면 마음에 평강이 있습니다. 그렇지 않더라도 주님으로부터 오는 근심하는 마음이 있어서 우리로 하여금 기도의 자리로 나아가 간구와 중보를 하게 하는 반면, 악한 영에 의해 꿔진 영적 꿈은 우리로 막연

한 불안감과 두려움에 사로잡히게 하며, 하나님께 나아가는 것을 방해합니다.

성령으로부터 온 영적인 꿈이 자주 꿔지는 시기에, 마귀가 주는 꿈도 그 틈에 꿔지는 경우가 종종 있는 것을 저의 경험이나 주변의 경험을 통해 보았습니다. 그러면서 마귀는 우리에게 영적 혼란과 혼돈을 불러일으키려 하는 경우가 있습니다. 그러므로 영적인 꿈이라고도 무조건으로 마음에 담으시고 받아들이실 필요는 전혀 없으며 반드시 분별해야합니다. 그것이 성도님의 심령에 평안을 앗아가고, 성도님을 요동하게 하고, 하나님으로부터 멀어지게 하는 것이라면 그 꿈이 뭔가 큰 의미가 있는 것 같고, 아무리 그럴 듯해 보일 지라도 그냥 무시하십시오. 그리고 무시하고 평강에 거하심으로 원수 마귀를 제대로 밟아주십시오. 하나님은 로마서 16:20절에서 "평강의 하나님께서 속히 사단을 너희 발아래서 상하게 하시리라 우리 주 예수의 은혜가 너희에게 있을찌어다"하십니다.

내가 어느날 새벽에 새벽예배를 드리려고 하는데 성도들이 오지를 안아서 기도 시간에 하나님 성도들을 좀 많이 보내주세요. 하면서 하소연을 하다가 그만 깜박 졸게 되었습니다. 그런데 꿈에 성도들이 많이 와서 예배를 드리려고 앉자 있었습니다. 꿈에도 놀라서 말씀을 전하려고 강대상 위에 성경을 찾으니 성경책이 보이지를 않았습니다. 당시 강대상에는 성경이 세 권이나 있었는데 말씀을 전하려고 하니 성경이 없습니다. 진땀을 흐리면서 이곳저곳 다 뒤져봐도 성경은 보이지를 않고 종이쪽지만 한 장 있는 것이었습니다. 그 꿈을 꾸고 난 다음 저는 이렇게 감동을 받았습니다. 야! 강 목사 성도들을 보내주려고 해도 말씀이 없어서 보내지를 못하겠다, 말씀 연구 좀 많이 깨달아라. 그래 그 때부터 말씀도 좀 읽고, 말씀세미나도 참석하고 세미나자료 준비도 열심히 하였습니다. 그 때 말씀을 준비하여 지금 세미나 자료들이 많이 만들어진 것입니다. 당시 저는 안수기도 하면 능력도 나타나고 병도 고쳐지고 하니, 다 된 줄로 알았는데 착각이었습니다. 하나님은 이렇게 꿈을 통해서 자신의 영적 상태를 알려 주시기도 합니다.

둘째, 치유가 필요한 영적인 꿈. 무의식속에 숨어 있는 실체는 하나의 이름을 가지고 규칙적으로 꿈속에 나타납니다. 저는 그것을 치유 되어야 할 '그림자'(shadow) 라고 부릅니다. 어떤 목회자가 이런 꿈을 꾸었습니다. 자신이 전쟁터에서 자꾸 도망을 치는 꿈을 꾼다는 것입니다. 이는 자신의 목회 사역에서 이탈하고자 하는 심리가 반영된 꿈입니다. 자신의 사역에 대해 두려움을 가지고 있는지 스스로 솔직하게 점검해 보아야 할 것입니다.

그렇다면 꿈꾼 사람의 죽음은 무엇을 뜻하는 것입니까? 목회자는 꿈에서 자기가 죽는 것을 보고 실제로 자신이 죽어가고 있다고 믿었던 것입니다. 지금 또, 그에게 죽음은 파멸을 의미할지도 모릅니다. 그러나 그것은 또한 변화를 의미하기도 합니다. 인간은 항상 죽음과 부활의 상징을 통해서 의미심장한 변화를 말해 왔습니다. 새롭게 되기 위해서는 옛사람이 죽어야 합니다. 그렇지 않으면 어떠한 변화도 기대할 수 없습니다. 실제로 우리는 예수님을 믿을 때 죽었고, 다시 예수님으로 태어나 예수님의 인생을 사는 사람들입니다(갈2:20). 이것을 믿어야 성령의 역사가 자신을 인도합니다.

고린도전서 15장 31절에서 "형제들아 내가 그리스도 예수 우리 주 안에서 가진바 너희에게 대한 나의 자랑을 두고 단언하노니 나는 날마다 죽노라"하십니다. 여기서 죽는다는 말은 변화한다는 말과 같다고 할 수 있습니다. 변화를 상징하는 죽음은 적대자가 왜 꿈꾸는 사람을 죽이려했는가? 에 대한 해답을 줍니다.

그것은 이 그림자를 통하여 그 목회자를 철저하게 변화시키기를 원하기 때문일 것입니다. 그 목회자 자신의 부정적인 면이 죽고 그 목회자의 자발적으로 그의 인격의 변화를 체험하고 자신과 직면하게 된다면 그의 상태는 좀 더 나아질 것입니다. 변화를 수용하지 못할 경우 때때로 필요할 때마다 그의 무의식은 꿈을 통해 그에게 변화를 촉구할 것입니다.

어떤 목회자가 몇 년 동안 꾸어온 꿈은 다음과 같은 것이었습니다. "나는 전쟁터에 있었습니다. 그때 총과 칼을 가진 사악하게 생긴 사람이 나타났습니다. 나는 도망갔으나 그는 나를 찾아 와서 마침내 나를 죽이고 말았습니다."

우리는 이 꿈에서 무엇을 알 수 있을까요? 이 꿈은 단지 암흑과 죽음을 의미할 뿐입니다. 이 꿈의 메시지는 분명합니다. 즉 누군가가 꿈꾸는 사람을 죽이려고 한다는 것입니다. 그렇다면 누가 그를 죽이려고 하는가? 그리고 왜 그런 꿈을 꾸게 되었는가?

먼저 그 목회자의 적대자가 누군 인지 알아보기로 합시다. 인간은 겉으로 보이와는 달리 콤플렉스를 많이 가지고 있습니다. 이 콤플렉스는 여러 형태로 꿈을 통해 나타납니다. 특히 자신과 대립되고 적개심을 갖게 하거나 열등감을 느끼게 하는 동성 간에 그리 자신이 두려워하거나 경멸하는 사람이 꿈속에서 반복적으로 나타납니다.

그적대자는 누군 인가? 자기 자신일 수 있습니다. 우리는 꿈에서 자기 자신이 자신의 적으로 나타난다는 사실을 깨닫지 못합니다. 그것은 자기 내부에 존재하면서도 의식되지 않기를 원하는 무의식의 부분이기 때문입니다. 대부분의 사람들은 자기 자신과 대면하기가 어렵습니다. 죄책감 때문에 기억하기 싫은 일들, 자신의 연약함 때문에 회피하고 싶은 일들이 너무 많습니다.

우리는 아픔들을 쉽게 털어버리고 그러한 일들이 전혀 없었던 것처럼 행동하려고 합니다. 그러나 그러게 한다고 해서 과거의 일들이 완전히 없어지는 것은 아닙니다. 그냥 가라앉는 것입니다. 그것은 단순히 억압된 상태에 불과하며 그것이 또 다른 사람으로 변하여 자기 무의식속에 계속 존재하는 것입니다. 그래서 말씀과 성령으로 찾아서 치유를 해야 합니다. 치유하지 않은 한 지속적으로 꿈에 나타나게 됩니다. 꿈의 내용을 바르게 해석하고 진단하여 치유를 해야 영육으로 자유 함을 찾을 수가 있습니다. 꿈을 꾸는 것도 중요하지만 꾼 꿈을 바르게 해석하여 반응하는 것이 무엇보다도 중요합니다. 성령은 인격이기 때문입니다.

셋째, 해석이 필요한 영적인 꿈. 성령님으로부터 해석을 구하고 받아야 하는 영적인 꿈이 있습니다. 반드시 해석을 구해야 하고 해석이 꼭 필요한 영적인 꿈은 상징적이고, 비유적이며, 현실에서 실제로 이뤄지는 내용이 아니라, 현재나 과거, 혹은 상당히 먼 미래를 상징적으로 나타내는 꿈 등일 것입니다.

그러나 꿈을 꾸고 나서 어떤 것이 해석이 꼭 필요한 꿈인지 해석이 불필요한 꿈인지는 우리가 바로 알 수는 없습니다. 물론 이것까지도 성령님이 알게 하시고 깨닫게 하시는 데까지 나아가길 원합니다. 그렇기 때문에 먼저는 성령으로부터 온 꿈이 분명히 맞는다면, 성령님께 꼭 해석을 달라는 기도를 하시고, 해석이 올 때까지 몇 시간 혹은 며칠 몇 주도 기다리시되, 그럼에도 해석이 되지 않는다면 그냥 꿈과 해석에 신경을 쓰지 마시고, 성령님께 모든 것을 맡기고 기다리시면 됩니다.

그러면 성령께서 때가 되면 깨닫게 하실 것입니다. 하나님으로부터 온 영적인 꿈은 반드시 성령으로 해석을 해야 합니다. 인간의 지식으로 하나님의 뜻을 안다는 것은 무리입니다. 잠잠히 기다리면서 하나님에게 문의 하십시오. 그러면 환경에 나타나는 보증의 역사나 다른 사람의 말을 통해서 깨닫게 하실 것입니다. 영적인 꿈의 근원은 하나님입니다. 고로 해석은 성령님이 하십니다. 꿈을 꾸고 성령님에게 조용하게 문의해야 합니다. 문의 하면 성령께서 바른 해석을 주십니다. 해석은 전적으로 성령의 일입니다.

넷째, 영적인 꿈의 예. 하루는 꿈에 내가 군인들이 신는 전투화를 한 켤레는 신고 있고 한 켤레는 들고 있었습니다. 그런데 두 켤레 다 완전한 새 신발인데 발뒤꿈치가 다 찢겨져 있었습니다. 그래서 하나님에게 물었습니다. 하나님 왜 신발이 새 것인데 뒤꿈치만 상했습니까? 이왕 주시려면 깨끗한 것으로 주시지 왜 뒤꿈치가 상한 것을 주십니까? 그렇게 물었더니 야 성경을 봐라! 그래서 성경을 읽다가 "내가 너로 여자와 원수가 되게 하고 너의 후손도 여자의 후손과 원수가 되게 하리니 여자의 후손은 네 머리를 상하게 할 것이요 너는 그의 발꿈치를 상하게 할 것이니라 하시고(창 3:15)" 말씀이 눈에 확 들어왔습니다. 그래서 아 저보고 악한 마귀들을 사정없이 밟으라는 것이구나, 악한 영이 나를 물어도 신발 뒤꿈치만 상하지 내 발은 끄덕도 안한다는 믿음과 담대함을 얻어 영적전쟁과 사역을 감당하고 있습니다. 하나님이 나에게 악한 마귀들을 사정없이 발로 밟아 쫓아내다가 신발이 다 떨어져도 또 한 켤레를 주셨으니 마음을 놓고 복음을 전하면서 마귀를 밟으라고 하시는 구나 믿고 열심히 사역을 감당하고 있습니다.

어느 자매님의 이야기입니다. 꿈에 미친 여자가 나타나 괴롭히는 것입니다. 이 자매님은 본 남편과 이혼하고 혼자 사는 자매입니다. 그런데 소개로 부인을 사별한 남자를 만났습니다. 그래서 서로 처지가 비슷한지라 자주 만나다보니 친해서져서 잠자리까지 함께 할 정도가 되었습니다. 그리고 재혼하기로 결정하고 함께 동거하며 지냈습니다. 그러던 어느날 남자가 죽은 전 부인의 산소에 가보자고 하더랍니다. 그래서 따라갔습니다. 죽은 전 부인의 산소를 다녀온 날 저녁부터 이 자매의 꿈에 미친 여자가 나타나 괴롭게 하는 것입니다.

그래서 예수 이름으로 대적도 해보고 별짓을 다해도 되지 않아 결국 저에게 와서 내면을 치유하면서 축사를 받았습니다. 축사를 마치고 자매에게 물었습니다. 혹시 죽은 전 부인이 정신질환으로 미쳐서 죽은 것 아니냐고 질문을 했습니다. 잘 모르겠다고 했습니다. 그래서 남자에게 가서 물어보라고 했더니 전화가 왔습니다. 그렇다는 것입니다. 전 부인이 정신이 이상해지고 미쳐서 돌아다니다가 죽었다는 것입니다. 이 상황은 이렇습니다. 이 자매가 산소에 가서 산소에서 미쳐서 죽은 여자 귀신이 들어온 것이 아닙니다. 이것은 그 남자의 가정에 대물림되는 정신문제를 일으키는 악한 영의 저주입니다.

그 남자 가문에 여자들을 미쳐서 죽게 하는 악한 영의 저주가 있다는 것입니다. 만약에 이 자매가 그 남자하고 재혼을 하는 경우 이 자매도 미쳐서 죽을지 모르는 일입니다. 왜냐하면 밤마다 미친 여자가 나와서 괴롭게 하는데 당해낼 장사가 없는 것입니다. 제가 그래서 그 자매에게 남자와 관계를 끊든지 그렇지 않으면 남자를 예수 믿게 하여 가문에 흐르는 미치게 하는 악한영의 저주의 줄을 끊고 악한 영을 축사해야 한다고 했습니다. 그랬더니 무서워서 안 되겠다고 남자와 관계를 끊고 저의 교회에 와서 치유를 받고 갔습니다. 이렇게 가문에 흐르는 악한 영의 저주가 있습니다. 알고 사전에 예방합시다.

꿈에 필자가 큰 뱀하고 싸움을 했습니다. 뱀하고 싸우다가 뱀에게 쫓기어서 어느 지하실에 들어가게 되었는데 칸칸으로 막혀 있었습니다. 통로를 찾아 헤매었습니다. 그러다가 다행히 출구를 찾아 밖으로 나왔습니다. 다시 그 뱀을 잡아서 구덩이에 던져 넣어 버렸습니다. 마귀와 싸워 승리한 것입니다.

우리 교회가 시화에서 서울로 이사를 온 다음에 사택을 이사하려고 시화에 있는 아파트가 나가게 해달라고 기도를 했습니다. 그때는 이미 서울의 집을 계약을 해놓은 상태라 집이 나가지 않으면 문제가 생기는 상태에 있었습니다. 계속 기도해도 나가지를 않았습니다. 계약해 놓은 이사 날이 보름 밖에 남지 않아도 나가지를 않았습니다. 제가 밤에 잠을 자지 않고 하나님에게 기도했습니다.

그러다가 잠이 들었습니다. 그런데 꿈에 뱀이 많이 나타났습니다. 파란 뱀, 밤색 뱀 등이었습니다. 그래서 제가 잡아서 구덩이를 파고 파묻어 버리고 나니까 그 다음날 아파트가 나갔습니다. 그래서 정한 날짜에 보증금을 받고 이사를 하게 되었습니다. 무슨 문제이든 잘 풀리지 않는 것은 그 뒤에 악한영의 역사가 있다는 것입니다. 깨어 기도하며 영적전쟁을 하면 풀립니다.

어느 집사님의 집에서 일어난 일입니다. 집사님이 이사를 가서부터 계속 꿈에 뱀들이 나타나 집안을 돌아다니는 것입니다. 이런 꿈을 두 달 정도를 계속해서 꾸다가 보니까 이 집사님이 불면증에 시달리다가 급기야는 우울증까지 왔습니다. 교회 목사님이 그 집에 가서 성가대 연습을 하고 별짓을 다해도 꿈에 뱀은 계속 나타나 났습니다. 그러다가 집안 대 청소를 해야겠다고 생각하고 거실에 있는 장식장을 열고 청소를 하는데 장식장 속에 보니 부적들이 잔뜩 붙어있었습니다.

앞에 살다가 이사 간 사람들이 붙여놓은 부적입니다. 그래서 부적을 다 뜯어내고 목사님을 청해서 심방을 하니 그날부터 꿈에 뱀이 나타나지 않고 이 집사님도 불면증이 없어지고 우울증도 치유되고 건강하게 되었습니다. 이사를 가면 잘 점검해 보시기를 바랍니다. 지금은 부적이 아주 작습니다. 유심히 찾아보아야 찾을 수가 있습니다. 영안을 열고 세심하게 살펴보아야 합니다.

어느 여 집사님이 당한 일입니다. 꿈에 뱀 두 마리가 막 도망을 가습니다. 그래서 가정 예배를 드리고 대적 기도하였습니다. 그러고 시간이 얼마큼 자닌 다음에 꿈을 꾸었는데 큰 뱀이 또 아리를 틀고 자기 옆에 앉아 혀를 날름 거렸습니다. 꿈에서 깨어나 이상하여 성경공부 시간에 자기 담임목사님에게 꿈 이야기를 했습니다. 그랬더니 담임목사 하는 말씀이 무시하라고 했습니다. 무시하고 얼마가 지나서 몸이 불편하여 검사를 해본 결과 자궁 난소에 암이 생겼는데 3기가 지나고 있었습니다. 그래서 수술하고 우리 교회에 와서 말씀과 성령으로 심령을 한 1년 간 치유 받고 갔습니다. 이는 성령께서 악한 영이 침입하여 집을 지은 것을 알려준 것입니다. 아주 편안하게 있었다는 것은 집을 완전하게 지었다는 것입니다. 이런 분을 빨리 영적전쟁을 해야 합니다. 악한 영이 집을 완벽하게 지은 것이므로 상당히 오랜 기간 영적치유를 받아야 합니다. 영적인 일은 방심과 무시는 금물입니다.

꿈에 고양이가 방으로 들어온다든지, 도둑이 방을 기웃거린다든지 하는 꿈을 꿉니다. 악한 세력의 침투를 조심하고 막으라는 것입니다. 집 천장에서 물이 샌다든지, 집안에 물이 가득하다든지, 담장이 허물어져 있다든지 하는 꿈도 꿉니다. 영혼에, 인생에, 가정에, 일에 하자가 생겼으니 보수하라는 것입니다. 아니면 그럴 수 있으니 점검하고 대책을 세우라는 것입니다. 이처럼 집에 관한 꿈은 자기 자신의 상태가 어떠함을 보여 줍니다.

오십대 중반 되는 권사님이 치유를 받으러 오셨습니다. 한 주가 지난 다음에 상담을 요청했습니다. 내용은 꿈에 대한 내용입니다. 얼마 전부터 자신의 시어머니가 무속의 옷을 입고 꿈에 자주 나타난다는 것입니다. 그 말을 듣는 순간 성령께서 저에게 이렇게 감동을 하시는 것입니다. 시어머니가 생전에 어떻게 지냈는가 물어보라는 것입니다. 그래서 권사님에게 질문을 했습니다. 권사님! 시어머니가 생전에 어떻게 지냈습니까? 그랬더니~ 우리 시어머니는 예수 잘 믿다가 돌아가셨습니다. 예수 믿기 전에 무엇을 했느냐는 말입니다. 남편이 그러는데 반 무당을 하다가 가정이 풍지 박살이 나고 난 다음에 예수를 믿었답니다. 그래요. 권사님 지금 권사님의 꿈에 보이는 것은 시어머니 생전에 역사하는 무속의 영입니다. 성령께서 치유를 받으라고 알려주는 것입니다. 목사님! 그렇지 않아도 요즈음 가슴이 답답하고 기도도 잘 안됩니다. 불면증으로 6개월 이상 잠을 잘 자지 못하고 있습니다. 남편이 하는 사업도 잘되지 않아 물질적인 어려움도 있습니다. 거기다가 시집간 딸 손녀도 시름시름 아파서 병원을 자기 집에 다니듯이 하고 있습니다. 하도 답답하여 기독 서점에 갔다가 목사님 책을 읽고 여기에 오게 된 것입니다. 이렇게 대화를 하는데 성령께서 저에게 내적치유하면서 축사를 하라는 감동을 주시는 것입니다. 권사님을 바르게 앉으라고 했습니다. 머리에 손을 얹고 성령님 임하소서, 역사하여 주옵소서, 하고 권사님에게 호흡을 깊게 들이쉬고 내쉬라고 했습니다. 한 1분이 되자 성령의 임재가 되었습니다. 그러자 숨어있던 귀신이 정체를 폭로했습니다. 벌~벌~벌~ 떨더니 갑자기 일어서는 것입니다. 일어서서 막 뛰는 것입니다. 마치 무당이 굿하는 모양을 하고 뛰는 것입니다. 한 참을 하다가 쓰러졌습니다. 그래서 성령님 강하게 역사하여 주옵소서. 하고 기도를 했습니다. 권사님이 막 괴성을 지르면서 한동안 발작을 했습니다. 그러다가 한동안 기침을 하다가 떠나갔습니다. 안정을 찾고 정상이 되었습니다. 그래서 제가 권사님에게 이렇게 권면했습니다. 시어머니 생전에 역사하던 무속의 영이 가정에서 지금까지 떠나가지 않고 역사를 했는데 성령께서 정체를 폭로하여 떠났습니다. 완전하게 떠난 것이 아니고 다시 들어오려고 호시 탐탐 노릴 것입니다. 남편에게 이야기를 잘해서 모시고 와서 치유를 받으라고 권면했습니다. 딸과 손녀도 데리고 와서 치유를 받으라고 했습니다. 이분들이 순종하여 지속적으로 몇 개월 다니면서 치유를 받았습니다. 권사는 성령이 충만해졌고, 불면증은 봄에 눈이 없어지는 것과 같이 사라졌답니다. 남편의 사업도 잘되고 손녀도 건강하게 잘 지냅니다. 혈통에 역사하는 귀신은 예수 믿었다고 바로 떠나가지 않습니다. 말씀과 성령으로 지속적인 치유를 받아야 합니다. 그것도 가족이 함께 치유를 받아야 완치가 됩니다. 이와 같이 꿈을 통하여 숨어서 역사하는 귀신을 몰아낼 수가 있습니다.

어느 여성도의 담임목사에 관련된 꿈입니다. 꿈에 보니까 담임 목사님은 뒤에서 서서 있었습니다. 그런데 앞 강대상에서는 다른 목사님이 말씀을 전하는 것이었습니다. 그래서 하나님에게 질문하였습니다. 하나님 왜 우리 목사님은 뒤에 서계시고 다른 목사님이 말씀을 전합니까? 이것이 무슨 뜻입니까? 알려 주세요. 너희 담임 목사에게 물어봐라. 그래서 다음날 담임목사에게 물었습니다. 목사님 제가 어젯밤에 꿈을 꾸었습니다. 그런데 앞 강대상에서는 다른 목사님이 말씀을 전하는 것이었습니다. 담임 목사님은 뒤에서 웃으면서 보고만 서 있었습니다. 이것이 무슨 뜻입니까? 그러니까. 이 목사님이 얼굴색이 변하면서 아무소리도 못하더랍니다. 그래서 궁금하니 알려주세요. 했더니 목사님이 하는 말이 너무 운영이 힘이 들어서 교회를 내놓았습니다. 그리고 당장 부동산에 가서 교회 내놓은 것을 물렸습니다. 그 다음 주일날입니다. 목사님이 설교를 하는데 성도들이 웅성웅성 했습니다. 그러자 하나님이 꿈꾼 성도에게 성령으로 감동을 주었습니다. 지금 일어서서 성도들에게 큰 소리로 이야기 하라! 저 목사가 설교하는 것이 아니고 내가 직접 설교하는 것이라고 말하라는 것입니다. 두려워서 일어나자 않았습니다. 어서 일어서서 성도들에게 큰 소리로 이야기 하라! 저 목사가 설교하는 것이 아니고 하나님이 직접 설교하는 것이라고 말하라! 그래도 일어서지 못했습니다. 그러자 재차 성도들에게 큰 소리로 이야기 하라! 저 목사가 설교하는 것이 아니고 내가 직접 설교하는 것이라고 말하라! 그래서 울면서 일어서서 지금 성령께서 목사님이 설교하는 것이 아니고 내가 직접 설교하는 것이라고 말씀을 잘 들으라고 하십니다. 그래서 그 일이 무마가 되고 목사님은 정신을 차리고 전도하고 목회를 잘하셨습니다.

내가 어느 날 꿈을 꾸었습니다. 제 기억으로 2002년 3월경으로 생각이 됩니다. 꿈에 보니 하얀 옷을 입은 사람들이 우리 교회에 와서 교회의 장의자를 비롯한 집기류를 다 내놓고 청소도 하고 도색을 다시 하는 꿈을 꾸었습니다. 두 번을 연속해서 같은 꿈을 꾸었습니다. 그래서 저는 그때 아주 교회가 재정적으로 어려울 때라 혹시 우리교회가 망하여 다른 교회가 들어와 교회를 수리하는 것이 아닌가, 은근히 걱정이 되었습니다. 그런데 얼마 있지 않아서 치유사역으로 전환하게 되어 장의자를 빼내고 접의자로 바꾸었습니다. 그리고 앰프도 바꾸고 에어컨도 바꾸고 바닥도 카펫으로 깔았습니다. 다 치유 받으러 오신 분들이 은혜 받고 헌금하여 중고품 장의자 바꾸고 싸구려 앰프를 최고급으로 바꾸어주고, 중고 에

어컨 바꾸어 주고 바닥에 앉아서 치유 받으라고 카펫을 깔아 준 것입니다. 이와 같이 하나님은 앞으로 일어날 일을 꿈으로 알려주시기도 하십니다. 하나님으로부터 온 꿈은 꼭 이루어집니다. 믿는 자에게만 이루어 주십니다. 믿지 않으면 이루어지지 않습니다.

서울 신촌에 사는 집사가 몇 주 동안 와서 치유 받다가 꿈 해석을 요청한 내용입니다. 다른 사람이 이사를 가면서 버리고 간 장농을 주어서 들여 놓은 다음부터 무속 옷을 입은 사람들이 꿈에 나타나서 잠을 제대로 자지 못한다는 것입니다. "그래서 내가 그 장 농을 통하여 무속의 영들이 역사하는 것이니 당장에 버리고 성령의 임재를 요청하고 영적인 전쟁을 하라고 했습니다. 여 집사는 충만한 교회에 와서 성령으로 충만을 받고 장 농에 역사하던 귀신을 축귀하라고 했습니다." 여 집사가 3주동안 다니면서 치유 받고 축사하고 꿈에 보이지 않더라는 것입니다. 우리는 남이 버리고 간 장식장이나 장농을 함부로 집에 들이면 안 됩니다. 반드시 꿈과 환상을 보았으면 해석하고 조치를 취해야 합니다.

다섯째, 영적인 꿈 해석

● 천사가 자기를 하나님께 데려가는 꿈은 이 꿈은 높은 관직에 취직이 되는 꿈입니다.

● 천사가 주는 약을 받아먹는 꿈은 꿈속의 그 약과 유사한 약을 먹게 되거나 질병이 치유되거나 어떤 일과 방도를 존경의 대상으로부터 얻을 수 있습니다.

● 천사가 길을 안내해 주는 꿈은 훌륭한 지도자를 만나 일이 잘 진행됩니다.

● 선녀가 춤을 추는 꿈은 자기 또는 남의 작품이 성취되어 여러 사람의 이목거리가 됩니다. 승진을 하게 됩니다. 때로는 상급자가 자기를 공박하는 수도 있습니다.

● 자신이 신선 또는 선녀가 되는 꿈은 훌륭한 사람을 만나거나 계약이 성립됩니다.

● 천사와 마주앉아 있는 꿈은 이 꿈을 꾸면 지금까지의 고통, 위기를 벗어나게 되며 운세는 점점 트이게 될 길몽입니다.

● 천사로부터 음식물을 받는 꿈은 장수할 꿈입니다. 중환자이더라도 죽음의 위기를 벗어나 건강을 회복하게 됩니다.

● 천사로부터 금은주옥을 받는 꿈은 기쁜 일이 날아들며 원조자나 좋은 협력자를 얻게 될 길몽입니다.

● 하늘로부터 신의 소리를 듣는 꿈은 지위나 신분이 높은 사람과 알게 되며 굉장한 찬스를 얻게 될 길조입니다.

● 천사에게 꾸지람 듣는 꿈은 남의 싸움에 말려들어 상처를 입거나 경찰의 신세를 지게 될 불상사를 일으킬 염려가 있으니 주의해야 합니다.

● 천사의 전송을 받는 꿈은 이 꿈은 자손의 행운을 의미하는 길몽입니다. 아이들로 인한 즐거운 일이 생깁니다.

● 천사의 뒷모습을 보는 꿈은 당신은 이미 신에게 버림을 받았으니 희망은 실현 되지 않고 모든 진행은 중지되고 맙니다.

● 유령의 꿈은 이 꿈을 꾸면 가정의 운이 기울게 되니 주의해야 합니다. 반드시 성령의 역사를 일으키며 치유해야 합니다.

● 악마의 꿈은 악마의 습격을 받거나 상처를 받으면 생명에 관계될 정도로, 흉한 사건이 일어납니다. 역으로 악마와 싸워 이기면 대성공이 약속됩니다.

● 귀신을 때려서 뉘어 버리는 꿈은 정신적인 고민이 사라집니다.

● 도깨비 불의 꿈은 이 꿈은 재난을 만나게 될 흉조입니다.

● 괴물을 억누르는 꿈은 운이 트이는 길조입니다. 다만 괴물에게 살해당하는 꿈은 병에 걸리거나 박해, 방해를 받는 등 괴로움이 비롯될 흉조입니다.

● 괴물이 집에 들어오는 꿈은 집안에 가정불화가 생기거나 손재수가 있게 됩니다.

● 선황당. 돌탑은 무당이나 우상숭배가 있다는 것입니다. 회개하고 치유해야합니다. 성령의 지배와 장악을 당해야 해결됩니다.

● 민족 전통의상 도구의 꿈은 우상 숭배를 했다는 의미입니다. 회개하고 치유해야합니다.

● 흰 고무신을 신는 꿈은 감옥에 갈 일이 생기는 흉몽입니다.

● 큰 무덤의 꿈은 권세를 의미하는 꿈입니다. 반대로 혈통으로 대물림되는 영적인 문제 일 수도 있습니다.

● 작은 무덤의 꿈은 새로운 변화와 거듭남, 자아가 죽는다는 뜻입니다.

● 족쇄, 끈 줄에 묶여 있는 꿈은 영적인 묶임을 알려주는 꿈입니다. 성령으로 세례받고 성령충만을 받아야 해결이 됩니다.

● 다리가 끊어지는 환상, 무너지는 환상은 이혼, 관계가 끊어짐을 나타내는 꿈입니다.

● 십자가가 금이 가거나 부서지는 환상은 사역에 분열이나 어려움이 온다는 예지몽입니다.

● 담장이 보이고, 그 속에 갇혀있는 꿈은 자신의 생각 속에 갇혀있거나 실제 상황이 어려운 환경에 처할 수 있다는 것입니다.

● 책의 꿈은 공부하라는 뜻입니다. 성경책은 성경공부를 하라는 뜻입니다.

● 강대상에서 설교하는 꿈은 사역자로 부름, 그러나 강대상도 위, 아래인가 구분됩니다. 아래는 평신도 지도자 뜻입니다.

● 돼지를 토해내는 꿈은 내적치유하라는 것입니다.

● 우물을 파 내려가는데 암반이 나오는 꿈은 사역이 어려워진다는 뜻입니다.

● 꽃이 핀 대파를 보는 꿈은 교만이나 쓸모없는 묵은 신자들의 의미합니다.

● 빛이 두 개가 네 개로 나누어지는 꿈은 사역의 확대발전을 의미하는 꿈입니다.

● 흰옷을 입는 꿈은 속죄와 거듭남을 나타내는 꿈입니다.

● 보혈의 피가 옷에 뿌려지는 꿈은 속죄나 종으로 부르심을 나타내는 것입니다. 예수로 옛사람을 죽이라는 뜻입니다.

● 단단한 바위로 모자이크 된 바닥에서 한 조각이 들려지며 물이 솟아나는 꿈은 어려운 상황에서 기도로 돌파구가 열린다는 것입니다. 성령으로 기도하면 돌파구를 열수있는 지혜가 생깁니다.

● 집이나 사업장에서 구렁이가 나가는 꿈은 어려움이 해소된다는 것입니다.

● 구렁이가 잘려지거나 자라버리는 꿈은 마귀와 대적하여 승리. 그러나 잘려지고 난 후, 꿈틀거리면 마지막 반항이 있으니 방심하지 말아야 합니다.

● 어떤 먹는 음식이 반쪽만 보이는 꿈과 붕어빵이 반쪽만 보인다면, 이익이 절반밖에 안됨, 사업을 시작하지 말라는 뜻입니다.

● 일정한 그림이 보이지 않고 복잡한 그림의 꿈은 마귀의 역사가 많다는 것입니다.

● 어떤 줄이나 체인 같은 것이 떨어질락 말락 달랑거리는 꿈은 한계상황, 빈곤, 휴식과 재충전이 필요하다는 것입니다.

● 터널에서 나오는 꿈은 어려운 사정에서 벗어남을 뜻합니다.

● 몸 안에 동물이 보이는 꿈은 거의 육적인 질병이나 영적이 상태를 보여주는 꿈 입니다.

● 상대를 위해서 기도할 때 전체적으로 어떤 동물이 보이는 꿈은 그 사람의 성격을 나타날 때가 있고, 그 사람에게 역사하는 마귀의 실체를 보여주는 것입니다.

● 녹이 슨 쇠나 도구의 꿈은 죄나 허물을 뜻합니다. 회개하고 치유해야 합니다.

12장 심리적인 꿈을 해석하는 비결

(욥기 33: 15~17)"사람이 침상에서 졸며 깊이 잠들 때에나 꿈에나 밤의 이상 중에 사람의 귀를 여시고 인치듯 교훈하시나니 이는 사람으로 그 꾀를 버리게 하려 하심이며 사람에게 교만을 막으려 하심이라"

심리적인 꿈이란 자신이 평소에 간절하게 생각하고 고민하는 것이 꿈에 이루어지거나 보이는 것을 말합니다. 자신이 평소에 사모하는 것을 자신의 무의식이 만들어 내는 꿈, 따라서 자기 자신이 가장 잘 해석할 수 있는 꿈을 말합니다. 이는 자신이 소원하는 것이 이루어지기도 합니다. 걱정하는 것이 꿈에 그대로 이루어지기도 합니다. 마음에 생각하고 그리는 것이 꿈에 성취되기도 합니다. "일이 많으면 꿈이 생기고 말이 많으면 우매자의 소리가 나타나느니라."(전도서 5:3). 말씀에서 처럼, 마음과 심정이 복잡하고 일이 많으면 꿈을 많이 꿉니다. 그런 삶의 상황이나 심리를 나타내주는 심리적인 꿈은 자기 자신이 가장 잘 해석할 수 있는 꿈입니다. 왜냐하면 꿈을 꿨을 때 꿈에서의 분위기나 느낌, 세세하고 부수적인 부분까지도 해석의 힌트가 될 수 있고, 그러한 것은 자기 자신만이 가장 잘 알 수 있고, 다른 사람에게 그런 것까지 설명하기 어렵기 때문입니다. 심리적인 꿈은 우리의 생각으로 곰곰이 이리저리 생각해보고 자신의 현재의 삶과 마음을 깊이 되돌아본다면 자신의 최근 생각이나 감정이나 정서의 어떤 부분 때문에 이런 꿈을 꾸게 되는 구나를 깨닫게 됩니다. 그런 것을 기초로 해석하면 된다고 봅니다. 심리적인 꿈은 영적인 꿈과 다르지만, 심리적인 꿈도 해석을 하게 되면 어느 정도 자신에게 유익이 됩니다.

그리고 여기서 말씀 드리는 심리적인 꿈은 꿈을 꾼 다음에 상당히 기억에 남는 심리적인 꿈을 말씀드리는 것입니다. 심리적인 꿈이지만 영적인 꿈처럼 상당히 마음에 남는 경우가 있습니다. 그런 꿈들을 영적인 꿈들로 착각할 때도 있는데, 영적인 꿈과 다른 점은 심리적인 꿈은 자신의 깊은 의식 혹은 무의식 가운데서 만들어져 나온 것이기 때문에, 자신의 생각으로 해석이 가능하고, 어떤 내면 깊은 곳의 심리가 상상력과 더해져서 비현실적인 내용으로 나타난 꿈이라는 것입니다. 그래서 꿈을 곰곰이 생각하다보면 꿈이 이해되고 풀리게 됩니다.

심리적인 꿈은 우리 자신의 혼적인 영역 안에서 만들어진 꿈이기 때문에, 우리의 생각과 혼으로 해석이 되는 것입니다. 그러나 영적인 꿈은 성령이 만들어 넣어주신 꿈이기 때문에, 우리의 생각만으론 해석이 되지 않습니다. 심리적인 꿈은 자신도 잘 알지 못했던 자신의 깊은 속마음을 비춰주는 거울 같은 역할을 하기 때문에 기억이 남는 꿈일 때는 해석을 하는 것이 자신을 돌아보는 계기도 되고 자신에게 유익이 됩니다.

첫째, 너무 무시하고 간과하지 말아야 하는 꿈. 하지만, 항상 억매이지도 말아야 하는 꿈을 말합니다. 꿈에 대한 성도들의 반응은 대체로 두 가지 인 것 같습니다. 보수적인 교회를 다니는 성도들은 꿈 이야기를 하면 비웃기도 하고, 꿈이나 꿈 해석은 모두 다 불신자들이나 믿는 미신적인 것처럼 여기기도 합니다. 하지만 분명히 성경에는 꿈을 통해 말씀하시고 예언하시는 하나님에 대해 기록되어 있습니다. "사람이 침상에서 졸며 깊이 잠들 때에나 꿈에나 밤의 이상 중에 사람의 귀를 여시고 인치듯 교훈하시나니 이는 사람으로 그 꾀를 버리게 하려 하심이며 사람에게 교만을 막으려 하심이라(욥기 33: 15~17)" 그리고 많은 믿음의 조상들이 꿈을 통해 인도함을 받기도 하고, 꿈을 통해 하나님을 만났습니다.

"꿈에 본즉 사닥다리가 땅 위에 섰는데 그 꼭대기가 하늘에 닿았고 또 본즉 하나님의 사자가 그 위에서 오르락내리락하고(창세기 28:12)" "요셉이 꿈을 꾸고 자기 형들에게 고하매 그들이 그를 더욱 미워하였더라(창세기 37:5)" "이 일을 생각할 때에 주의 사자가 현몽하여 가로되 다윗의 자손 요셉아 네 아내 마리아 데려오기를 무서워 말라 저에게 잉태된 자는 성령으로 된 것이라(마태 1:20)" 그러나 무엇보다도 말세를 살아가는 우리 성도들에게 도전을 주는 꿈에 관한 말씀은 사도행전에 말씀일 것입니다. "하나님이 가라사대 말세에 내가 내 영으로 모든 육체에게 부어 주리니 너희의 자녀들은 예언할 것이요 너희의 젊은이들은 환상을 보고 너희의 늙은이들은 꿈을 꾸리라(사도행전 2:17)"

분명히 요엘서와 사도행전에서는 우리에게 성령을 부어주시며 꿈을 꾸고 환상을 보고 예언하게 하신다고 말씀하고 있습니다. 꿈은 분명히 하나님께서 우리에게 말씀하시는 음성의 한 형태인 것입니다. 그렇기 때문에, 무조건 꿈을 터부시하고 무시하는 태도는 옳지 못합니다. 우리는 내적음성을 듣거나, 환상을 보거나, 성령의 감동을 받는 것 등과 마찬가지로 꿈을 통한 성령님의 말씀하심과 인도하심을 주의해서 듣고 해석할 필요가 있습니다.

그러나 꿈에 대한 정반대적인 태도로 위험한 경우도 있습니다. 그것은 꿈을 분별하지 않고 모든 꿈을 하나님의 말씀하심과 음성으로 여기려 하는 태도입니다. 그것은 치우침입니다. 주님은 여러 가지 다양한 방법과 통로로 우리에게 말씀하시길 기뻐하시는 데, 그저 꿈을 많이 꾼다고 하여서 또는 기억에 남는 꿈을 자주 꾼다고 해서 오로지 꿈을 통해서만 주님의 음성을 듣고 이해하려 하는 경우입니다. 창조주 하나님은 온 우주와 피조물을 다양하고 광대하게 만드신 것만큼 우리에게 다양한 방식과 매일 새로운 방법, 또 창조적 방법과 예측할 수 없는 여러 가지 통로로 말씀하시길 기뻐하십니다. 기록된 성경말씀, 내적 음성, 양심, 내적 확신과 평안, 성령의 감동, 들리는 음성, 환상, 입신, 예언, 우연한 사건과 상황, 천사, 주님의 현현 등등 주님의 말씀하시는 방법은 이렇게 다양할 수 있습니다. 꿈은 주님의 음성을 듣는 여러 형태 중 한가지일 뿐인 것입니다. 꿈을 많이 꾼다고 해서 모든 꿈에 주의를 기울일 필요는 없습니다. 기억에 남는 꿈이 많다고 해도 마찬가지 입니다. 기억에 남는 꿈이 다 영적인 꿈은 아닙니다. 분명 성경말씀에도 그런 주의를 주는 구절이 있습니다. "일이 많으면 꿈이 생기고 말이 많으면 우매자의 소리가 나타나느니라(전도서 5:3)"

우리가 꾸는 많은 꿈은 우리 자신 안에서 만들어지는 불필요한 소음일 때가 많은 것입니다. 그런 꿈들까지 불필요하게 우리가 다 신경 쓸 필요는 전혀 없습니다. 꿈을 무시하지도, 꿈에 너무 억매이지도 마십시오. 다만 지혜롭게 잘 분별하시고, 꿈이 분명히 성령이 주신 것이라면 놓치지 마십시오. 하나님이 알려주셔야 해석할 수가 있는 것입니다. "오직 은밀한 것을 나타내실 자는 하늘에 계신 하나님이라(단2:28)" "내게 이 은밀한 것을 나타내심은 내 지혜가 다른 인생보다 나은 것이 아니라 오직 그 해석을 왕에게 알려서 왕의 마음으로 생각하던 것을 왕으로 알게 하려 하심이니이다(단 2:30)"

꿈을 주신 이가 하나님이시라면 해석의 지혜도 하나님께서 주십니다. 주님을 신뢰하고 의지하고 기다릴 줄 아신다면, 누구나 꿈을 해석하고 꿈을 통한 주님의 음성을 분명히 깨닫고 인도함을 받는 유익을 누리게 되실 것입니다.

둘째, 사람의 심리가 만드는 꿈. 서울에서 목회하시는 사모님이 한동안 치유를 받으러 다녔습니다. 어느 날 상담을 요청했습니다. 내용은 이렇습니다. 자신이 며칠 전에 한 꿈을 꾸었는데 자신이 아이들을 잊어버려서 울고 다니면서 찾다가 찾지 못하고 꿈에서 깨어났다는 것입니다. 이 꿈을 꾸고 자꾸만 불길한 생각이 들고 두려워서 견딜 수가 없다는 것입니다. 그래서 제가 성령님에게 질문을 했습니다. 성령님! 대관절 이 꿈이 무슨 꿈입니까? 하고 문의를 했습니다. 그랬더니 이렇게 감동을 했습니다. 사모에게 평소에 자녀들이 잘못되면 어쩌나 하고 걱정을 하는가 물어보라는 것입니다. 그래서 사모에게 "사모님 평소에 아이들이 잘못되면 어쩌나 하고 걱정을 많이 합니까?" 예~ 맞습니다. 사모님 걱정하지 마세요. 평소에 아이들이 잘못되면 어쩌나 하고 걱정을 하니까, 사모님의 심리가 그런 꿈을 만들어 낸 것입니다. 걱정하지 마시고 평안하게 지내세요. 그래서 아무런 일도 없이 몇 개월 치유를 받으러 다녔습니다. 지금 대전에서 목회를 잘하고 계십니다.

집사님이 치유를 받으러 왔다가 상담을 요청하였습니다. 내용은 이렇습니다. 자신이 얼마 전에 꿈을 꾸었는데 자신이 큰 5층짜리 집을 사서 이사를 했다는 것입니다. 그래서 1층은 자기가 살고, 2층은 자기 시숙을 주어서 살게 하고, 3층은 자신의 언니에게 들어와 살게 했다는 것입니다. 4층은 시어머니가 살게 했고, 5층은 자신의 친정어머니에게 들어와 살게 했다는 것입니다. 그러면서 이 꿈이 무슨 꿈이냐고 저보고 해석을 요구하는 것입니다. 그래서 성령님! 이것이 무슨 꿈입니까? 하고 질문을 했더니 집사에게 물어보라는 것입니다. 평소에 어떻게 기도를 하는가 말입니다.

그래서 집사에게 물었습니다. 평소에 기도제목이 무엇입니까? 그랬더니 자신이 기도하는 것은 5층짜리 집을 사서 여러 사람들과 같이 살게 해달라고 기도를 한다는 것입니다. 그래서 제가 집사님이 기도를 그렇게 하니 집사님의 심리가 꿈을 만들어 낸 것입니다. 조금 더 치유를 받으시고 앞으로는 어떻게 하면 하나님을 기쁘시게 할까 하는 건전한 제목을 가지고 기도를 하라고 권면을 했습니다. 많은 성도들이 심리적인 꿈을 꾸고 응답이라고 우기는 경우가 많이 있습니다. 심리적인 꿈도 치유에는 유익합니다.

한 형제가 새 팀장으로 임명되는 꿈을 꾸고는 아주 신나서 회사에 출근했는데 마침 그 날 조직개편이 있었습니다. 그는 두근거리는 가슴을 안고 큰 기대를 했는데 아니, 다른 사람이 새 팀장에 임명되는 것이 아닙니까! 그는 도대체 이 꿈을 어떻게 해석해야 될지 모르겠다며 몹시 의아해 했습니다. 우리가 이런 꿈을 꾸면 당연히 큰 기대를 하게 됩니다. 그런데 결론적으로는 꿈꾼 사람의 심리적인 기대감을 반영한 심리 꿈으로 판명된 셈입니다.

어떤 집사가 "제가 기도하러 어느 교회에 갔는데 거기는 장사하는 식당이었습니다. 저는 남편과 함께 오이를 몰래 따먹고는 '다음에 다시 정식으로 음식을 먹겠다' 하고 돌아서서 집으로 왔습니다. 당시 제 마음에는 심한 변동이 있었습니다. 교회를 옮기고 싶었으나 혹시라도 하나님 앞에 죄가 될까봐 망설일 때였거든요." 이 꿈도 심리적인 갈등을 그대로 반영하고 있습니다. 다른 교회로 옮겨서 마음껏 영적인 양식을 먹고 싶으면서도 한편으로는 오이 하나 정도만 훔쳐 먹는 시도로 끝나는 심리를 반영한 꿈입니다.

이렇게 우리가 꿈을 통해서 우리 자신의 심리상태를 점검하고 그래서 더 바른 방향으로 나아갈 수 있다면 심리적인 꿈도 상당한 유익과 의미가 있다고 할 수 있습니다. 우리의 심리가 바르게 교정되면 주님과의 소통이 보다 원활하게 될 것이기 때문입니다. 그러나 우리가 조심해야 할 것이 있습니다. 우리는 심리적인 꿈을 심리적인 것으로 바로 분별하고, 그래서 심리적인 꿈답게 해석할 수 있어야 할 것입니다. 꿈 중에는 건강하지 못한 심리가 만들어내는 미숙한 꿈이 많기 때문입니다. "꿈이 많으면 헛된 것이 많고 말이 많아도 그러하니 오직 너는 하나님을 경외할지니라(전5:7)" 심리적인 꿈은 심리적인 것으로 풀어야 합니다. 심리적인 꿈을 미래적인 꿈이나 영적인 꿈으로 풀어서는 안 될 것입니다. 그러기 위해서 우리는 우리가 자주 꾸는 심리적인 꿈을 잘 분별할 수 있는 통찰력을 길러야 하겠습니다.

어느 교회 사모님이 성도로부터 꿈에 대한 상담을 받은 내용입니다. 이 성도가 지난밤에 꿈을 꾸었는데 말을 타고 서울 시내를 여기저기 돌아 다니는 꿈을 꾸었다고 무슨 뜻이냐고 사모님에게 문의하여 왔습니다. 해결하지 못한 사모님이 필자에게 해석을 요구하셨습니다.

이 꿈은 사람의 심리가 만들어낸 꿈입니다. 제가 사모님에게 그 성도님이 훌훌 털고 집안을 떠나 서울 시내를 돌아다니면서 구경하고 싶은 마음이 있을 것이라고 하며 한번 물러보라고 했습니다. 그랬더니 그 다음 주에 오셔서 성도에게 물어보았더니 맞는다는 것입니다. 당시 그 여 성도님은 아이들이 한 살짜리 남자아이 세

살짜리 여자아이가 있어 꼼짝을 못하고 집안에서 틀어박혀 살아야 하는 형편이라 한번 아이들에게서 해방 받고 서울에 가서 구경을 하고 싶은 마음이 자주 든다는 것입니다.

이 여성도가 마음에 그런 생각을 품고 있으니 그와 같이 꿈에 말을 타고 서울 시내를 다닌 것입니다. 말은 세상 마귀적인 짐승으로 좋지 못한 것입니다. 영적으로도 치유가 필요한 성도입니다.

셋째, 꿈 해석에 대한 오해. 반드시 영적인 꿈의 해석은 주님 앞에 기도함으로 받아야 합니다. 다른 사람이 꾼 영적 꿈도 마찬가지입니다. 영적인 꿈의 해석은 성령님께 달려있습니다. 그러므로 전적으로 영적 꿈에 대한 해석은 전적으로 성령님을 의지해야 합니다. 주님 무슨 뜻입니까. 가르쳐 주세요. 주님을 의지합니다. 성령의 뜻과 생각을 알려주세요. 라고 기도합니다. 그러면 응답이 즉각적으로 올 때도 있지만, 어쩔 때는 응답이 즉각 오지 않아 기도 후 주님께 맡기고 잊어버립니다. 그러면 몇 시간 후, 양치하다가, 용변을 보다가, 다른 일하다가도 갑작스런 감동과 해석이 떠올라 해석이 되는 경우가 많습니다. 또 해석은 일주일이 걸린 경우도, 한 달이 걸린 경우도 저에겐 있었습니다.

물론 일주일 동안 꿈을 해석하기 위해 머리를 싸매며 무슨 뜻일까 계속 고민했다는 뜻이 아니라, 주님께 맡기고 그냥 저의 할 일을 성실히 하며 믿음 가운데 기다리는 데 일주일 후나 어느 시간에 갑작스럽게 성령님께서 알게 하셨다는 것입니다. 해석은 말씀을 읽거나 설교를 듣다가도 옵니다. 목사님의 설교 중에 하신 한 문장의 메시지가 내 꿈 한 장면의 명료한 해석이었던 적도 있었습니다.

그러므로 한 가지 오해와 이런 생각은 버리셨으면 합니다. 영적인 꿈을 우리의 생각으로 심사숙고해서 해석하겠다는 생각과 성경말씀을 통해 영적인 꿈 해석을 모두 찾는다는 생각 말입니다. 영적인 꿈은 우리가 머리를 싸매고, 성경 속에서 말씀 속에서 상징성과 비유를 찾고 열심히 연구한다고 해서 해석되는 것이 아닙니다. 물론 성경말씀을 통해 해석되는 경우도 있습니다. 전혀 그렇지 않다는 뜻은 아닙니다. 그런 우리의 노력과 해석에 대한 씨름으로 어쩜 그럭저럭 해석은 될지 모르지만, 그런 해석은 이상하게 마음에 다 꽉 차지 않고, 뭔가 석연치 않다는 느낌을 줍니다.

그러나 성령님께서 직접 우리에게 뜻을 계시해 가르쳐 주실 때는 그 해석은 완전하게 우리 영을 시원하게 해줍니다. 그리고 성령이 주신 꿈 해석을 보면 성경에서 어떤 단어에 대한 상징성이 천편일률적으로 똑같이 꿈 해석에 적용되는 것도 아닌 것을 알게 됩니다.

왜냐하면 한 단어가 가질 수 있는 상징성은 한 가지만은 결코 아니기 때문입니다. 하나님께서 창조적인 것처럼, 꿈에서 어떤 단어의 상징성 또한 다양하고 창조적이며 새로울 수 있음으로 인해 놀라게 됩니다. 그래서 주님이 주시는 해석은 정말 창조적이고, 자신의 제한적인 지식과 지혜를 의지한다면 결코 알 수 없는 것일 때가 많습니다. 그리고 우리의 꿈에 등장하는 소재들과 사물들은 우리의 일상생활의 삶으로 표현되는 것이기 많기 때문에, 성경에는 전혀 나오지 않는 소재가 등장하는 경우가 무수히 많습니다. 그래서 성경에서 꿈 해석의 모든 해답을 다 찾을 수는 없습니다. 꿈속에서 핸드폰이 등장한다면 그것을 성경에서 상징성을 찾을 수 없는 것이기 때문입니다. 우리 자신의 심사숙고와 해석에 대한 씨름이 필요한 꿈은 심리적인 꿈입니다. 우리의 깊은 심리에 의해 꿔진 꿈은 우리의 생각으로도 충분히 풀리고 해석이 되어 집니다.

넷째, 심리적인 꿈도 유익하다. 어느 목회자는 자주 꿈속에서 죽은 부친을 장례하는 꿈을 꾸는데 꿈속에서 자세히 보니 살아있는 부친을 장례하는 꿈을 꾸며 마음속에 괴로워한다고 했습니다. 이것은 아버지에 대한 분노가 무의식에 있어 아버지가 죽었으면 좋겠다는 심리가 있다는 것입니다. 깊은 차원의 내적치유가 요망됩니다. 누군가를 죽이는 꿈은 억압된 분노의 표출을 뜻합니다. 우리는 그러한 본능을 무시하거나 억압하지 말고 건전하게 표출할 수 있어야 합니다.

거절하지 못하는 사람이 이런 꿈을 꾸게 됩니다. 이런 꿈을 꾸는 사람은 건강하고 의로운 분노를 적당하게 터트리는 법을 배워야합니다. 또한 정당하게 거절하는 법도 배우고 그런 능력도 길러야합니다. 직접 거절 하는 법을 배우지 못한 사람은 다른 사람의 도움을 받아 거절해야 합니다.

꿈에서 상대방에게 공격적이었다(죽였다)면 그 상대방에 대한 무의식적인 분노나 질투가 표현되어 있는 것입니다. 꿈속에 나타난 대적 자는 내안에 있는 그림자를 드러내줍니다. 그림자는 내가 직면하고 싶지 않은 나 자신의 어둡고 악한 측면입니다. 우리 내면의 깊은 곳에 잠재의식 속에 억압된 파괴적인 본능 악마적인 요소, 유치한 특성, 결점, 열등감, 분노, 반항심이 그림자를 형성합니다. 우리는 꿈을 통해 우리자신의 그림자와 화해함으로써 그림자의 폭동을 예방하고 그림자의 에너지를 긍정적으로 활용할 수 있을 것입니다.

우리는 종종 남에 대한 꿈을 꾸는데 이런 꿈을 해석할 때에는 조심해야 합니다. 이런 꿈은 타인에 관한 정보를 알려주는 꿈이라기보다는 꿈꾼 사람의 내면에 숨어있는 그림자 자신의 또 다른 인격에 대한정보를 알려주는 꿈입니다. 그러나 아주 영적인 사람은 그 부분보다는 영적으로 풀어야합니다. 영적인 사람은 심리학적인부분보다는 하나님과 영계에 대한 꿈일 가능성이 많습니다.

꿈에서 잘 아는 사람이 등장하면 그 사람의 특성에 어울리는 꿈꾼 자신의 특성을 살펴야합니다. 등장한 인물이 강한사람이라면 꿈꾼 자신이 공격적인 강한사람입니다. 꿈꾼 자신의 강한 내면이 표현된 것으로 볼 수 있습니다. 무의식속에 억압되어 있던 과거의 상처를 회상시켜주는 꿈도 있습니다. 우리는 이런 꿈을 통해 치유 받아야 할 과거의 상처가 있다는 것을 깨닫게 됩니다.

꿈에서 전혀 모르는 사람이 등장하면 그 사람은 꿈꾼 사람의 어두운 그림자를 반영하는 것일 수 있습니다. 그림자는 무의식 내면에 있는 억압된 인격으로서 불안하고 두려운 존재로 등장하기도 하지만, 강하고 적극적인 존재로 등장하기도 합니다. 꿈꾼 자신이 그림자를 인정하고 용납하면 그림자는 긍정적인 조력자가 될 수 있지만, 무시하고 억압하면 위협적인 세력이 됩니다.

싸우는 꿈은 가정이나 직장에서의 갈등을 나타납니다. 본능적인 욕구와 사회적인도덕사이의 갈등을 나타내는 것일 수도 있습니다. 우리는 싸우는 꿈을 통해 갈등의 요소들을 화해시키는 방안을 찾을 수 있습니다. 꿈속에서 귀신이 나타나거나 귀신과 싸우거나 이기는 꿈을 꾸는 사람이 있습니다. 귀신자체일 가능성이 매우 높습니다. 심리학자들은 심리적이라고 하지만 절대 아닙니다. 실제 귀신은 있습니다. 귀신이 없다면 무당은 없습니다. 무당이 있고, 귀신도 있고, 그렇다면 귀신은 사람을 죽이고 빼앗고 멸망시키는 존재입니다. 반드시 찾아내서 축귀해야 합니다. 저는 꿈을 해석하여 축귀사역 할 때 참고하고 있습니다. 축귀에 대하여는 **"귀신축사 속전속결"** 책을 참고하시기를 바랍니다. 지하실로 들어가는 꿈은 우리가 직면하고 싶지 않은 무의식의 깊은 곳을 적절하게 드러낼 것을 요구하고 있습니다. 어떤 곳에서 달아나는 꿈은 생활에서 그것을 두려워하고 있다는 것을 드러내줍니다.

절벽에서나 다리에서 떨어지는 꿈은 실생활에서 또는 무의식에서 두려움과 공포가 있기 때문, 또한 추락하는 꿈은 자만심이나 교만한 행동으로 인해 초래될 수 있는 비참한 결과를 경고하는 것일 수도 있습니다. 하기 싫은 일을 하거나 원하지 않는 상황으로 끌려가는 꿈은 하나님과의 새로운 관계, 무의식과의 새로운 관계나 자신의 변화를 촉구하고 있습니다.

많은 사람들 앞에서 나체로 몹시 부끄러워하는 꿈은 감정표현을 두려워하는 나, 타인과의 인간관계가 개방적이지 못하나 회개하지 못하고 죄책감으로 괴로워하는 나를 상징합니다. 사람들 앞에서 벌거벗고는 창피해 어쩔 줄 몰라 하는 꿈은 마음속의 부끄러운 죄를 씻어야 함을 밝혀줍니다. 괴로웠던 학창시절로 되돌아가는 꿈은 지금의 상태에 안주하지 말고, 더 전진하고, 한계에 도전하라는 격려의 메시지를 주는 것으로 볼 수 있습니다. 시험에 불합격하는 꿈은 현실에서 해결되지 않은 불안을 나타냅니다. 꿈에서 자신이 죽는 것은 과거의 낡은 가치관이나 습관 잘못된 야심을 버리고 새로운 가치관을 향해 나아가라는 메시지를 담고 있습니다. 여행을 떠나는 꿈은 자유에 대한 갈망, 부정적인 태도를 버리는 것, 새로운 가치관이나 생활방식을 갖는 것을 의미합니다.

화장실에서 온갖 어려움을 당하는 꿈은 주로 여성들이 꿉니다. 남성들이주로 군대에서 어려움을 당하는 꿈을 꾼다면 , 여성들은 용변으로 인하여 부끄러움을 당하는 꿈을 꾸곤 합니다. 이런 꿈을 꾼다면 사람의 심리적인 스트레스가 상당하다는 것을 드러내줍니다. 성령으로 무의식을 내적치유를 받으면 좋습니다.

학창시절로 되돌아가서 시험을 보는 꿈이나 아무리 전화하려고 해도 잘 안 되는 꿈도 전형적인 스트레스 꿈입니다. 남 녀 구별

없이 꾸는 스트레스 꿈으로는 신발을 잃고 당황해 하는 꿈입니다. 말씀과 성령으로 내적치유를 하여 심령을 정화할 필요가 있습니다. 신발을 사는 꿈은 새로운 출발을 위한 준비입니다.

결혼식 하는 꿈은 그만큼 힘들었던 과거의 경험이 현재의 심리적인 압박을 반영해 결혼식 하는 그런 꿈으로 재현되면서 새로운 출발을 예견하는 꿈으로 해석하면 좋을 것입니다.

무엇보다 주님을 바라보면서 찬양하고 말씀과 성령으로 깊은 차원의 치유를 하며 기도하면 어느 새 복잡다단하던 심리가 정돈됩니다. 우리의 혼란스럽고 강박적인 심리는 꿈의 스토리를 자꾸 비극적인 방향으로 몰고 가려고 하지만 가장 뛰어난 상상력의 주인공이신 우리 주님은 우리의 심리를 평안하게 정돈시켜 주실 뿐만 아니라 아주 창조적인 상상력으로 채워 주십니다. 주님이 우리의 마음에 상상력을 불어넣어 주시기만 하면 우리의 생각도, 상상도, 꿈도 아주 충만하고 아름다운 것으로 바뀌게 됩니다.

자동차가 저수지 같은 물에 빠진 꿈입니다. 직장에서 업무처리에 어려움을 겪고 있습니다. 직장동료(좋은 관계 아님)와 함께 자동차를 타고 가고 있었습니다. 직장동료가 운전을 하고 제가 옆자리에 동승하였습니다. 갈대밭 같은 곳을 지나면서 직장동료는 갑자기 속도를 냈고 저는 차 위로 (오토바이를 탄 것처럼, 차지붕이 있다는 느낌이 없는) 차에서 날아올라 착지했습니다. 신기하게 하나도 다치지 않았고, 오히려 후련하고 다행이라는 생각이 들었습니다. 그리고 보고 있으니 제 동료는 저수지 앞에 서있는 차를 밀면서 저수지 속으로 빠져버렸습니다. 죽는 것까지는 아니었어도 잘못됐기를 바란 마음이 있었던 것 같습니다.

하지만 얼마 후 제 동료는 물에서 첨벙첨벙하면서 걸어 나왔습니다. 다행이면서 아닌 것 같기도 하는 기분으로 꿈을 깼지만 너무 생생해서 꿈 해몽을 부탁드립니다. 제가 조금 급해서 빠르고 속 시원한 해몽 부탁드립니다. 이 꿈은 심리적인 꿈입니다. 직장 동료와 경쟁관계에 있어서 항상 잘못되기를 원하고 있었기 때문에 그런 꿈을 꾼 것입니다. 마음을 다스리고 안정을 찾는 것이 좋습니다. 성령으로 상대에 대한 나쁜 감정을 치유해야 합니다.

다섯째, 꿈을 통한 내면의 목소리를 경청하라. 우리가 꿈을 꾸다 보면 꿈속에서 어떤 음성이 들리기도 합니다. 그냥 목소리만 들리는 경우도 있고 얼굴을 잘 파악할 수 없는 사람이 말하는 경우도 있습니다. 우리는 꿈속의 목소리에 귀를 기울임으로써 보다 나은 방향으로 우리의 인생을 재조정할 수 있습니다.

꿈은 미신이 아닙니다. 오늘의 운세도 아닙니다. 복권 사재기도 아닙니다. 꿈은 우리 내면의 깊은 곳에 잠재돼 있는 성공의 지혜를 쫙 펼쳐 보이는 최첨단 동영상입니다. 목표가 무엇입니까? 그것을 달성하는 길이 어디 있습니까? 절절한 기대감을 가지고 잠자리에 드십시오. 꿈이 내면에 숨어 있는 성공의 지혜를 퍼 올려 줄 것입니다. 너무나 꿈에 심취해서도 안 되고 꿈을 무시해서도 안 될 것입니다.

13장 잠재의식의 상태를 알려주는 꿈 해석

(전도서 5:3)"일이 많으면 꿈이 생기고 말이 많으면 우매자의 소리가 나타나느니라."

누구나 잠을 잘 때는 꿈을 꿉니다. 다만 어떤 꿈은 기억되지 않을 뿐입니다. 잠자는 동안에는 뇌의 기억 메커니즘이 기능을 멈추기 때문에 깨어날 때 언저리의 내용들만 어렴풋이 기억이 나는 것입니다. 꿈은 컬러로 꾼다고 합니다. 꿈속에서 특별히 강렬한 색깔을 경험하지 않으면 대부분 꿈이 흑백이라고 생각합니다. 이는 색깔을 기억하지 못할 뿐이지 꿈이 흑백인 것은 아닙니다.

동물들도 언어나 상징적 사고는 갖고 있지 않지만, 지각, 기억, 감정을 가지고 있다고 추정되기 때문에 꿈을 꿀 수 있는 조건은 갖추고 있습니다. 고양이나 개가 잠자는 동안에 눈동자가 움직이는 것을 보면 꿈을 꾸고 있다고 추정할 만합니다. 다만 우리에게 이야기를 해주지 않으니 확인할 방법이 없습니다.

아이들은 언어와 명제적 사고를 습득하는 시기인 대략 3세부터 내용이 있는 꿈을 꾸는 것으로 알려져 있습니다. 그 후 아이들의 꿈은 점점 더 복잡해져 약 7세가 되면 어른들의 꿈과 비슷한 형식적 특성을 보인다고 합니다.

꿈을 정확히 이해하려면 내용의 상징적 의미에만 매달리지 말고 꿈의 형식을 봐야 합니다. 꿈을 꿀 때 감각기관과 기억영역에서 들어오는 모든 정보를 비교하고 예측하고 판단하는 일을 하는 배외 측 전전두엽에 있는 작업 기억과 주의집중영역이 비활성화 됩니다. 이로 인해 반성적인 사고가 결핍되어, 꿈에서는 시공간이 마구 뒤섞여 있거나 일관성 없이 나열되어 있고, 비논리적으로 이야기가 진행됩니다. 또한 뇌의 운동영역의 출력이 척수를 통해 전달되어야 하는데 잠을 자기 위해 이러한 운동기능도 억제됩니다.

꿈은 체온조절 기능도 있고 기억을 정리하는 기능도 있다고 합니다. 꿈을 꾸는 동안에는 모든 감각기관으로부터의 정보가 차단됩니다. 그러나 내부 지각력은 활성화되기 때문에 꿈에서 경험하는 감정과 감각은 강렬하게 느껴지는 것입니다. 본래 의도가 숨겨지고 위장되는 것이 아니라 오히려 과장되는 경향이 있습니다. 다시 말해서 꿈은 몸과 마음의 상태를 정직하게 알려주는 생물학적 현상에 불과하다는 것입니다. 꿈은 진화과정에서 생존을 위한 필수조건이 되었습니다. 이제 꿈의 내용을 있는 그대로 받아들이는 자세가 필요하다는 생각이 듭니다. 잠재의식을 정화하려면 성령으로 기도를 해야 합니다. 자신 안에 성령으로 채워져야 잠재의식이 정화되는 것입니다. 귀신을 떠나보내려면 성령충만해야 합니다. 성령충만하여 하나님의 나라 성전이 되면 귀신이 떠납니다.

필자는 본 교회에 집회에 참석한 분들이나 성도들에게 이렇게 말합니다. 기도할 때 "건강하게 하여 주시옵소서.", "병을 고쳐주시옵소서.", "귀신을 쫓아내 주시옵소서.", "물질문제를 해결하여 주시옵소서.", "은사를 주시옵소서.", "권능을 주시옵소서." 하는 인간적인 기도를 하지 말라고 합니다. 자신 안에 하나님으로 채워지는 성령으로 기도를 하라고 하십니다. 배꼽 아래에 의식을 두고 숨을 들이쉬고 내쉬면서 "하나님 사랑합니다.", "하나님 도와주세요.", "하나님 감사합니다.", "하나님 용서하여 주옵소서." 이렇게 기도를 하라고 합니다. 이렇게 기도를 하다가 보면 하나님으로 충만하게 채워집니다. 그 다음에 선포하는 것입니다. "건강축복이 임할지어다.", "간에 질병은 치유될지어다.", "더러운 귀신은 떠나갈지어다.", "물질축복이 임할지어다.", "성령의 은사가 나타날지어다." 하나님으로 채워져서 하나님과 관계가 열리면 하나님께서 자신의 상태에 따라 꿈으로 알려주시기도 하십니다. 황홀한 중에 환상으로 말씀하시기도 하십니다. 다른 사람을 통하여 알려주시기도 합니다. 눈으로 보이는 보증의 역사로 말씀을 하시기도 합니다. 문제는 자신 안에 하나님으로 채워지는 것이 중요한 것입니다.

첫째, 꿈은 사람의 무의식상태를 알려준다. 우리는 잠을 자면서 간혹 꿈을 꿉니다. 인생의 반을 잠으로 소모하는 우리 인간들, 우리는 보통 잠을 잘 때 우리 두뇌 역시 휴식을 취한다고 생각하지만, 사실 잠자는 동안에도 인간의 머릿속에서는 엄청난 일들이 일어납니다. 그리고 이러한 두뇌의 활동에 대한 잔상을 우리는 '꿈'이라고 하는 것입니다. 황당하기도 하고, 때론 실제와 같기도 한 꿈은 그저 상상 속의 세계가 아니라 정보를 전달해 주는 일종의 방법이라고 합니다. 무의식이거나 아니면 잠재의식이 가지고 있는 정보를, 우리들의 현실세계에 전달해주기 위한 수단으로 꿈을 꾼다는 것입니다.

모든 사람이 꿈을 꿉니다. 보통 우리가 하루 8시간씩 잠을 잔다면 하루에 30분 내지 1시간에 걸쳐 5-6회 정도 꿈을 꾼다고 합니다. 꿈을 꾸어도 기억하지 못하는 사람이 있습니다. 그래서 전혀 꿈을 꾸지 않는 것으로 오해합니다. 우리가 하루에도 여러 번 꿈을 꾸는데 기억되는 것은 대개 잠에서 깨기 직전의 꿈입니다. 이 마지막 꿈은 여러 가지 꿈을 하나로 요약해 주는 중요한 꿈이라고 볼 수 있습니다.

심층심리학에 따르면 꿈은 우리가 잠잘 때 의식의 힘이 약해진 틈을 타서 의식의 수면 위로 떠오른 무의식의 내용입니다. 그렇기 때문에 우리는 꿈을 통해 우리 자신의 무의식을 잘 이해할 수 있게 됩니다. 우리가 꿈을 무시하면 우리의 심층심리를 알 수 없습니다. 그래서 의식과 무의식을 하나로 통합하는 자기실현의 기회를 상실하게 됩니다. 꿈은 우리의 심층심리를 이해하고 통합하는 데 도움을 줍니다.

꿈은 하나님께서 우리에게 메시지를 전달하시고 우리와 소통하시는 하나의 방식입니다. 우리는 인생의 중요한 고비에서 꿈을 통해 하나님의 음성을 듣습니다. 우리는 꿈 해석을 통해 하나님과 더 깊은 관계를 맺을 수 있습니다. 꿈은 우리가 영적으로 더 일관성 있게 살아갈 수 있도록 이끌어 줍니다. 꿈은 영혼의 언어요, 하나님의 선물이기에 에너지를 내포하고 있습니다. 또 창조적인 생각을 드러내 줍니다.

　꿈은 자기 자신의 보다 정직한 표현이라고 볼 수 있습니다. 그렇기 때문에 꿈을 무시하면 자기실현의 기회를 상실하게 됩니다. 우리는 꿈을 꿀 뿐만 아니라 바르게 해석해야 합니다. 해석되지 않은 꿈은 읽지 않은 편지와도 같습니다. 우리는 꿈을 해석함으로써 우리를 치유하시고 위로하시는 하나님을 만나게 됩니다. 의식과 무의식의 통합을 꾀할 수 있습니다. 우리 내면의 결함을 알게 되고 그것을 수정 할 수 있는 안내를 받습니다. 부정적인 자아상을 벗고 긍정적인 자아상을 갖게 됩니다. 잘못되고 병든 인간관계를 바로 잡게 됩니다. 하나님의 성전으로 살아가게 됩니다.

　불안과 공포의 뿌리를 보고 사랑과 평안과 신뢰를 회복하게 됩니다. 인생의 전환기를 지날 때 격려와 안내를 받음으로써 추락하지 않게 됩니다. 지금까지 깨닫지 못했던 엄청난 에너지의 근원을 만나게 됩니다. 숨어 있는 에너지를 끌어내 위기를 슬기롭게 극복하게 됩니다. 창조적인 지혜와 통찰력을 얻게 됩니다. 인생에서 더욱 중요한 것이 무엇인지 알게 되는 분별력이 생깁니다. 더 이상 방황하지 않고 인생의 궁극적인 목적을 향해 나아가게 됩니다. 하나님의 뜻에 보다 의식적으로 참여하게 됩니다.

　둘째, 꿈은 잠재의식과 마음을 나타내는 전달수단이다. 꿈은 정확하게 미래를 암시합니다. 좋은 꿈은 좋은 암시를 주고 반대로 좋지 않은 꿈은 어려움을 뜻합니다. 꿈은 미래의 정보를 전달해주는 영적인 현상이지만 심리상태에 따라 크게 좌우됩니다. 꿈에 있어서 가장 중요한 것은 어떤 꿈을 꾸느냐 보다도 꿈의 내용이 얼마나 현실로 나타나느냐 중요합니다. 실질적으로 흉한 꿈을 꾸어도 아무 일도 없는 경우가 많습니다. 꿈은 마음과 정신에 큰 영향을 받기 때문이며, 스트레스를 받게 되면 나쁜 일이 일어나지 않아도 나쁜 꿈을 꾸게 됩니다. 가령, 회사에서 큰 스트레스를 받으면, 퇴사를 하는 꿈을 꾸게 됩니다.

또한 꿈을 자주 꾸느냐 그렇지 않느냐에 따라서도 꿈의 길흉은 크게 차이가 납니다. 꿈을 자주 꾸는 사람과 자주 꾸지 않는 사람의 경우, 같은 꿈을 꾸어도 해석이 크게 다릅니다. 꿈을 자주 꾸는 사람은 대수롭지 않은 일이 발생하는 데에도 흉몽을 꿉니다. 반대로 꿈을 잘 꾸지 않는 사람이 흉몽을 꾸게 되면, 좋지 않은 일이 발생할 확률이 높습니다.

우리는 종종 남에 대한 꿈을 꾸는데 이런 꿈을 해석할 때에는 조심해야 합니다. 이런 꿈은 타인에 관한 정보를 알려주는 꿈이라기보다는 꿈꾼 자신의 내면에 숨어 있는 또 다른 인격에 관한 정보를 알려주는 꿈일 수 있습니다. 사실 남에 대한 꿈의 대부분은 꿈꾼 자신에 관한 꿈입니다. 우리 내면에는 여러 인격들이 있습니다.

우리 안에 건방지고 고집불통인 인격이 있을 수 있습니다.

상처 입은 어린 아이의 인격이 있을 수 있습니다.

남을 감싸주고 보살피는 인격이 있을 수 있습니다.

자신이 재일이라는 교만한 인격이 있을 수 있습니다.

이런 인격들이 우리 내면에 뒤엉켜 살고 있습니다.

우리는 이런 내면의 인격들과 익숙해져야 합니다.

이런 인격들이 꿈에서 타인의 모습으로 나타나기 때문입니다.

한 중년 남자가 꿈을 꾸었습니다. 꿈에서 그는 호숫가를 거닐었습니다. 호수 안을 들여다보니 돌 아래에서 다슬기들이 소근 거리고 있었습니다. 호수 안에 훤히 다 보이는데 한 쪽을 보니 수염이 나고, 약간 늙고 좀 고집스러워 보이는 개가 유유히 헤엄을 치고 있었습니다. 다른 쪽을 다소 못생긴 동물이 놀고 있었습니다. 저 쪽에서는 너무 귀여운 곰돌이 푸와 같은 동물이 사랑스럽게 움직이고 있었습니다.

그 때 갑자기 파도가 치면서 두려움이 엄습했습니다. 평화롭기만 하던 호수 안은 순식간에 살기가 감돌았습니다. 그는 아까 보았던 그 귀여운 동물이 죽음 직전이라는 것을 직감적으로 느끼고는 비명을 질렀습니다. 아니나 다를까 몇 초 후에 검푸른 파도가 일렁거리더니, 한 순간에 호수 안은 핏물로 가득했습니다. 악어가 그 귀여운 동물을 덮친 것이었습니다. 그러나 악어는 거기서 멈추지 않고 호숫가를 거닐던 사람들에게도 덤벼들었습니다.

그는 자신을 쫓아오는 악어를 피해 산으로 도망가다가 꿈에서 깨어났습니다. 이 꿈에서 호수는 그 남자의 내면을 상징합니다. 다슬기나 여러 동물들은 그의 내면에서 살고 있는 여러 인격들을 나타냅니다. 다슬기처럼 숨어서 남들과 잘 어울리고, 대화하기를 좋아하는 정겨운 인격도 있고, 못생긴 동물처럼 자존감이 낮은 인격도 있고, 귀여운 동물처럼 사랑스러운 인격도 있고, 악어처럼 끝없이 팽창하고자 하는 돌발적인 인격도 있다는 것입니다.

이런 인격들이 있다가 어느 특정 상황이나 문제에 봉착하면 나도 모르는 분노와 폭력으로 나타나 나만 피해를 입는 것이 아니고, 다른 사람에게까지 피해를 줍니다. 우리는 우리 내면에 있는 여러 인격들을 잘 파악 치유함으로써 우리 자신의 분열을 방지하고 조화로운 통합을 이룰 수 있을 것입니다. 꿈에서 잘 아는 사람이 등장하면, 그 사람의 특성에 어울리는 꿈꾼 사람의 성품을 찾아봐야 합니다. 등장인물이 약한 사람이라면 꿈꾼 이의 약한 내면이 표현된 것이고, 등장인물이 강한 사람이라면, 꿈꾼 사람의 강한 내면이 표현된 것으로 볼 수 있습니다. 꿈에서 전혀 모르는 사람이 등장하면 그 사람은 꿈꾼 이의 어두운 그림자를 반영하는 것일 수 있습니다.

그림자는 무의식의 내면에 있는 억압된 인격으로서 불안하고 두려운 존재로 등장하기도 하지만, 강하고 적극적인 존재로 등장하기도 합니다. 꿈꾼 이가 그림자를 인정하고 용납하면 그림자는 긍정적인 조력자가 될 수 있지만 무시하고 억압하면 위협적인 세력이 됩니다. 무의식 속에 억압돼 있던 과거의 상처를 회상시켜주는 꿈도 있습니다. 우리는 이런 꿈을 통해서 치유 받아야 할 과거의 상처가 있다는 것을 깨닫게 됩니다. 최근에 경험한 일이 꿈으로 재현되는 경우도 있습니다.

꿈에 싸움을 하는 꿈을 자주 꿀 수도 있습니다. 사람들과 다투다가 사람을 잘 때린다든지 잘 맞는 다든지 하는 꿈을 꾸기도 합니다. 욕설을 하고 싸운다든지 하는 꿈들을 자주 꾸는 경우가 있는데, 이런 꿈은 자기 무의식에 심겨진 분노의 상처를 말해주는 것입니다. 성령의 임재 하에 분노의 상처를 찾아서 풀어야 합니다.

치유를 진행하면서 꿈을 잘 꾸는 내용이 무엇인지 물어 볼 필요가 있습니다. 그리고 우리는 갓 지난 일인데 꿈에 나타나면 그 일을 곰곰이 되새김질해 볼 필요가 있습니다. 그러면 전혀 새로운 사실이 발견될 수도 있습니다. 사소한 일을 반영하는 평범한 꿈이라도 관심을 가지고 살펴보면 우리 내면을 정돈할 수 있게 됩니다.

셋째, 뾰쪽, 뾰쪽한 성격을 고쳐라. 어느 서울에 사는 여 집사가 꿈을 꾸었는데 뾰쪽, 뾰쪽한 수정으로 보이는 산들이 보이더니 갑자기 와르르 무너지는 꿈을 꾸고 고민하다가 상담을 해왔습니다. 자신은 가지고 있는 재산이 다 꿈속에 보인 산과 같이 무너질 것이라고 걱정을 하였습니다. 그러나 재산이 아니고 네 마음이 이렇게 뾰쪽, 뾰쪽하니 심령을 치유하라는 내용입니다. 만약 치유하지 않으면 지금까지 쌓아온 재산이 넘어질 수도 있습니다.

한 성도가 꿈을 꾸었는데 자신의 집으로 보이는 마당에 돌과 잡초가 아주 많아 파내고 뽑아내는 꿈을 꾸었다고 합니다. 이것은 자신의 마음에 돌과 가시덤불을 치유라는 하나님의 메시지입니다.

꿈에서 집은 영혼, 인생, 신앙, 가정, 일을 의미하곤 합니다. 집이 깨끗하고 든든하고 꽃이 피어나고 생수가 흐른다면 꿈꾼 사람의 상황이 그렇게 좋다는 것이겠지요. 집이 더럽고 망가지고 지붕이 새고 문이 열리고 짐승이 들어온다면 꿈꾼 사람의 삶에 점검하고 보수해 야 할 것이 있다는 뜻일 수 있습니다.

"오늘 아침에 꾼 꿈이 이상해요. 지금 이사 온 집인데요. 비가 와서 천장과 벽에 물이 다 스며들었어요. 게다가 부엌과 방을 연결하는 문틀 위에 빗방울이 계속 거세게 떨어집니다. 양동이를 갖다 두었는데 물이 차고 넘쳐서 방바닥을 다 더럽혔습니다." 이 경우 집은 자신의 삶을 말해주고 있습니다. 자신의 삶이 억망진창이 되어 천정과 벽이 뚫려서 물이 새고 있다는 꿈의 경고입니다. 이 꿈을 꾼 자매가 전화 상담을 의뢰했기에 전반적인 삶의 수리와 말씀과 성령의 역사에 의한 전문 치유로 영적인 회복이 필요한 것 같다고 권면했더니, 그렇지 않아도 직장을 정리하고 자기 삶과 신앙을 재점검하려던 중이었다고 대답했습니다.

넷째, 인생의 집을 수리하라. 꿈에서 집은 영혼, 인생, 신앙, 가정, 일을 의미하곤 합니다. 집이 깨끗하고 든든하고 꽃이 피어나고 생수가 흐른다면 꿈꾼 사람의 상황이 그렇게 좋다는 것이겠지요. 집이 더럽고 망가지고 지붕이 새고 문이 열리고 짐승이 들어온다면 꿈꾼 사람의 삶에 점검하고 보수해 야 할 것이 있다는 뜻일 수 있습니다.

'오늘 아침에 꾼 꿈이 이상해요. 지금 이사 온 집인데요,

비가 와서 천장과 벽에 물이 다 스며들었어요.

게다가 부엌과 방을 연결하는 문틀 위에 빗방울이 계속 거세게 떨어집니다. 양동이를 갖다 두었는데 물이 차고 넘쳐서 방바닥을 다 더럽혔습니다. 이 경우 집은 자신의 삶을 말해주고 있습니다. 자신의 삶이 엉망이 되어 천정과 벽이 뚫려서 물이 새고 있다는 꿈의 경고입니다. 이 꿈을 꾼 자매가 전화 상담을 의뢰했기에 말씀과 성령으로 전반적인 삶의 치유와 영적인 회복이 필요한 것 같다고 권면했더니, 그렇지 않아도 직장을 정리하고 자기 삶과 신앙을 재점검하려던 중이었다고 대답했습니다.

다섯째, 자신의 영적상태를 알려주는 꿈. '꿈에 이불을 머리까지 둘러쓰고 잠을 자는데 깨어보니 목사님과 성도들이 저를 빙 둘러앉아 예배를 드리고 있어요. 잠시 후 그들이 우리 집안의 가구들을 다 들어내고 청소를 합니다. 방마다 깨끗이 쓸고 닦습니다. 목사님은 맨발로 걸레를 밀기도 합니다. 저는 너무 황송해서 어쩔 줄을 몰라합니다.' 그 당시 그 여성도는 영적으로 잠자는 상태인데 교회 지체들의 도움으로 심령이 깨어나고 깨끗하게 소제된다는 꿈입니다. 이 꿈에서 방은 꿈꾼 사람의 심령이나 삶을 의미할 수도 있습니다.

어떤 여 성도가 꾼 꿈입니다. '새벽기도회에 갔다 와서 잠시 눈 붙인 사이에 꾼 꿈입니다. 우리 집의 천장에 금이 가고 구멍이 나고 바닥에 금이 가고 밟으면 자꾸 부서지더군요.' 이 어느 자매가 꾼 이 꿈은 그녀의 영혼이나 삶의 한 부분에 금이 가고 구멍이 생기는 것과 같은 문제가 발생하고 있다는 암시를 주고 있습니다. 자기 점검과 대비책이 필요하다는 것을 지적하는 꿈으로 볼 수 있겠습니다.

어떤 성도가 꾼 꿈입니다. '우리 집에 하얀 날개에 검은 점이 박힌, 아주 작은 벌레들이 떼를 지어 날아 들어왔습니다. 제가 나가면 같이 나가고 들어오면 같이 들어왔는데 갑자기 온 방이 애벌레 같기도 하고 번데기 같기도 한 벌레 천지로 변했습니다. 벌레는 딱 질색이지만 집게를 들고 봉지에다 주워 담았는데 봉지가 터져서 다시 담다가 깨었습니다.' 여기서 벌레는 꿈꾼 사람의 영혼을 괴롭히는 걱정거리, 골칫거리, 더러운 악한 마귀 귀신의 세력을 상징하는 것일 수가 있습니다. 말씀과 성령으로 영혼의 설거지가 필요하다는 뜻일 수가 있습니다. 이때에는 꿈에라도 에프 킬라 같은 살충제를 뿌려버렸다면 승리한다는 것입니다.

제가 얼마 전에 꿈을 꾸었는데 우리 교회도 같고 집도 같은데 똥파리들이 들어와서 창에도 붙어있고 커튼에도 붙어있어서 에프 킬라를 뿌렸더니 다 죽어 버렸습니다. 승리하였습니다.

어떤 성도가 꾼 꿈입니다. '꿈에서 제가 아주 마당이 크고 햇빛이 잘 들어오는 큰집으로 이사한 것 같았습니다. 넓은 마당에 많은 빨래 줄이 있었고 거기에는 잘 빨아 늘은 빨래들이 햇빛과 바람에 잘 말려지고 있었습니다. 창고에는 튼튼한 새 건조대들이 가득 있었습니다. 3층짜리의 큰 집 한 칸을 믿음도 좋고 기도도 많이 하고 식구도 많은 우리교회의 한 권사님에게 싸게 새로 내어

드렸는데, 기기에도 빨래가 많이 널려 있었습니다. 뒤뜰에 나가 보니 거기에도 빨래 줄이 있고 햇빛이 잘 들어왔습니다. 제 마음은 평온했고 풍성함을 느낄 수 있었습니다.' 이 꿈을 꾼 40대 초반의 자매는 자기 집에서 매주 합심기도 모임을 인도하고 있다고 했습니다. 그러니까 그런 신앙생활의 면면이 넓고 깨끗하고 질서정연하면서도 함께 어우러져 사는, 한 폭의 그림 같은 집의 모습으로 나타났나 봅니다. 특히 하얀 빨래는 합심기도로 사람들의 영혼이 깨끗해지는 것을 뜻하는 것입니다(계22:14). 꿈에서 남의 집에 가서 빨래를 하거나 설거지를 하거나 청소를 해 준다면 그것은 그 집을 위해 기도해 주는 것을 의미할 수 있습니다.

잠재의식에 스트레스가 쌓여있거나 상처가 쌓여있으면 영-혼-육의 건강에 치명타입니다. 성령의 깊은 임재가운데 꿈속에서 나타난 상태를 보면서 성령님께 질문하는 것입니다. 분명하게 성령께서 치유하라고 보여주신 것이기 때문입니다. 성령의 깊은 임재가운데 근원을 찾아서 밖으로 배출해야 치유가 되는 것입니다. 성령님께서 잠이 들어 의식이 다운된 상태에서 잠재의식의 상태를 보여주신 것입니다. 그렇기 때문에 성령의 깊은 임재가운데 들어가야 잠재의식의 상처를 현실로 끌고 나와서 치유할 수가 있는 것입니다. 잠재의식의 정화는 심리적인 방법이나 인간 기교를 이용하는 세상방법으로는 치유가 불가능한 것입니다. 반드시 성령으로 세례를 받고 성령의 깊은 임재가운데 들어갈 수 있는 영성수준이 되어야 합니다.

14장 이러저러한 잡다한 꿈 해석하는 비결

(욥33:13-18)"하나님께서 사람의 말에 대답하지 않으신다 하여 어찌 하나님과 논쟁하겠느냐, 하나님은 한 번 말씀하시고 다시 말씀하시되 사람은 관심이 없도다. 사람이 침상에서 졸며 깊이 잠들 때에나 꿈에나 밤에 환상을 볼 때에 그가 사람의 귀를 여시고 경고로써 두렵게 하시니, 이는 사람에게 그의 행실을 버리게 하려 하심이며 사람의 교만을 막으려 하심이라. 그는 사람의 혼을 구덩이에 빠지지 않게 하시며 그 생명을 칼에 맞아 멸망하지 않게 하시느니라."

하나님은 우리가 잠을 자면서 의식이 다운된 상태에서 꿈으로 자신의 내면의 상태를 보게 하십니다. 의식이 깨어있는 상태에서는 무의식과 영의 상태가 드러나지 않기 때문에 꿈을 이용하여 자신의 내면을 보게 하는 것입니다. 그렇기 때문에 치유도 성령의 깊은 영의상태가 되어 마치 잠을 자는 것과 같은 상태가 되어야 내면의 상태가 정확하게 드러나 치유될 수가 있는 것입니다. 꿈에도 여러 종류가 있습니다. 전혀 기억나지 않는 꿈이 있는가 하면 오래 기억나는 꿈이 있습니다. 보통 잘 기억나는 꿈은 그 에너지가 강하고 그래서 중요한 꿈일 가능성이 큽니다. 여러 번 비틀어서 해석해야 하는 상징적인 꿈이 있는가 하면 액면 그대로 해석해야 하는 직독직해 꿈이 있습니다. 전혀 해석되지 않는 꿈도 얼마든지 있습니다.

자기 자신에 대한 꿈이 있는가 하면 남에 관한 꿈이 있습니다. 그러나 꿈에 등장하는 타인은 종종 꿈꾼 이의 또 다른 인격을 상징하곤 합니다. 시시한 꿈이 있는가 하면 중요한 꿈이 있습니다. 그러나 우리는 시시한 꿈을 통해서도 우리 자신의 내면을 분별하고 정리할 수 있는 기회를 얻게 됩니다. 작은 꿈이 있는가 하면 큰 꿈이 있습니다. 구약성경의 요셉은 큰 꿈을 꾸고 결국 그 꿈대로 성취한 인물입니다(창37:6-10).

지극히 개인적인 꿈이 있는가 하면 국가적인 꿈이 있습니다. 간혹 세계사적인 꿈도 있습니다. 구약성경의 다니엘은 세계사적인 꿈을 해석한 장본인입니다(단2:36-45). 무의식 영역의 영이 의식의 표면 위로 쏘아 올리는 꿈이 있는가 하면 의식 영역의 혼이 만들어내는 꿈이 있습니다. 집단무의식의 꿈이 있는가 하면 개인무의식의 꿈이 있습니다. 이런 무의식의 꿈은 심층심리학적인 지식을 깔아야만 분별할 수 있습니다.

미래를 예지하거나 경고하는 꿈이 있는가 하면 과거의 경험이나 기억이 반영된 꿈이 있습니다. 내면의 성장이나 도약으로 이끄는 영적인 꿈이 있는가 하면 내면의 욕구나 소원이 반영된 심리적인 꿈이 있습니다. 하나님이 주시는 꿈이 있는가 하면 사탄이 주는 꿈이 있습니다. 영적인 꿈은 하나님의 음성을 듣거나 다른 세계로 들어가거나 죽은 사람의 영혼을 만나는 꿈입니다. 이런 꿈은 흔치 않지만 한번 꾸게 되면 꿈꾼 이의 영적 상태에 큰 변화가 옵니다.

영적상태에 변화가 생기지 않는 것은 욕심 때문입니다. 욕심 때문에 하나님으로 채워지지 못하고 기적을 체험하지 못한다는 것입니다. 우리가 "꿈을 꾸고 해석하고, 환상을 보고 해석하고, 음성을 듣고, 예언을 듣고" 하는 모든 것이 하나님의 뜻(말씀)을 알기 위해서입니다. 하나님의 의중을 알고 순종해야 꿈을 꾸고 해석하고, 환상을 보고 해석하고, 음성을 들은 모든 것이 이루어지는 것입니다. 그런데 꿈을 꾸고 해석하고, 환상을 보고 해석하고, 음성을 들었는데 순종하기에 어려워서 순종하지 않으면 헛것입니다. 순종이 중요합니다. 필자가 말하고 싶은 것은 인간적인 욕심을 가지고 꿈을 꾸고 해석하고, 환상을 보고 해석하고, 음성을 듣고, 예언을 들으려고 하지 말라는 것입니다. 능력도 구하지 말라는 것입니다. 하나님의 뜻을 구하기 위하여, 하나님의 뜻을 이루기 위하여 "꿈을 꾸고 해석하고, 환상을 보고 해석하고, 능력을 받고, 음성을 듣고, 예언을 들어야 한다"는 말입니다.

욕심과 믿음을 구분할 줄 알아야 합니다. 예를 들어 설명한다면 질병을 가지고 고통을 당하는 성도가 있습니다. "질병을 고쳐주시옵소서. 질병을 고쳐주시옵소서." 하면서 기도하는 성도는 욕심으로 기도하는 것입니다. 반면에 믿음이 있는 성도는 "하나님! 제가 어떻게 해야 질병을 치유 받을 수 있습니까? 제가 어떻게 해야 하는 지 지혜를 허락하여 주시옵소서." 하면서 하나님을 집중적으로 찾는 사람은 믿음이 있는 성도입니다. 쉽게 설명한다면 질병을 고치려는 욕심을 갖지 말고, 하나님께서 자신의 질병을 고쳐 주신다는 믿음을 가지라는 말입니다. 믿음을 가지고 하나님을 찾으면서 기도하라는 것입니다. 자신 안에 계신 하나님을 찾고 찾아서 자신의 마음 안에 하나님으로 채워지면 하나님의 성전이 된다면 질병도 치유되고, 문제도 해결되고, 아브라함의 복도 받게 됩니다. 병만 고치려고 욕심을 부리지 말고 자신 안에 하나님으로 채워지는 영성활동을 하라는 것입니다. 하나님께서 자신 안에 채워지도록 성령으로 기도하며 찾으라는 말입니다.

예수님은 이렇게 말씀하셨습니다. "그 날에는 내가 아버지 안에, 너희가 내 안에, 내가 너희 안에 있는 것을 너희가 알리라(요 14:20)" 예수님의 말씀대로 "너희가 내 안에, 내가 너희 안에 있다면" 안 될 일이 무엇이겠습니까? 예수를 믿으면서 어렵고 힘든 것은 인간적인 욕심이 있기 때문입니다. 아직 자기가 살아있기 때문입니다. 인간적인 욕심으로 인하여 하나님의 역사가 일어나지 못하는 것입니다. 자기가 무엇을 이루려는 욕심을 버리시기 바랍니다. 자기가 없어져야 하나님께서 온전하게 역사하십니다.

예지적인 꿈은 전혀 새로운 정보를 얻게 되는 꿈입니다. 친구가 울면서 도움을 요청하는 꿈을 꾸었는데 다음 날 그 친구의 아들이 교통사고로 생명이 위독하다는 소식을 실제로 듣게 됩니다. 집을 나간 아버지가 머물고 있는 호텔의 이름이 나타난 꿈을 꾼 딸이 실제로 그 호텔에서 아버지를 찾게 됩니다. 아내는 남편을 신뢰했는데 꿈에 보니 남편의 호주머니에서 연애편지가 나옵니다. 다음에 조사해 보니 사실로 판명됩니다.

어떤 사람이 한 여인과 함께 청년들의 마약중독을 염려하는 대화를 하고는 헤어집니다. 그런데 그는 그 날 밤에 그녀의 집을 방문하는 꿈을 꿉니다. 가만히 보니 그녀의 안방에 화장대 서랍이 열려 있고 거기에 코카인 껍질이 수북하게 쌓여 있습니다. 얼마 후 그는 그녀가 마약중독자였다는 사실을 확인하게 됩니다. 아브라함 링컨 대통령이 암살당하기 10일 전에 자신의 죽음을 본 꿈은 예지적인 경고의 꿈이라고 할 수 있을 것입니다.

우리는 종종 남에 대한 꿈을 꾸는데 이런 꿈을 해석할 때에는 조심해야 합니다. 이런 꿈은 타인에 관한 정보를 알려주는 꿈이라기보다는 꿈꾼 이의 내면에 숨어 있는 또 다른 인격에 관한 정보를 알려주는 꿈일 수 있습니다. 사실 남에 대한 꿈의 대부분은 꿈꾼 자신에 관한 꿈입니다. 우리 내면에는 여러 인격들이 있습니다. 우리 안에 건방지고 고집불통인 인격이 있을 수 있습니다. 상처 입은 어린 아이의 인격이 있을 수 있습니다. 남을 감싸주고 보살피는 인격이 있을 수 있습니다. 사자와 같이 사나운 인격이 있습니다. 이런 인격들이 우리 내면에 뒤엉켜 살고 있습니다.

꿈에서 잘 아는 사람이 등장하면 그 사람의 특성에 어울리는 꿈 꾼이의 특성을 찾아봐야 합니다. 등장인물이 약한 사람이라면 꿈 꾼이의 약한 내면이 표현된 것이고 등장인물이 강한 사람이라면 꿈꾼이의 강한 내면이 표현된 것으로 볼 수 있습니다. 꿈에서 전혀 모르는 사람이 등장하면 그 사람은 꿈꾼 이의 어두운 그림자를 반영하는 것일 수 있습니다. 그림자는 무의식의 내면에 있는 억압된 인격으로서 불안하고 두려운 존재로 등장하기도 하지만 강하고 적극적인 존재로 등장하기도 합니다. 꿈꾼 이가 그림자를 인정하고 용납하면 그림자는 긍정적인 조력자가 될 수 있지만 무시하고 억압하면 위협적인 세력이 됩니다.

　무의식 속에 억압돼 있던 과거의 상처를 회상시켜 주는 꿈도 있습니다. 우리는 이런 꿈을 통해서 치유 받아야 할 과거의 상처가 있다는 것을 깨닫게 됩니다. 최근에 경험한 일이 꿈으로 재현되는 경우도 있습니다. 갓 지난 일인데 꿈에 나타나면 그 일을 곰곰이 되새김질해 볼 필요가 있습니다. 그러면 전혀 새로운 사실이 발견될 수도 있습니다. 사소한 일을 반영하는 평범한 꿈이라도 관심을 가지고 살펴보면 우리 내면을 정돈할 수 있게 됩니다.

　자동차에 대한 꿈을 꾸었는데 자동차를 운전하고는 싶었지만 어디로 가야할지 몰라서 운전대 잡는 것을 피했다면 그건 자기 자신에 대한 통제력을 잃고 있음을 뜻할 수 있습니다. 어디로 가야할지 갈마를 모르는 인생을 살고 있다는 것을 보여준 것입니다. 지금 나는 내 안의 어떤 무의식적인 힘에 의해 조종되고 있는 것은 아닌지? 차가 언덕을 올라가는 중에 액셀러레이터가 작동하지 않아 앞으로 더 이상 올라가지 못하는 꿈을 꾸었다면 이렇게 자신에게 물어보세요. "지금 난 앞에 놓인 과제를 감당할 용기가 없는가?" 어쩌면 나는 연료를 충분히 채우지 않은 채 문제의 높은 언덕을 향해 떠났는지도 모릅니다. 하는 일이 힘이 버겁거나 난관에 봉착하여 고통을 겪을 꿈입니다.

　아래로 떨어지는 꿈도 흔합니다. 그 꿈은 다음날 내가 계단이나 지붕에서 굴러 떨어질 것이라고 예언하는 것이 아닙니다. 바닥이 없는 심연으로 추락하는 꿈을 꾸었다면, 지금 버팀대를 놓치고 발을 헛디뎌가며 너무 높이 올라가고 있지나 않은지 자신에게 묻자. 꿈에서 떨어지는 것은 영혼의 내적 추락을 경고하는 경우가 많습니다. 그러니 절제가 필요하다는, 내 삶의 어딘가에 지나침이 없는지 보라는, 조심스레 삶의 자리를 살피라는 충고입니다. 한마디로 하나님 안에서 자신의 행보에 주의해야 한다는 메시지입니다. 떨어지는 꿈이 추락하거나 다치는 것을 미리 막지는 못해도 우리가 하나님 안에 피신할 수 있다는 사실을 의식하게 할 수 있습니다.

꿈에 무엇인가에 시달린다면, 이는 자신 안의 어떤 것을 받아들이지 못했음을 의미합니다. 꿈에 날 괴롭히는 것은 내 본성의 그림자, 어두운 면일 수 있습니다. 그것은 내키지 않은 쪽에 고개를 돌리게 만드는 성가시고 부담스런 인물로 나타날 수도 있고, 내가 내 자신과 도무지 어울리지 못하고 있음을 지적하는 적대자의 역할을 할 수도 있고, 내 안에 억압된 것이 있음을 상징하는 어떤 동물의 형상으로 등장할 수도 있습니다. 괴롭힘을 당하는 고통스러운 꿈을 꾸었다면 그 꿈을 피하지 말고 깊이 숙고하세요. 어쩌면 꿈에서 나를 못살게 구는 사람이나 동물을 다정하게 바라보고 안아줄 필요가 있을 지도 모릅니다. 이것이 꿈에 올라온 도전을 받아들이면서 억압하고 외면해온 내면의 그림자를 통합하는 일입니다. 그림자는 머리로 이해한다 해서 우리 안에 통합되지 않습니다. 그것을 나의 한 부분으로 수용하고 화해해야만 비로소 나의 것이 됩니다. 꿈을 깊이 생각하다보면 어떤 일이 일어날지 아무도 모릅니다. 그러나 그런 과정을 통과하면서 억압되었던 그림자가 좀 더 의식되고 서서히 나의 것이 되는 것은 분명 사실입니다.

전쟁터에 있거나 어디에 갇히는 꿈도 역시 비슷하게 이해할 수 있습니다. 그런 꿈은 내가 자신과 투쟁하고 있음을, 내면의 적과 싸우고 있음을, 어쩌면 내 자신 안에 포로가 되어 있음을 보여줍니다. 전쟁은 흔히 내적 혼란을 의미합니다. 내 안의 파괴적인 힘 때문에 스스로의 포로가 되어 묶여있는 것은 아닌지 생각해 볼 일입니다. 꿈을 깊이 생각하면 하나님은 내가 무심히 지나친 것들에 대해 알려주십니다. 우리는 기도를 하면서도 자신의 상태를 알아채지 못하고 무시할 가능성이 있습니다. 기도할 때 안에서 올라오는 직관들을 내 자신의 언어로 덮어버릴 수 있기 때문입니다. 꿈에서는 직관이나 감정들을 덮어버릴 수도 억압할 수도 없습니다.

꿈은 우리가 외면하고 억압하는 삶의 부정적인 양상들만 드러내는 것이 아니라 좋은 소식을 전하기도 합니다. 꿈은 때때로 내가 생각보다는 더 많이 성장하고 있음을 내 자신과 더 깊이 화해하고 있음을 알려주기도 합니다. 반대편으로 가기 위해 강을 건너거나 그곳으로 운전하는 꿈은 이미 상당히 진보했음을, 어쩌면 가야 할 그곳에 벌써 도달했음을 의미하는지도 모릅니다.

꿈에서 집은 흔히 한 사람의 존재 전체를 의미합니다. 우리는 꿈에 전에는 본적이 없는 새로운 방을 자신의 집에서 발견하기도 합니다. 이런 꿈은 내면의 여정에 새로운 단계가 시작되고 있음을 말합니다. 나는 지금까지 몰랐던 내 인생의 새로운 영역으로 초대되고 있는지 모릅니다.

꿈에 도둑이 침입하여 내 집을 부수었다면, 그는 우리 내면 깊은데서 올라오는 것입니다. 통제할 수 없는 영혼의 깊은 곳에서 올라온 이 존재는 우리 의식세계로 들어와 그 질서와 소유물들을 위협하려 듭니다. 이 도둑은 가면을 쓴 나의 본능과 욕망일 경우가 많습니다. 하지만 부수거나 침입하는 꿈은 그것 자체로 좋거나 나쁜 것이 아닙니다. 내가 제대로 문을 열지 않았기에 들어와야 할 선한 힘들이 내 집 문을 부수었을 수도 있습니다. 그렇다면 그 도둑을 안으로 모셔 친절하게 대할 일입니다. 하지만 내 영혼의 집이 속수무책으로 열려있어서 내 집을 망가뜨릴 수 있는 위험한 자가 침입했을 수도 있습니다. 문이 모조리 열려 있어서 해로운 생각과 움직임들이 수시로 내 속에 들락거리고 있다면, 나는 외부의 침입자로부터 나 자신을 안전하게 지켜야 하고, 하나님께 더 많은 공간을 드려야 합니다. 내 집을 당신으로 채우신 하나님께서 나를 위협하는 낯선 힘으로부터 내 영혼의 문을 안전하게 닫아 주실 것입니다.

뭔가 해야 하는데 늦어버렸다든지, 가야 할 곳에 너무 늦게 도착하는 꿈도 자주 꿉니다. 그렇다면 과거사에 지나치게 집착하느라 지금 해야 할 일을 놓치고 있지나 않은지 살펴보세요. 그런 꿈은 내가 현재의 삶에 집중하지 못하고 있다고 말해줍니다. 쓸데없는 과거의 짐짝들을 너무 많이 현재로 옮겨와 무겁게 지고 가느라고 말입니다. 여행 가방을 잃어버리는 꿈은 내적 여정에 뭔가 중요한 것을 놓치고 있다고 알려줍니다. 지금 내 삶에 빠진 것은 무엇인가? 침묵이나 기도, 혹은 하나님의 은총일 수 있습니다. 또는 내가 제대로 키워내지 못한 내 안의 어떤 능력이나 인품일 수도 있습니다. 꿈에 돈을 잃어버렸다면 인생길을 가는데 절대로 필요한 자신의 중요한 가치나 태도를 잃어버리고 있지나 않은지 되돌아보는 것이 현명합니다. 차를 놓치거나 잘못 타는 경우도 있는데 이런 꿈들은 대개 우리가 살아가는 모습에 주의를 기울여야 한다는 것을 말합니다. 내 삶의 중요한 연결고리를 놓치지는 않았는가? 나도 모르게 길을 잘못 들어 위험한 곳으로 가고 있지는 않은가? 정직하게 성찰해보면 그 꿈이 아니라면 알아채지 못했을 중요한 사실을 발견하기도 합니다. 꿈은 우리 자신의 진실한 현재 모습을 보여주는 열쇠입니다.

인생여정은 곧잘 꿈에서 여행으로 비유됩니다. 꿈에서 우린 자주 길을 가고 있는 자신을 봅니다. 와 본적이 없는 낯선 길을 가기도 하고, 처음엔 익숙하다가 갑자기 모르는 길에 접어들기도 합니다. 목적지를 찾아 절망적인 마음으로 낯선 도시나 집 앞을 헤매기도 하고, 한 지점에 처박힌 채 더 이상 앞으로 나아가지 못하고 쩔쩔매는 꿈을 꿀 때도 있습니다. 이런 꿈들은 모두 우리가 현재 살아가는 모습을 보여줍니다. 이 이미지들을 놓고 자신을 돌아보며 이제 어떤 결정이 내게 필요한지 하나님께 여쭈어볼 수 있겠습니다. 막다른 길을 만나는 꿈은 새로 태어나야 한다는 메시지를 담고 있는 경우가 많습니다. 막힌 듯 보이는 좁은 길의 저 끝에서 새로운 삶이 우리를 기다리고 있는지 모릅니다. 교차로에선 자신을 보기도 하는데, 가야할 방향을 잃은 상태를 나타낼 수 있습니다. 알 수 없는 글씨가 쓰인 표지판이 꿈속에서 길을 안내하기도 합니다. 때로 동물이나 작은 아이, 천사가 우리를 인도하기도 합니다. 그런 꿈을 꾸었다면, 우리를 인도하시고 또 우리가 귀 기울여 들어야 할 것을 말씀해 주신 하나님께 감사해야 합니다. 학생 때처럼 시험을 치는 꿈도 드물지 않습니다. 그런 꿈은 통과해야 할 어떤 테스트 앞에 놓여 있음을 말합니다. 자신은 지금 인생의 학교에서 시간 내에 문제를 푸느라 진땀을 흘리고 있는 것입니다. 이런 꿈은 내가 풀어야 할 진정한 과제가 무엇인지 또 이 테스트에 통과하려면 무엇을 해야 하는지 깨닫게 합니다.

많은 동물이 꿈에 나타납니다. 동물들은 우리 본능과 욕구를 말합니다. 어떤 동물이 무엇을 의미하는지 너무 쉽게 단정해선 안 됩니다. 꿈을 꾸는 과정에서 일어난 일, 그 동물과 함께 올라오는 또 다른 연상이나 기억들이 꿈의 메시지를 이해하게 하는 중요한 단서가 될 수 있습니다. 우선 꿈에 나타난 동물의 본성이 무엇인지 생각하는 것은 우리 자신을 이해하고, 현재 영성생활이 어떤 상태인지 아는데 도움이 됩니다. 동물들은 다양한 의미를 품고 있기에 단순한 분석에 그치지 말고 이 동물들과 대화를 시도하는 것이 바람직합니다. 그러다보면 통합되기를 기다리는 내면의 억압된 힘과 접촉할 수 있게 됩니다. 이렇게 꿈을 대하면 내적인 변화로 이끄는 영적이고 정신적인 여정을 경험하게 되고 또 그런 중에 우리를 위협하는 위험들을 알아차리게도 됩니다. 옛 사람들은 꿈에 하나님께서 동물들을 보내시고, 그 동물들은 친절한 동반자로 우리가 위험한 상황을 알아채고 피해갈 수 있도록 길을 안내한다고 믿었습니다.

보통으로 말(馬)은 길들여진 우리의 인간적인 충동을 대변하고, 개는 육체적 욕망들을 상징합니다. 맹수의 왕인 사자는 우리가 새롭고 확고한 모습으로 성장하기 위해 반드시 받아들여야 할 정신 에너지를 가리키기도 하지만, 인정하고 싶지 않은 공격성이 내 속에 있음을 보여주기도 합니다. 호랑이는 우리 충동의 독립성을 상징합니다. 독불 장군이라는 것입니다. 꿈에 쥐가 보이면 감추어진 슬픔이나 심각한 걱정거리가 우리를 갉아먹고 있지나 않은지 물어볼 수 있을 것입니다. 영적 존재를 상징하는 새들은 우리를 움직이는 위로부터 오는 생각들을 나타냅니다. 어떤 분들은 뱀을 성적인 의미로만 이해했는데 너무 단순한 해석입니다. 꿈에서 뱀은 분명 중요한 상징입니다. 심리학적으로 뱀은 근원적인 힘을 가진 강력한 정신 에너지를 상징하며, 영혼이 치유되는 과정이나 내적 변화가 일어나고 있음을 의미하기도 합니다.

꿈에서 뱀을 만난 사람은 무의식의 심연으로부터 올라오는 엄청난 힘과 마주하는 것입니다. 이 힘은 큰 위험이나 치유의 가능성을 담고 있습니다. 또 뱀은 내면의 억압된 성(性), 직감력, 능란함 등을 의미하기도 합니다. 뱀은 귀신을 상징하기도 합니다. 그리고 뱀은 지혜를 의미하기도 합니다. 뱀 꿈을 꾸고 난 다음에 임신을 했다면 지혜로운 아이가 태어난다는 것입니다. 예수님도 뱀같이 지혜롭고 비둘기 같이 순결하라고 했습니다. 뱀 꿈을 꾸고 태어난 아이는 말씀과 성령으로 치유하여 비둘기 같이 순결해야 하나님에게 쓰임을 받을 수 있습니다. 우리는 보통 죽음과 관련된 꿈을 두려워합니다. 꿈에 본 죽음이 자신의 죽음이나 사랑하는 사람의 죽음을 의미한다고 여기기 때문입니다. 그러나 꿈속의 죽음은 실제의 죽음과는 거의 상관이 없습니다. 오히려 죽음에 관한 꿈들은 우리 영혼 안의 무엇인가가 소멸하면서 새로운 것이 탄생하고 있음을 말하는 경우가 많습니다. 새로 태어난다는 것입니다. 다시 태어나는 수고가 있을 것이라는 암시이기도 합니다.

어린이가 나오는 꿈은 대개 축복의 메시지를 전합니다. 내 안에 새로운 생명력이 낡고 굳어버린 자아를 뚫고 나오려 하는지 모릅니다. 또 꿈속에 나타난 어린이는 이제 우리가 자신 안의 참된 중심, 참 자기와 접촉하고 있음을 말해주기도 합니다. 임신하는 꿈은 새로운 무엇인가가 시작되고 있다거나, 가장 깊은데 있는 자신을 발견한다든지, 모든 것이 새롭게 될 것이라는 좋은 암시일 수 있습니다. 태신 자를 잉태한 것이 될 수가 있습니다. 비슷한 축복의 메시지는 결혼식 꿈입니다. 한 여자와 한 남자의 혼인은 서로 반대되는 것의 신성한 결합으로 융 심리학의 아니마와 아니무스의 통합을 상징합니다. 하나님은 우리 안의 반대되는 것들을 하나로 모으십니다. 우리는 하나님이 현존하시는 성전으로 우리 안의 그 무엇도 그분의 신성한 생명으로부터 제외될 수 없습니다. 모든 것은 생명의 충만한 안에서 서로를 나눌 것이고 모든 것이 생명을 노래합니다. 결혼식이나 아이들이 나오는 꿈은 내적 기쁨이 담겨있습니다. 우리는 이런 꿈을 꾸고 나서 하나님과의 일치, 자기실현의 여정에서 진보하고 있음을 느끼면서 희망에 찬 새 사람으로 잠에서 깨어날 수 있습니다. 우리는 꿈에 나오는 상징들을 잘 분별하여 꿈을 해석하므로 하나님의 깊은 뜻을 분별해야 합니다.

3부 꿈과 환상을 해석하고 적용하기

15장 질병과 관련된 꿈 해석과 적용

(행 8:4-8)"그 흩어진 사람들이 두루 다니며 복음의 말씀을 전할새 빌립이 사마리아 성에 내려가 그리스도를 백성에게 전파하니 무리가 빌립의 말도 듣고 행하는 표적도 보고 한마음으로 그가 하는 말을 따르더라. 많은 사람에게 붙었던 더러운 귀신들이 크게 소리를 지르며 나가고 또 많은 중풍병자와 못 걷는 사람이 나으니 그 성에 큰 기쁨이 있더라"

당신은 꿈을 자주 꾸십니까? 그 꿈을 기억하고 의미를 찾으려 노력하는가요? 그 알 수도 없는 것을 우리는 왜 매일 꿔야 하는 것일까? 인생에서 많은 부분을 차지하지만 이유도, 의미도 모른 채 그저 흘려보내 버리는 꿈. 오래전부터 역사 속에서 꿈을 통해 의미심장한 전조들을 예상하는 예들이 무수히 있었습니다. 우리는 그런 것들이 특별히 선택받은 것 같은 몇몇 사람들에게만 해당되는 것이라 여겨왔습니다. 또한 우리 주위에서도 신비한 감각이 발달한 소수의 사람들만 그런 꿈들을 종종 꾸는 것으로 여겨왔습니다. 그런데 나머지에 해당하는 우리까지 꿈을 꿔야 하는 이유는 무엇일까. 생각할수록 미스테리하지 않은가. 꿈이 만약 우리의 영혼이 보내는 신호라면? 꿈이 우리 인간 모두의 신비로운 능력이라고 말합니다. 우주와 긴밀하게 연결되어 있는 우리의 영혼이 인생의 길을 알려주는 것이 바로 꿈이라고 이야기합니다. 이것은 절대 신비주의를 표방하는 종교적 이야기가 아닙니다. 신비주의 입장도 어느 정도 수용하고 있는 것은 사실이지만 그것은 꿈에 대한 다양한 시각들을 살피는 과정일 뿐입니다.

꿈의 분석을 돕기 위해 여러 가지 유형으로 꿈의 유형을 나눌 수가 있습니다. 그 안에는 건강 상태를 알려주는 꿈, 불안정한 심리 상태를 유발하는 환경을 깨닫게 해주는 꿈, 또 그 환경에 적절히 대응하는 해결책을 제시하는 꿈, 뿌리 깊은 무의식 상태를 조장하는 과거 사건을 정리해주는 꿈, 잠재력을 실현할 수 있게 도와주는 꿈, 위험을 감지하는 전조로서의 꿈, 전생을 알게 해주는 꿈, 사랑하는 사람과 이별을 예시하는 꿈 등이 있습니다. 꿈에서 보는 동물은 거의 항상 자신에게 있는 특성을 나타내기도 합니다.

그리고 그 특성은 일반적으로 부정적인 것인데, 그 이유는 그 특성을 자신의 일부로 '인정하는' 것보다는 동물에게서 보는 것이 더 수월하기 때문입니다. 동물 꿈을 통해 자신이 부정했던 단점들을 바라보고 고칠 수 있도록 나의 성령께서 영에게 신호를 보낸다는 것입니다. 신비적인 색채가 묻어나는 생각이지만 이면에는 인간의 능력에 대한 깊은 신뢰를 엿볼 수 있습니다.

요즘에는 심리치료가 굉장히 중요한 화두로 떠오릅니다. 현대인의 슬픈 질병인 우울증이 만연되어 있기 때문입니다. 그래서 단순히 대화가 오가는 상담뿐만 아니라 예술적인 부분들을 동원하여 '표현'을 통한 치료들이 많이 떠오르고 있습니다. 음악치료, 미술치료, 영화치료 등이 그것들입니다. 또한 '전생치료'라는 것도 있어서 깊고 깊은 무의식을 끌어내어 정리해주는 치료도 많이 행해지고 있습니다. 분명히 도움을 주는 치료들이지만 그에 앞서 우리가 낭비하고 있는 우리의 능력 '꿈'에 대해서 진지하게 살펴볼 필요가 있는 것 같습니다. 왜냐하면 우리의 인생은 몇 번의 치료로 해결되고 완성되는 것이 아니기 때문입니다.

첫째, 꿈이 질병을 미리 알려준다. 가령 심장병을 일으킨 많은 사람들이 며칠 전부터 악몽을 꿨다고 말합니다. 내가 지금까지 치유사역을 하면서 병원전도를 하면서 체험한 바로는 심장병 환자들은 누군가에 의해 목이 졸리거나, 가슴 부위를 가격 당했는데도 옴짝달싹할 수 없거나, 숨쉬기 어려울 정도로 꽉 끼는 옷을 입는 꿈을 꿨다고 말합니다.

질병이 생긴 환자들이 꾼 꿈의 유형은 자신의 나체 모습을 보는 것, 익지 않은 과일을 먹는 것, 하얀 나비, 깨진 병, 드럼통 구르는 소리를 듣는 것, 이빨 빠진 자신의 모습을 보는 것(반대로 다른 사람의 이빨 빠진 모습은 성공을 의미한다), 흐린 거울, 더러운 물에서 수영하는 것, 어두운 안개, 뱀이나 곤충사이로 걸어가는 것, 마른 장미 나무, 깨진 장비, 숲 속을 걷거나 뻐꾸기 우는 소리를 듣는 것, 얼음 위를 걷는 것, 누군가의 피 묻은 손을 보는 것, 살아있는 까마귀나 죽은 까마귀를 보는 것, 지붕에 매달린 고드름, 거친 강물에 떠내려가는 것, 이부자리를 펴고 누워있는 것, 병들이 돌아가신 부모님들이 보이는 것, 구덩이에 빠져있는 것 등등을 꿈에 보았다는 것입니다. 이런 꿈이 정기적으로 나타난다면 건강에 주의를 기울여야 합니다.

둘째, 질병과 관련한 꿈의 해석과 치유. 진 아무개 집사님은 초등학교 6학년 때 친구를 따라 여름성경학교에 갔다가 교회에 다니게 됐습니다. 중고등학교 때에도 교회에 다녔는데 그 사실을 알게 된 그의 부모가 노발대발했습니다. 교회에 계속 다니면 대학 등록금도 안 주겠다고 했습니다. 그는 간신히 대학을 졸업해 중학교 교사가 됐습니다. 그의 기도제목은 늘 가족구원이었습니다.

그러던 어느 날 아버지가 대장암에 걸렸다는 진단이 나왔습니다. 수술 후 완치된 줄 알았는데 3개월만에 암이 온 몸에 전이돼 더 이상 수술도 할 수 없는, 절망적인 상황이었습니다. 그는 아버지를 설득해 기도원으로 들어갔습니다. 온 가족이 7일간 금식기도를 하던 중 5일째 아버지가 꿈을 꾸었습니다. 꿈에서 아버지가 맑은 강가에 쓰러져 있는데 어떤 남자가 아버지를 일으키더니 강 속으로 데리고 들어갔다가 나왔습니다.

가만히 보니 그 남자가 예수님이라는 생각이 들었습니다. 그는 아버지가 예수님을 만났으니 이제 살 것이라고 말해 드렸습니다. 그 날 오후부터 아버지는 4차례나 화장실을 다니며 암 덩어리를 쏟아내었습니다. 이후에도 열심히 집회에 참석하여 말씀을 듣고 기도하며 강사 목사님의 안수기도를 받았습니다. 그리고 병원에 가보니 암이 치유된 것입니다. 아버지가 깨끗이 치유되자 일가친척들도 다 교회에 나오는, 놀라는 일이 벌어졌다고 합니다. 하나님은 우리를 구원하시기 위해 모든 방법을 다 동원하십니다. 병도 허락하시고 사업실패도 허락하시고 이런저런 어려움도 허락하십니다. 가끔씩 꿈을 통해서도 우리의 구원을 이루십니다.

한 성도가 대학병원에서 대수술을 받기 전에 큰 개와 싸우는 꿈을 꾸었습니다. 그는 결국 그 개를 몰아내고는 안도의 한숨을 쉴 수 있었다고 합니다. 이 꿈은 그가 병마와 싸워 이기고 안도의 한숨을 쉴 때가 올 것이라는 메시지를 담고 있습니다. 사실 그는 심각한 수술을 받아야 했고 그 결과는 아무도 예측할 수 없는 것이었습니다. 그러나 하나님에게 메달려서 집중적으로 기도함으로 치유의 은혜를 받았습니다.

꿈에 실제 회사 동료들이 등장합니다. 무슨 상황들이 전개되는데 잘 기억이 안 납니다. 그러다가 한 장면이 기억이 납니다. 방안이 좀 어둡습니다. 사람이 대략 보입니다. 방 외부의 빛 같은 것으로 보이는 그런 느낌이구요. 제가 이윽고 제방의 침대(실제 제 방과 비슷한 침대의 느낌)에 잠시 올라가서 이불을 머리까지인가 덮고 누워 있습니다. 팬티만 입구요. 실제로 대게 속옷만 간단히 입고 잡니다. 이윽고 제 방과 비슷한 분위기이지만 곁을 보니 공간이 넓어져 있고 (실제 제 회사 동료들도 많음)사람들이 4

열 종대 비슷하게 줄을 서있고 앞에 실제 제 상사분이 무슨 이야기를 하고 뭔가 일이 벌어지고 있습니다. 누군가를 상벌하거나 하는 그런 상황은 아닌 것 같고 마치 무슨 회의 같은 그런 느낌입니다. 제가 벌떡 일어나서 몰래 줄 뒤에 섭니다. 앞에서 이사님이 제가 끼어든 것을 잘 모르시는 것 같기도(주변이 좀 어두움) 하고 제가 선 곳 주변의 동료들이 뭐라고 하며 절 알아보더라고요. 넉살 좋게 넘기며 티셔츠 같은 것도 슬쩍 입고 좀 복장을 다듬으며 서 있던 기억이 납니다. 꿈속 분위기는 아프거나 그런 분위기는 아니고 제가 그냥 컨디션은 멀쩡한데 침대에 잠깐 누워 있다가 사람들 대열로 즉시 합류하는 그런 상황입니다. 해석을 부탁합니다.

이 꿈의 답변은 다소간의 어려움이 있습니다. 지금은 건강이 좋으시더라도, 그런 것에 관심을 가지셔야합니다. 겉으로 드러난 것과 앞으로 일어날 것이 전연 다릅니다. 내부와 외부의 기운이 일치되지 못하여 건강상의 어려움을 겪게 될 것입니다. 직장에서의 자신의 자리를 돌아볼 일이 생깁니다. 마음을 비우고, 자신의 자리를 지키되, 상생하는 정신을 가다듬어야할 것입니다.

꿈을 꾸고 질병을 치유 받은 부모님: 교회를 다섯 번을 쫓겨났다는 목사님의 간증입니다. 그런데 나의 이런 꿈꾸는 인생이 그저 우연히 된 것이 아니라는 것을 나는 알고 있었습니다. 부모님 또한 꿈으로 치유를 받는 경험들이 있었었습니다. 이북에서 피난 오신 부모님은 믿음의 후손들이십니다. 아버님, 이도명 장로님은 3대째 기독교 가정에서 그리고 장로의 가정에서 맏아들로,

어머니 홍성은 권사님은 한국 초대 교회의 홍종섭 목사님의 딸로 태어 나셨습니다. 아버님은 남하 하신 후에 인천의 보합교회에서 만 30세에 장로님이 되셨고, 1966년 서울에 올라 오셔서 영암교회를 일찍 돌아가신 황광은 목사님과 함께 장로로 섬기셨습니다. 그리고 피난 오신 분들이시지만 믿음으로 사셨기 때문에 오늘 까지 하나님의 돌보심을 많이 받으셨습니다. 그리고 사 형제들을 잘 교육하셨고 성장케 하셨습니다.

그러나 서울의 대광 초등학교를 초창기부터 교감으로, 교장으로 섬기신 아버님이 간경화로 고생을 하신 때는 우리 가정으로서는 심각한 어려움의 때였습니다. 학교를 6개월씩이나 휴직하시면서 입원하여 치료해야 했었습니다. 그런데 하나님의 손길이 아버님에게 임하신 것입니다. 아버님이 들려주신 꿈의 이야기는 이와 같습니다. 하루는 병으로 인하여 고생하시면서 기도하시다가 잠에 드셨는데 꿈에 흰옷을 입으신 천사가 나타나셔서 아버님의 배를 쓸어 주셨다는 것입니다. 너무 놀라운 꿈이어서 일어나 화장실에 갔다가 엄청난 피변을 보셨다고 하셨습니다.

그리고 놀라운 마음으로 세브란스 병원의 주치의를 찾아가 진단을 해보니 의사도 놀라면서 확실한 검사를 해 보자고 했습니다. 재검사의 결과로 아버님에게 나타난 치유가 증거 되었습니다. 간경화의 증상들이 모두 사라졌다고 진단을 받은 것입니다.

그 사건은 1977년 내가 신학교에 입학 한 후에 일어났습니다. 우리가 면목동에서 살 때로 기억됩니다. 그 후 2003년 내가 미국의 잭슨빌(Jacksonville FL)에 있을 때 다시 아버님이 과거에 앓고 계셨던 부위인 간에 암이 생겨났다는 엄청난 소식으로 다시 들려 왔습니다. 그러나 세브란스에서의 수술은 성공적이었습니다. 그리고 오늘 까지 아버님은 건강하게 교회를 섬기시면서 살고 계십니다. 물론 동생 의사인 아들들의 효도를 받으시면서 말입니다.

4형제가 자라나는 동안에 아버님의 간 질환이 치료되지 않았다면 우리 4형제들은 어려운 인생을 살았음에 틀림이 없습니다. 하나님이 꿈을 통하여 치유해 주신 것입니다. 여기에 내 믿음의 근거가 생기고 있었습니다.

아버님에 이어 어머님의 치료 또한 놀라운 하나님의 은혜로운 기적이었습니다. 어머님은 천식으로 고생을 하셨습니다. 특히 겨울철에는 더욱 심한 고통을 느끼셨습니다. 늘 기침으로 고생을 하셨습니다. 그러던 하루, 어머님은 꿈을 꾸셨습니다. 꿈에 한 흰 옷을 입은 천사가 오셔서 어머님의 손을 잡고 하늘로 올라 가셨습니다. 그리고 천사의 인도함을 받으며 하늘나라를 이곳, 저곳을 돌아보았습니다. 한 교회를 같이 섬기다가 먼저 하늘나라로 가신 성도들이 사신다는 집을 구경하고 있었다고 하셨습니다. 그러다가 궁금하여 천사에게 물으셨습니다. "내 집은 어디 있습니까?"

그 때 천사는 아직도 집이 지어지지 않은 한 땅을 보여 주시면서 "이 곳이 홍 권사가 살 집인데 홍 권사는 좀 더 세상에서 믿음으로 살다가 온전한 집을 이곳에 짖고 다 지은 후에 올라오라."

고 말해 주었다고 하셨습니다. 그리고 꿈에서 깨어나 놀란 마음으로 기도를 드렸다고 합니다. 그 후 어머님은 천식으로 고생하던 일로는 죽지 않을 것을 아셨고, 또한 많은 치유함이 있어서 그리 고생하지 않을 수 있었습니다. 그런데 이상한 일이 일어났습니다. 교회를 성령으로 봉사하시면서 먼저 돌아가시는 분들의 시신(屍身) 보는 것을 두려워하시던 어머님이 그 꿈 이후로는 두려움이 사라지셨다는 것입니다. 어머님의 고백은 "그렇게 좋은 곳에서 살고 계신 분들"이라는 것입니다. 하나님의 부르심을 받아 먼저 가신 분들의 시신을 이제는 두렵지 않게 보시고 장례식에 참여할 수 있게 되었다고 고백하셨습니다.

믿음의 사람들에게 주시는 하늘에 있는 집, "썩지 않고 더럽지 않고 쇠하지 아니하는 기업을 잇게 하시나니 곧 너희를 위하여 간직하신 것이라"(벧전1:4). 그 하늘을 바라보고 꿈을 꾸며 인생을 산다는 것이 이 땅에서의 참된 행복이 아닙니까?

그리고 어머님이 이 이야기를 들려주실 때 이렇게 말씀하셨습니다. "꿈에서 깨어나 보니 다시 이 세상이어서 참으로 섭섭했다."는 것이었습니다. 그 때 나는 "어머님이 먼저 가시면 안 되지요, 자식들이 아직 있는데, 그리고 그 나라가 그렇게 좋았습니까?" 하고 물으니 "그렇다"고 하십니다. 어머님은 지금까지 건강하게 살아 계십니다. 하나님이 붙들어 주시고 계심을 나는 알고 있습니다. 하나님의 나라, 천식으로 고생하지 않아도 되는 나라, 죽음이 없고 두려움이 없는 나라, 하나님 아버지와 함께, 나를 위해 죽기까지 하신 예수님과 함께 하는 나라, 그리고 내 안에서 거룩한 삶을 살도록 도와주시는 성령이 함께 하는 그 나라는 또 다른 나의 가족들이 되는 나라입니다.

그러기에 "육으로 난 것은 육이요, 성령으로 난 것이라야 영"(요3:6)이라는 말씀대로, 그리스도인들은 육신의 욕심을 따라 사는 세상의 가치관을 벗어 버리고(엡4:22), 하나님 아버지 나라의 가치와 진리를 따라 삶을 영위 할 줄 아는 데까지 이르러야 할 것을 늘 확인하고 살아가는 힘을 내게 된 것입니다. 이런 아버님과 어머님의 꿈속의 치유하심이 곧 나의 인생에서 꿈꾸는 삶을 살아갈 수 있는 동기가 되고 있었습니다.

그리고 내가 예수님을 만난 바닷가의 꿈, 그리고 후일에 꾸게 되는 하늘에 나타나신 예수님의 꿈, 한국 교회 안의 불상의 꿈들이 나를 평생 이끌고 있었습니다. 그러니까 나의 인생은 꿈의 이야기들이라 해도 과언이 아닙니다. 그것이 하나님의 나라, 예수님이 주신 꿈들이기 때문입니다. 비록 그 꿈들로 인하여 나의 세상적인 삶은 순탄하지 않았지만, 주 안에서는 늘 소망이 있는 인생이었습니다. 나는 그것을 주 안에서 자랑하고 있습니다.

셋째, 꿈을 꾸고 질병이 치유된 사례. 필자가 몇 년 전에 자고 일어나면 등이 아파서 일어나기 힘든 고생을 했습니다. 치유를 한다는 목사가 아프다고 다른 목사님에게 안수를 받을 수 있는 처지가 아니 이었습니다. 그래서 하나님에게 기도를 했습니다.

하나님 저의 등을 치유하여 주옵소서. 하고 간절하게 기도를 했습니다. 그렇게 기도를 한 달 정도 한 것 같습니다. 꿈에 아는 여 목사님이 오셔서 등을 만지시면서 주사를 놔주었습니다. 아침에 일어나니 거뜬하게 나았습니다. 나았는가 심더니 얼마 있지 않아 또 아프기 시작을 하는 것입니다. 다시 기도를 했습니다. 하나님! 지난번 천사를 보내주셔서 주사를 놓아주어서 치유가 되었습니다.

그런데 다시 아프기 시작을 합니다. 완벽하게 치유하여 주옵소서! 기도를 했습니다. 얼마 지나서 꿈에 하얀 옷을 입은 두 분이 오셔서 저의 등을 수술을 하시는 것입니다. 칼로 째서 피를 뽑아냈습니다. 아침에 일어나니 씻은 것과 같이 치유가 되었습니다. 그 후 10년이 지난 지금까지 아프지를 않습니다. 하나님이 치유의 천사를 보내서 치유하신 것입니다.

내가 한창 병원에 전도하러 다닐 때 일입니다. 저는 병원전도를 할 때 주기도문을 30여장씩 복사해서 가지고 다닙니다. 치유 안수기도 해주고 주기도문을 보고 기도하라고 합니다. 어느날 병원에 전도하러 갔다가 눈이 보이지 않는 당뇨병환자를 발견하였습니다. 그래서 보호자에게 옆에 앉아서 주기도문을 외우면 질병이 치유가 될 것이라고 했습니다. 그리고 몇 칠 있다가 갔습니다. 가서보니 앞 병상에 입원해 있던 어느 여자 분이 저에게 목사님 감사합니다. 그러는 것입니다. 그래서 감사하다니요. 안수도 해드리지 않았는데 무엇을 감사합니까? 그러니까, 하는 말이 목사님이 주기도문을 외우면 병이 빨리 치유가 된다고 해서 제가 주기도문을 계속 암송했습니다. 그저께 낮잠을 자다가 꿈을 꾸었습니다. 꿈에 내가 큰 구덩이에 빠져 있었습니다. 그런데 구덩이 밖에 개들이 빙 둘러서 있으면서 나를 잡아먹으려고 계속 짖었습니다. 순간 목사님이 말씀하신 주기도문을 외우라는 생각이 번개같이 떠올랐습니다.

그래서 구덩이 속에서 주기도문을 계속 암송을 했습니다. 주기도문을 계속 암송하니 개가 한 마리씩, 한 마리씩, 도망을 갔습니다. 그리고 내가 구덩이에서 탁 뚱겨서 나왔습니다. 그 꿈을 꾸고 나니 내 병이 나았다는 강한 감동이 왔습니다. 어제 내시경 검사를 받으니 퇴원해도 되겠다고 하여 내일 퇴원합니다. 목사님 감사합니다. 내가 이렇게 당부를 했습니다. 또 재발을 할 확률이 있으니 성령이 충만한 교회에 가셔서 성령의 지배와 장악이 되는 믿음생활을 하라고 하고 축복 안수기도를 해드렸습니다.

서울에서 목회하고 있는 여 목사님이 한동안 치유와 능력을 받으러 다녔습니다. 한 달이 지난 다음에 상담을 요청했습니다. 내용은 꿈에 대한 내용입니다. 얼마 전부터 자신의 어머니가 꿈에 자주 나타난다는 것입니다. 자신의 예감에 좋지 못한 일이 일어날 것 같다는 것입니다. 그 말을 듣는 순간 성령께서 저에게 이렇게 감동을 하시는 것입니다. 어머니가 생전에 무슨 질병으로 고생을 했는가 물어보라는 것입니다. 그래서 목사님에게 질문을 했습니다. 목사님! 친정어머니가 생전에 건강하셨습니까? 그랬더니, 목사님! 아닙니다. 중풍으로 한 10년간 고생하시다가 2년 전에 천국에 가셨습니다. 그래요. 목사님! 지금 건강은 좋습니까? 좋지 않습니다. 목회하기가 힘이 들어 스트레스를 많이 받고 있습니다. 거기다가 남편이 속을 많이 섞입니다. 그래서 하루도 마음이 편할 날이 없습니다. 하도 답답하여 친구 소개로 여기에 오게 된 것입니다. 이렇게 대화를 하는데 성령께서 저에게 축사를 하라는 감동을 주시는 것입니다. 목사님을 바르게 앉으라고 했습니다. 성령의 지배가 되도록 호흡을 들이쉬고 내쉬라고 했습니다. 머리에 손을 얹고 성령님 임하소서, 역사하여 주옵소서, 한 1분이 되자 성령의 지배와 장악이 되었습니다. 그러자 숨어있던 귀신이 정체를 폭로했습니다. 벌~벌~벌~ 떨더니 오른 손이 오그라드는 것입니다. 그리고 발이 오그라드는 것입니다. 저는 많은 사람들을 안수기도를 했고, 축사를 많이 하여 딱 보면 압니다.

순간 중풍 귀신이 정체를 폭로한 것이라고 단정을 했습니다. 그래서 성령님 강하게 역사하여 주옵소서. 하고 기도를 했습니다. 여 목사님이 막 괴성을 지르면서 한동안 발작을 했습니다. 그러다가 한동안 기침을 하다가 떠나갔습니다. 오그라든 손과 발이 정상이 되었습니다. 여 목사님도 안정이 되었습니다. 그래서 제가 여 목사님에게 이렇게 권면했습니다. 친정어머니를 중풍 걸리게 한 타락한 천사가 목사님도 중풍이 걸리게 하려고 왔는데 정체가 폭로되어 떠났습니다. 완전하게 떠난 것이 아니고 다시 들어오려고 호시 탐탐 노릴 것입니다. 지속적으로 몇 개월 다니면서 말씀과 성령으로 충만하게 채우시면서 치유와 능력을 받아 권능을 쌓으라고 했습니다. 여 목사님이 순종하고 6개월 정도 다니면서 훈련을 받고 가서서 지금 목회를 잘하고 계십니다. 이렇게 꿈 해석을 통하여 불치질병을 치유할 수가 있습니다. 이 여 목사님이 방심했다면 영락없이 중풍에 걸렸을 것입니다. 하나님의 은혜로 예방한 것입니다.

필자가 군대에서 명퇴를 하고 나오려고 할 때에 병에 걸려서 병원에 입원을 하게 되었습니다. 스트레스를 많이 받으니 소변에서 피가 나오는 증상이 있어서 병원에 가니 입원을 하라고 했습니다. 그래서 입원을 하고 치유를 받았습니다. 입원하고 4일이 지났을 때 꿈을 꾸었습니다. 내가 목욕탕에서 목욕을 하는 꿈입니다. 그 꿈을 꾸고 나니 무엇인지 모르게 병이 치유되었다는 생각이 들었습니다. 그래서 혈액검사와 초음파 검사를 했습니다. 결과를 보니 깨끗하게 치유가 되었다는 것입니다.

그래서 6일 입원을 하고 퇴원을 했습니다. 그 후 지금까지 그런 병이 생기지를 않았습니다. 내가 지금까지 치유사역을 하면서 상담한 결과 환자가 목욕탕에서 깨끗한 물로 목욕을 하는 꿈을 꾸면 모두 치유가 되었습니다. 흐린 물로 목욕을 하면 반대로 병세가 여전하게 영향을 끼친다는 것입니다. 성령의 지배와 장악된 가운데 내면의 상처를 치유하면서 병에게 선포하며 안수기도를 해야 합니다.

우리가 알아야 할 것은 "꿈에 하얀 옷을 입은 사람들이 자신을 치유하여 주었다. 질병이 나을 것이라고 말했다." 고 하면 질병이 당장 치유된 것으로 믿는 경향이 있습니다. 이는 앞으로 치유가 된다는 뜻이지 현재 치유되었다는 뜻이 아닙니다. 성령충만한 믿음 생활을 하면서 깊은 기도를 하면 반드시 치유가 된다는 뜻입니다. 그러므로 이런 꿈을 꾸었다고 당장 병이 치유된 것으로 단정하지 말고 영적인 활동을 지속적으로 해야 치유가 됩니다. 말씀과 성령의 역사가 자신을 장악하게 하라는 말입니다. 절대로 방심은 금물입니다. 경각심을 가지고 적극적인 영적인 생활을 해야 합니다. 잘못하면 마귀의 간계에 넘어갈 수도 있습니다.

많은 목회자와 성도들이 꿈을 꾸었다고 당장 치유가 된 것으로 착각하고 방심하고 지내다가 덤터기를 당하는 것을 많이 봅니다. 분명하게 앞으로 치유가 된다는 예지몽이라는 것입니다

넷째, 질병과 관련된 꿈

● 이불을 덮고 누워 있는 꿈은 중병에 걸리거나 진행하고 있는 일을 그만 두게 될 징조이다.

● 양이나 염소가 방에 들어와 누워 있는 꿈은 재산이 낭비되거나 가족에게 질병이 생기는 등 집안에 근심거리가 생길 것이다.

● 반듯이 누워 시간감각을 잊어버렸던 꿈은 실직이 되어 긴 공백을 갖게 되거나 병상에 있는 사람은 치유기간이 길어지게 된다.

● 반듯하게 누워 있는데 발치에 누가 앉아 있었던 꿈은 자신의 일에 방해하는 사람들이 많아 심한 어려움을 겪게 된다.

● 땅에 누워 있는 꿈은 근심과 걱정거리가 계속될 징조이다.

● 수레 속에 누워 있는 꿈은 교통사고가 날 가능성이 크므로 조심해야 한다. 교통법규를 잘지키고 횡단보도 건널 때 주의.

● 쌀과 보리에 누워 있거나 앉아서 휴식을 취하는 꿈은 여러 가지 이득과 재물이 풍족해지는 기쁨이 생긴다.

● 누군가 하얀 색 이부자리를 덮고 안방에 누워 있는 꿈은 집안에 우환이 들끓고 질병과 사고가 발생하거나 천재지변이 있다.

● 여자가 소복을 하고 누워 있는 꿈은 악신이 행복한 가정에 재를 뿌리며, 근심걱정, 우환이 발생한다.

● 이부자리를 깔고 누워 있는 꿈은 갑자기 질병과 악귀가 침범하여 집안을 혼란스럽게 만든다.

● 이부자리에 누워 있다가 벌떡 일어나는 꿈은 오래도록 중병으로 앓던 사람은 병세가 호전되며, 성공, 노력 끝에 쾌유, 연구 끝에 발명을 하게 된다.

● 잔디밭에 누워 있는 꿈은 열심히 연구하거나 병원에 입원 또는 사람을 오래 기다릴 일이 발생한다.

● 죽은 아내가 방안에 누워 있는 꿈은 집안에 질병이나 근심 걱정이 생기며, 구설, 싸움, 소송, 사고, 질병 등이 발생한다.

● 탁자 위에 올라가서 누워 있는 꿈은 순조롭게 극복하기 힘든 장애나 손실 또는 흉사에 부딪쳐 재난을 당한다.

● 집안이나 교회의 천정의 기미줄을 제거하며 거미를 잡는 꿈은 병이 치유되고 가정과 교회에 우환이 물러가고 축복이 임하는 꿈이다.

16장 재물과 관련된 꿈 해석과 적용

(딤전 6:9-10)"부하려 하는 자들은 시험과 올무와 여러 가지 어리석고 해로운 욕심에 떨어지나니 곧 사람으로 파멸과 멸망에 빠지게 하는 것이라. 돈을 사랑함이 일만 악의 뿌리가 되나니 이것을 탐내는 자들은 미혹을 받아 믿음에서 떠나 많은 근심으로써 자기를 찔렀도다"

하나님은 꿈을 통하여 성도들에게 말씀을 하십니다. 그런데 일부 교회에서 꿈을 무시하는 경향이 있습니다. 그러나 꿈 그자체가 문제가 아닙니다. 심리적인 꿈을 하나님이 주신 것으로 오용하는 것이 문제입니다. 그렇기 때문에 우리가 꿈을 폐기처분해서는 안될 일입니다. 지금도 많은 사람들이 꿈을 꾸고 꿈을 이야기하고 있습니다. 그렇기 때문에 목회자들이 꿈 이야기를 못하도록 통제시켜서는 안될 것입니다. 오히려 건전한 방법으로 꿈이 이야기되고, 세상적 잣대의, 마귀적 풀이의 꿈 해몽책들의 해몽을 적용하지 못하게 성경적인 꿈 해석을 해줘야 합니다. 요셉처럼. 다니엘처럼 그래야만 세상적 꿈 해몽에 접근하여 마귀적인 해석으로 하나님의 말씀을 잘못 적용하는 일이 없도록 해야 합니다. 그것이 성경적인 꿈 해석을 빨리 목회자들이 알아서 공부해서, 성도들에게 요셉처럼 꿈 풀이를 해줘야만 마귀의 궤계를 막고, 성도들을 지키는 일일 것입니다. 그러려면, 목회자 자신이 꿈에 대하여 성경적으로 열려 있어야 하고, 꿈을 바르게 해석할 수 있는 적용할 수 있는 훈련이 있어야 합니다. 목회자들이 꿈을 금기시 하였던 이유는 요셉처럼 꿈은 하나님께 있고, 해석도 하나님께 있다는 것을 모르고, 세상의 꿈 해몽과 마귀적 꿈 해몽만이 난무하는 시대다 보니, 세상적 꿈 해몽을 하면 마귀에게 접근하는 것이 되다보니, 교회와 성도들에게 아무런 유익이 되지 않으니 목회자들이 그동안 막아왔던 것이 사실입니다. 허나, 이제 부터는 정말, 우리 기독교 성경적인 꿈 해석을 만들어 기본을 만들어 낸다면, 이는 세상적, 마귀적인 꿈 해몽을 성경적인 하나님적인 꿈 해석으로 물길을 돌릴 수 있습니다. 그래야만 하고, 그래야만 이 나라 이민족이 마귀의 손아귀에서 벗어나 진정 하나님나라가 될 수 있다고 생각합니다.

목회자가 꿈을 해석하지 못하고, 꿈에 대하여 물어오면, 금기시 한다면, 많은 성도들은 은밀한 꿈 이야기를 나눈다든지 아니면 미신적인, 해석가들을 찾아다니게 될 것입니다. 그러니 이제 목회자들은 성도들의 꿈 이야기에 귀를 기울여야 합니다.

특별히 성도들이 심리적인 꿈을 꾸었을지라도 신앙지도에 유용할 수 있습니다. 이제 성경적으로 바르게 꿈을 해석하고, 바르게 적용하도록 잘 안내 할 수 있어야 합니다.

하나님은 우리에게 부단히 말씀하십니다. 크게는 소리언어, 그림언어, 글자언어로 말씀하십니다. 특별히 꿈은 그 안에 들어있는 자세함과 풍성함과 박진감으로 꿈꾼 사람의 영혼을 뒤흔드는 하나님의 동영상 언어입니다. 우리는 꿈을 통해 내면의 무한한 힘과 연결됩니다. 꿈은 우리에게 잘못된 것을 알려주고 우리내면의 부조화나 감정결핍의 근본원인을 가르쳐 줍니다. 또 꿈은 인생의 심오한 의미를 드러나 주고 반짝이는 통찰력을 전해줍니다. 실제로 우리는 꿈 해석을 통해 내면의 숨은 지혜를 깨달을 수 있습니다. 재물과 관련된 꿈들은 다음과 같은 것들이 있습니다.

첫째, 돼지를 잡거나 가져오는 꿈. 복음적으로 해석하면 돼지는 더러움을 상징하는 것입니다. 돼지꿈을 자구 꾼다면 자신의 심령 상태를 점검하여 보는 것이 좋습니다. 돼지는 욕심을 상징하는 것입니다. 축귀를 하다가 보면 돼지 소리를 하면서 귀신들이 떠나가는 것을 종종 보게 됩니다. 꿈에 돼지가 보이는 분은 자신이 탐욕이 강하지는 않은지 성령의 임재 하에 찾아보아야 합니다. 욕심이 많은 분들이 돼지꿈을 자주 꿉니다.

세상에서 예로부터 돼지는 다산과 풍요를 상징하는 동물로서, '쑥쑥' 커가는 점에서 돼지로 표상된 사업의 융성이나 재물의 번창함의 상징표상으로 등장하고 있습니다. 이 경우 돼지꿈의 전개가 좋게 나타나야 하는 것은 물론입니다. 세상의 예를 든다면 돼지를 쫓아낸다든지 돼지가 사라지는 꿈은 들어오려던 재물을 잃는 것으로 실현되고 있습니다. 다만, 돼지꿈이 반드시 재물운, 이권 획득 등으로만 실현되는 것이 아니라, 돼지를 잡는 꿈을 꾼 후에 태몽으로 실현된 사례도 상당수 있습니다.

여러 사례를 살펴보면, 똥을 묻힌 돼지가 달려드는 꿈, 시커먼 돼지들이 집안으로 들어오는 꿈, 커다란 어미돼지가 새끼들을 끌고 집으로 들어오는 꿈, 오물이 묻은 더러운 돼지를 안는 꿈, 꿈에 커다란 돼지가 안방에 들어와 차고 앉아 있는 꿈, 살색 돼지 세 마리가 쫓아와서는 옷을 물고 놔주지를 않는 꿈 등이 재물의 획득으로 실현되고 있습니다.

복음으로 해석하면 완전하게 다릅니다. 앞의 사례의 돼지꿈을 꾸었다면 성령으로 내적치유를 하고 축귀를 해야할 것입니다. 필자가 지금까지 내면을 치유하면서 꿈을 종합하면 돼지가 떼를 지어 집으로 돌아왔다면 반드시 영적인 문제로 고통을 당했습니다.

둘째, 인분과 관계된 꿈. 인분은 복음적으로 말하면 더러움을 나타내는 것입니다. 내가 한창 치유를 받으면서 인분 꿈을 많이 꾸었습니다. 변소에 빠지는 꿈, 더러운 인분 속에서 무엇을 끄집어내는 꿈, 변소를 치우는 꿈 등을 꾸었습니다. 인분 꿈을 자주 꾸는 분은 자신의 영육에 회개거리가 있다고 보면 맞습니다.

세상적으로 인분 꿈의 특징은 주로 재물과 관련지어 실현되는 특징이 있습니다. 인분을 온 몸에 뒤집어쓰거나 깊이 빠진다거나 밟는 꿈, 변소 안이 누런 대변으로 차있는 꿈, 옷에 묻히는 꿈 등이 좋다고 합니다. 그런데 복음적으로 해석하면 내면의 상태가 좋지 않은 것을 보여주신 것입니다. 다만, 인분을 버리는 꿈은 좋습니다. '대변을 본 후 비닐봉지에 싼 후 화장실에 버리는 꿈은 자신의 문제나 질병이 해결된다는 꿈으로 해석 가능합니다.'

인분 꿈은 배설 행위로 인하여 정신적 억압으로부터의 해소, 소원 충족을 뜻합니다. 화장실에서 뜻대로 일을 치르는 꿈은 하고자 하는 일이 순조롭게 진행됨을 뜻합니다. 반면 화장실이 저저분하거나 문이 안 열려 일을 치를 수 없었던 꿈은 하고자 하는 일의 좌절 등으로 고통이 찾아올 수가 있으니 주의해야 합니다.

셋째, 돌아가신 부모님이나 조상이 나타나는 꿈. 조상이나 돌아가신 부모님이 꿈속에 나타나는 경우 얼굴이나 모습의 좋고 나쁨을 막론하고 해석하여 해결해야 할 것입니다. 제가 그동안 대물림 되는 가난함이나 중한 병에 걸린 분들을 상담한 결과 질병으로 돌아가신 부모님이 꿈에 보이면서 질병 발생했다고 진술했습니다.

세상적으로 해석하면 돌아가신 아버지와 함께 모내기를 하는 꿈, 돌아가신 아버님이 돈다발을 쥐어 주는 꿈, 돌아가신 아버님으로부터 하얀 보따리를 선물 받는 꿈, 돌아가신 어머니가 고생한다며 위로의 말씀을 한 꿈, 돌아가신 부모님이 나타나 아가씨와 결혼하라는 꿈, 돌아가신 시어머님이 꽃을 한 송이 주는 꿈, 돌아가신 어머니가 자신의 이름을 애타게 부른 꿈, 돌아가신 부모님이 복권을 주시는 꿈 등은 재물 운으로 이루어지고 있습니다.

복음적으로 보면 반대로 상황이 전개 될 수도 있으니 주의가 요망됩니다. 좌우지간 돌아가신 분이 꿈속에 나타나면 문제가 있습니다. 살아계신 부모님이 밝은 표상의 웃는 얼굴, 좋은 모습으로 다정스럽게 나타나는 경우 좋은 일이 있을 것을 예지해주는 경우입니다. 반면에 어두운 표정, 근심스런 표정, 검은 빛의 얼굴 등 안 좋은 표상으로 나타나면 무언가 안 좋은 일이 일어날 것을 일러주는 경우도 있습니다. 좌우지간 돌아가신 부모님이 꿈에 나타나는 것은 복음적으로 좋지못한 것입니다. 부모님은 천국에 계십니다. 고로 부모님이 살아계실 때 따라다니던 귀신일 가능성이 있습니다.

넷째, 아기 낳는 꿈. 복음적으로 아기를 낳는 꿈은 영혼전도를 말하는 것입니다. 영혼을 전도한다는 예언적인 꿈으로 볼 수가 있습니다. 또 다른 의미는 자신에게 와있던 근심거리가 없어지는 꿈입니다. 세상에서는 아기를 낳는 꿈은 새로운 생명이 탄생한다는 데에서 아기로 표상된 어떠한 권리나 이권의 획득, 재물의 횡재수 등으로 실현되고 있습니다. 세상적으로 세쌍둥이, 네쌍둥이 등 많이 낳을수록 크게 이루어지며, 낳은 아기가 좋아보일수록 좋은 성취, 좋은 재물 운으로 이루어진다는 설이 있습니다.

다섯째, 대통령 및 귀인과 만나는 꿈. 꿈속에서 대통령을 만나는 꿈을 복음적으로 해석하면 천사의 방문으로 보면 타당합니다. 자기에게 있던 문제가 해결되는 꿈이기도 합니다. 대통령이 방문하면 관직에 있는 분은 승진하는 꿈입니다. 필자도 대통령이 집에 방문한 꿈을 꾸고 승진이 되었습니다. 세속에서도 꿈속에서 대통령 및 귀인을 만나게 되는 꿈은 길몽에 속합니다. 최고의 통치자나 귀한 사람의 도움을 입게 됨을 꿈을 통해 예지해 주고 있다고 보아야 할 것입니다. 대통령이나 귀인으로부터 악수를 하거나, 훈장을 받는 꿈, 명함을 받는 꿈, 식사나 차를 대접받는 꿈이라면, 좋은 일을 기대해도 좋을 것입니다.

여섯째, 돈, 동물, 재물, 귀한 물건을 얻는 꿈. 제가 지금까지 체험한 바로는 종이 돈 뭉치를 누가 주던지 가지고 있으면 다음날 어떤 성도가 큰돈을 헌금을 하였습니다. 반대로 동전 꿈을 꾼 다음날은 금전적인 손해를 보았습니다. 꿈을 꿈은 반대가 아닌 상징표상의 이해에 있습니다. 돈, 동물, 재물, 귀한 물건을 얻는 꿈은 실제로 큰 재물이나 이권을 얻는 일로 실현되고 있습니다. 다만, 적은 액수의 돈을 줍는 꿈의 경우에는, 불 만족감으로 인해 재물이 나가는 일로 실현된 사례가 많이 있습니다.

물질을 얻는 꿈은 낯선 사람한테서 돈다발을 한 아름 얻는 꿈, 돈다발을 주워 호주머니에 집어넣는 꿈, 예쁜 도자기 두 개를 품에 안는 꿈, 별 다섯 개가 하늘에서 내려와 이마에 앉는 꿈, 돈다발을 한 아름 받아 안는 꿈, 노란 금반지를 받는 꿈, 탐스런 감 두 개를 따오는 꿈, 물고기 한 마리를 받은 꿈, 동전 두 개를 줍는 꿈, 돼지가 손안에서 저금통으로 변한 꿈, 보석을 줍는 꿈, 탐스런 복숭아 따는 꿈, 토실토실한 알밤을 줍는 꿈 등을 들 수 있습니다.

일곱째, 불이 활활 타는 꿈. 불이 활활 타는 꿈의 복음적인 의미는 성령으로 자신의 죄악과 더러움이 타서 없어지는 꿈입니다. 또 다른 의미는 성령의 강한 권능을 받는 꿈으로 길몽입니다. 성도에게는 아주 좋은 꿈입니다. 세속에서 불이 활활 타고 있는 꿈은 불길의 치솟음에서 번성함, 번창함, 일어남 등의 확장·발전을 의미하고 있습니다. 재물이 들어오는 꿈은 집이 불타버리는 꿈, 자신의 몸이 불타는 꿈, 자신의 공장이 불타 버리는 꿈 등이 있습니다.

여덟째, 죽거나 시체에 관계된 꿈. 꿈은 상징표상의 이해에 있습니다. 죽음의 꿈은 재생, 부활, 새로운 세계로 나아감을 상징하고 있습니다. 자신이 죽는 꿈은 현재의 상황에서 벗어나 새로운 삶이 열리게 된다는 것을 암시해주고 있습니다. 성령의 사람으로 변하는 꿈입니다. 속사람이 강건해졌다는 보증입니다. 즉, 현재의 자신의 여건이나 상황에서 벗어나, 새로운 인생길 새로운 세상으로 나아감을 상징하고 있습니다.

사례를 살펴본다면 마지막 남았다는 한 발의 권총 탄환을 이마에 맞고 죽는 꿈, 불에 타 죽는 꿈, 전복된 차위에 승용차 두 대가 덮치는 꿈, 암에 걸려 피를 토하며 죽는 꿈, 칼에 찔려 온몸이 피투성이가 된 꿈 등이 있습니다. 시체는 어떤 업적 물과 재물의 상징표상으로 등장되고 있으며, 꿈속에서 시체를 본 꿈을 꾸고 나서는 대부분 재물이나 이권의 획득, 소원성취 등 좋은 일로 실현되고 있습니다.

아홉째, 아름답고, 풍요롭고, 좋은 표상의 꿈. 꿈은 반대가 아닌 상징표상의 이해에 있습니다. 밝고 아름답고 풍요로움의 꿈이라면, 현실에서도 좋은 일로 실현되고 있습니다. 말씀과 성령으로 충만하여 심령이 평안한 상태를 꿈으로 보여준 것입니다. 안정된 심령상태를 나타내는 꿈입니다. 자기가 추구하고 기도하는 것이 응답이 되는 꿈입니다. 승진, 합격, 소망성취, 권세, 명예, 이권, 재물획득 등 꿈은 꿈을 꾼 사람이 처한 상황에 따라서 다르게 실현되고 있습니다. 창문너머로 눈부시게 밝은 햇살이 들어오는 꿈, 도라지꽃이 예쁘게 만발한 언덕을 누비는 꿈, 집 마당 나뭇가지에 열린 호박을 따는 꿈, 나락(벼)을 한 다발 안고 집으로 들어오는 꿈, 자신의 집 둘레에 벼가 가득히 쌓여있는 꿈, 고향집에 온가족이 화기애애하게 빙 둘러 앉아 있는 꿈, 애인과 결혼하는 꿈 등을 꾸고 엄청난 재물을 얻는 것으로 실현되고 있습니다.

이 밖에도 재물을 얻는 꿈은 아내와 두 아들을 데리고 유원지에 놀러간 꿈, 달을 잡으러 달려 간 꿈, 맑은 물이 넘쳐흐르는 꿈, 돌을 집으로 가지고 들어오는 꿈, 높은 산이나 언덕에 오르는 꿈, 흙을 파서 집으로 돌아오는 꿈, 산 정상에 오르거나 사람을 만나는 꿈, 바위 암벽이 여인의 풍만한 유방이었던 꿈, 아내가 아닌 다른 여자와 정사를 즐기는 꿈, 이름 모를 예쁜 꽃들이 피어있는 꽃밭을 거니는 꿈, 산위에 올라가 운해(雲海)의 절경을 보는 꿈 등이 있습니다. 이밖에도 좋은 표상의 꿈으로는 깨끗한 샘물을 떠 마시는 꿈, 아름다운 꽃을 꺾고 잘 익은 과일을 따는 꿈, 경주에서 1등을 하는 꿈, 기분 좋게 수영하는 꿈, 싸워서 이기는 꿈, 산을 신이 나게 올라가는 꿈, 하늘에서 태양이 빛나는 꿈, 햇빛이 방안에 가득한 꿈, 목욕을 하는 꿈 등이 있습니다.

열째, 동물, 곤충, 식물에 관계된 꿈. 물고기를 복음적으로 해석하면 성도를 말하는 것입니다. 물고기는 재물을 상징하는 표상물입니다. 물고기를 잡는 꿈을 꾸고 나면 재물을 얻는다고 하는 설도 있습니다. 이처럼 물고기로 표상된 어떤 권리·이권·명예를 얻거나 재물 등을 획득하기도 합니다. 영혼을 전도하기도 합니다. 또한 상대방 사람이나 동물을 죽이는 꿈도 좋습니다. 꿈을 꾸고 인생을 새 출발한 사례로, 주머니에 물고기과 들어있는 꿈, 강에서 물고기 떼가 몰려오는 꿈, 탐스런 물고기 낚는 꿈, 아름다운 잉어 한 마리가 튀어 올라 따라오는 꿈, 거북이 두 마리가 자신의 어항에 담겨있는 꿈 등이 재물 운으로 이루어지고 있습니다.

이밖에도 용이나 비행기를 타고 나는 꿈도 좋습니다. 꿈속에서 복권에 당첨되거나 주식의 상승을 보는 꿈이 사실적인 미래투시적인 꿈인 경우, 실제로 현실에서 꿈에서 본 그대로 현실에서 일어나는 일로 실현되기도 합니다. 꿈은 반대가 아닌 상징표상의 이해이며, 밝고 좋은 꿈을 꾼 경우, 재물 운 소원성취 등 좋은 일로 실현된다고 믿어도 될 것입니다.

기획재정부 복권위원회가 작년 한 해 동안 로또1등에 당첨된 291명 중 147명을 대상으로 한 설문조사 결과, '재미 삼아(43%)' 로또를 샀다가 1등에 당첨된 경우가 대다수를 차지했다고 합니다.

'거액의 당첨금을 기대(21%)'하고 로또를 산 이들보다 수치가 높은 것을 보면 마음을 비우는 것이 1등 당첨 확률을 높이는 방법인 듯합니다. '좋은 꿈을 꿔서(17%)' 로또를 산 당첨자 중 조상관련 꿈을 꾼 이는 39%, 재물 관련 꿈 12%, 동물관련 꿈 10%, 물/불 관련 꿈 8%, 신체 관련 꿈 7% 순이었고, 대통령 관련 꿈 1%였다고 합니다. 기타 꿈(15%) 중에는 연예인도 나왔다는 재미난 답변도 있었다고 합니다.

믿음생활을 잘하는 가운데 거지의 영이 대물림되어 고통당하게 된 집사님 부부가 있었습니다. 믿음 좋고 신앙생활도 모범적으로 잘해나가던 집사님 부부에게 문제가 한 가지 있었습니다. 맞벌이를 하는데도 불구하고 늘 물질문제로 고통을 당하는 것입니다. 그래서 제가 하나님께 기도하니 그 집안에 거지 영이나 가난의 영이 흐르는지 분별해 보라는 감동을 주셨습니다. 두 부부는 이렇게 상담을 요청해 왔습니다. "목사님, 목사님이 아시다시피 우리 부부는 돈도 열심히 벌고, 믿음생활도 열심히 하고 십일조 생활도 잘하는데 왜 그러는지 물질로 늘 고통을 당합니다. 왜 그럴까요?" "저는 그렇지 않아도 제가 집사님 부부를 위하여 기도를 하였는데 집안에 거지 영이나 가난의 영이 흐르는지 찾아보세요. 그리고 회개하시고, 예수 이름으로 가난이나 거지의 영의 줄을 끊고 귀신을 쫓아내세요" 하고 가르쳐 주었습니다. 집사님 부부는 날마다 열심히 마귀의 저주를 끊고 저주하던 귀신을 쫓아내는 기도를 하였습니다. 그런데 어느 날 여 집사님이 돌아가신 시아버지가 거지꼴을 하고 자신을 따라오는 꿈을 꾸었습니다. "예수 이름으로 명하노니 떠나가라! 예수 이름으로 명하노니 떠나가라! 예수 이름으로 명하노니 떠나가라!"라고 꿈속에서 아무리 외쳐도 시아버지가 계속 따라오는 것입니다. 그래서 "하나님 어떻게 해야 합니까?"하고 울부짖자, "물과 불을 통과하라! 물과 불을 통과하라! 물과 불을 통과하라! 물과 불을 통과해야 저 거지 귀신이 떠나간다."라고 하셨습니다. 그래서 앞을 보니까 큰 강이 흐르는데 불이 훨훨 타면서 흐르더랍니다. 무서워서 도저히 통과할 수가 없었지만 시아버지가 계속 따라오고 있어서 자포자기하는 심정으로 불 강을 통과 했습니다. 그리고 나서 뒤를 돌아보니 거지 시아버지가 따라오지 않더랍니다. 그 다음부터 물질이 서서히 풀리기 시작하더니 지금은 물질의 문제가 풀려 하나님 나라에 열심히 물질을 심으면서 풍성하게 지내고 있습니다.

어느 여 집사님이 저에게 이런 상담을 했습니다. 목사님 얼마 전에 한 꿈을 꾸었는데 돌아가신 우리 시아버지가 거지가 되어 우리 방문을 열고 들어오려고 하는 것을 보고 꿈을 깼습니다. 그래서 제가 이렇게 대답을 해주었습니다. 그것은 조상으로부터 전이되는 거지의 영(귀신)입니다. 집사님의 가정 경제 형편이 지금 어떻습니까? 아니 목사님 말씀이 맞습니다. 우리 지금 거지가 되었습니다. 남에게 빌어다가 먹고 사는 형편입니다. 집사님 빨리 영적인 전쟁을 하십시오. 조상 대대로 전이 되는 가난의 영과 일전을 하셔서 몰아내시기를 바랍니다. 그렇지 않으면 가난이 떠나가지 않습니다. 그래서 집사님이 한 일 년 동안 거지의 영과 영적전쟁을 한 결과 지금은 모든 물질의 문제가 풀리고 잘 지내십니다. 우리는 이 것을 알아야 합니다. 꿈에 거지 모습으로 나타난 시아버지는 진짜 시아버지가 아닙니다. 대대로 빌어먹게 하던 거지의 영이 시아버지 모습으로 나타난 것입니다. 왜냐하면 미혹하기 위해서 그러는 것입니다. 자손들에게 환영을 받으면서 활동하려고 그러는 것입니다. 죽은 사람의 영은 천국이 아니면 지옥에 가있습니다. 나오지 못합니다. 무속 같은 이론에 속지 마시기를 바랍니다. 이것은 성경에 어긋나는 잘못된 이단과 사이비의 이론입니다. 절대로 현옥되지 마시기를 바랍니다. 절대로 죽은 사람의 영은 세상에 나올 수가 없습니다. 성경 누가복음 16장 23절로 26절에 보면 이렇게 기록되어 있습니다. 절대로 지옥이나 천국에서 세상으로 왔다 갔다 할 수가 없습니다. 꿈에 나타난 시 아버지는 타락한 천사가 가장하고 나타난 것입니다. 만약에 이런 경우에 처한 분이 계시다면 강하게 영적인 투쟁을 하시기를 바랍니다. 그래야 가난의 문제가 풀립니다. 제가 지금까지 치유사역을 하다가 보니, 모든 문제에는 이유가 있다는 것입니다. 이유 원인을 찾아 해결하면 문제는 해결되는 것입니다. 하나님은 성도를 축복하시는 하나님이 십니다.

여기 한 여성도의 간증을 들어보시기를 바랍니다. 대물림되는 가난과 거지의 영이 끊어졌어요. 라는 제목의 간증입니다. 어느 여성도님이 결혼을 했는데 남편과 자신의 가계에 흐르는 가난의 대물림으로 너무너무 가난하고 헐벗고 굶주리면서 고통을 당하다가 이웃의 전도를 받고 예수님 믿고 성령을 체험하고, 내적치유도 받고, 가계에 흐르는 마귀역사를 끊는 집회도 참석하여 은혜 받고, 성령으로 충만하여 가정에 역사하는 가난의 대물림의 원인을 찾아 회개하고 가난의 줄을 끊는 대적기도를 수없이 하고 나니 하나님의 축복으로 서서히 물질적인 문제가 풀려서 형편이 풀려서 조그마한 주택도 마련하고 이제는 가정 삶이 평안하게 되었습니다.

계속적으로 대물림되는 가난의 마귀역사를 예수 이름으로 끊고 귀신을 몰아낸 결과입니다. 이 자매님이 교회에서 하는 가난의 고통을 끊는 집회에 참석하여 우리 가계의 가난의 대물림도 끊어질 수 있다는 믿음을 가지고 강사 목사님이 하라는 영적인 원리대로 성령이 충만한 가운데 가정예배드릴 때나 교회에서 기도할 때나 할 것 없이 매일 입버릇처럼 "예수 이름으로 명하노니 우리 가정에 대물림되는 가난의 고통은 끊어질 지어다." "가난하게 역사하는 귀신은 예수 이름으로 명하노니 떠나갈지어다." "예수 이름으로 명하노니 우리 가정에 대물림되는 가난의 고통은 끊어질 지어다." "가난하게 역사하는 귀신은 예수 이름으로 명하노니 떠나갈지어다." "예수 이름으로 명하노니 우리 가정에 대물림되는 가난의 고통은 끊어질 지어다." "가난하게 역사하는 귀신은 예수 이름으로 명하노니 떠나갈지어다." 하고 마음으로 외치고 다녔다고 합니다. 그러던 어느날 남편이 이런 꿈을 꾸었습니다. 꿈에 밖에서 자꾸 문을 두드리면서, "주인 있소? 주인 있소?" 밖에서 주인을 부르는 소리가 나더랍니다.

그래서 문을 열고 나가보니까 자신의 할아버지 거지, 자신의 할머니 거지, 자신의 아버지 거지, 어머니 거지, 거기다가 세상에 있는 거지라는 거지는 다 모인 것같이 많은 거지 들이 모였더랍니다. 깡통을 차고 아주 험한 거지 옷을 입은 거지 할아버지가 와서 하는 말이 "우리가 몇 십 년 동안 이 집에서 거지노릇을 하면서 같이 살았는데, 왜 손자며느리가 들어오더니만 그놈의 예수를 믿더니 자기만 믿을 것이지 손자까지 예수를 믿게 해가지고, 항상 가정에서 예배드리고 거지 귀신 떠나라고 예수이름으로 명령하고, 예수 그리스도와 함께 밥 먹고, 기도하고 예배하고 자고, 깨어나면 예수 이름으로 명하노니 거지 귀신아 물러가라고 그러느냐? 우리를 쫓아낼 너의 권한이 무엇이냐? 이유를 말해 달라." 그래서 그 거지 할아버지에게 대답을 어떻게 할까 생각하다가 성령께서 알려주시는 예수님의 말씀을 기억하고 "증명이 있다. 내가 예수 이름으로 명령한다. 알겠냐! 나사렛 예수 이름으로 명하노니 거지 귀신들은 물러갈 찌어다." 그러니까 다다다다 발걸음 소리를 내면서 전부 거지 떼가 걸음아 날 살려라 하면서 도망을 치더라고 했습니다. 그 꿈을 꾸고 나니 너무나 마음이 평안하고 가난과 거지의 영의 줄이 끊어졌다는 성령의 감동이 오더랍니다. 이 꿈은 가난과 거지영이 예수 이름으로 물러가는 꿈입니다. 성령께서 기도를 응답하여 가문에 흐르는 가난의 귀신들이 떠나갔다는 것을 꿈으로 보증해 주신 것입니다. 아주 좋은 꿈입니다. 당신도 이와 같이 꿈속에서도 대적기도를 하시기를 바랍니다.

17장 귀신과 관련된 꿈 해석과 적용

(막 16:17-18)"믿는 자들에게는 이런 표적이 따르리니 곧 그들이 내 이름으로 귀신을 쫓아내며 새 방언을 말하며 뱀을 집어올리며 무슨 독을 마실지라도 해를 받지 아니하며 병든 사람에게 손을 얹은즉 나으리라 하시더라"

우리가 꾸는 꿈의 근원은 네 가지로 분류할 수 있습니다. 첫째, 어떤 꿈은 악마로부터 옵니다. 이러한 꿈들은 나중에 선하고 진실한 꿈으로 바뀔 수도 있습니다. 둘째, 어떤 꿈은 하나님으로부터 옵니다. 우리들은 하나님을 만나 그분을 보다 깊이 알게 됩니다. 셋째, 어떤 꿈은 우리의 영혼으로부터 옵니다. 그리고 네번째는 어떤 꿈들은 황홀경과 같은 특수한 상태로부터 오기도 합니다.

하지만 우리는 꿈의 근원이 어디에 있든 간에 모든 꿈들은 나름대로 깊은 의미를 지니고 있다고 보아야 합니다. 우주에 존재하는 모든 것에는 그것을 만드신 하나님의 뜻이 내포되어 있습니다. 따라서 우리의 꿈도 하나님께서 우리 삶에 부여하신 의미와 목적이 반영된 것임에 틀림없습니다. 우리들의 꿈에 등장하는 아무리 사악하고 파괴적인 힘도 결국 하나님의 뜻을 전달하고 있는 것이기에, 우리는 그 힘을 변화시켜서 생산적인 방향으로 이용해야 합니다. 즉, 하나님께서는 우리 삶에 부여한 목적과 의미를 완전히 달성하기 위해 우리가 반드시 해결해야 할 문제를 꿈을 통해 알려주고 계신 것입니다.

첫째, 귀신의 꿈을 잘 꾸는 시기. 내가 지금까지 체험한 바로는 귀신의 꿈은 스트레스를 많이 받아서 체력이 약할 때 많이 꾸었습니다. 군대에서 명퇴하고 나오려고 할 때 저는 정말 많은 스트레스를 받았습니다. 질병이 생겨서 병원에 입원도 했습니다. 밤마다 악한 귀신들이 나타나서 잠을 제제대로 자지를 못했습니다. 저녁 내 악한 귀신들과 싸우다가 날을 새곤 했습니다. 귀신들이 일그러진 얼굴을 하고 나에게 싹 다가와 으흐흐 하는 것입니다. 그러면 "예수 이름으로 명하노니 물러가라." 하면 저 만큼 달아납니다. 조금 있으면 또 으흐흐 하고 달려듭니다. 이렇게 저녁내 싸울 때도 있었습니다. 교회에 가서 새벽기도를 할 때도 나타났습니다. 눈을 감고 한창 기도가 깊어지려면 으흐흐 하고 일그러진 얼굴을 한 귀신이 달려드는 것입니다. "예수 이름으로 명하노니 물러가라." 하면 저 만큼 갑니다. 조금 있다가 기도가 깊어지려고 하면 다시 으흐흐 하고 달려듭니다.

어느 때는 기도를 하다가 보면 여자가 머리를 흩트리고 산발하고 내 옆에서 아주 서럽게 우는 것입니다. 한참을 예수 이름으로 대적하면 없어집니다. 어느 때는 한창 기도가 깊어지려고 하면 절에 있는 중이 앞에서 목탁을 탁!탁!탁! 치면서 방해를 합니다. 한참을 예수 이름으로 대적하면 없어집니다. 정말 그 때를 생각하면 으스스합니다. 지금 생각하면 전부 나에게 역사하던 귀신들이였습니다. 그런 일이 있고 얼마 있지 않아서 병이 생겨서 입원을 했습니다. 육일을 입원하여 안정을 취하고 퇴원하니 조금 나아졌습니다.

영적인 안목이 조금 열려서 성령체험도 하고 치유집회도 참석하여 은혜를 받았습니다. 이제 밤에 귀신이 괴롭히는 현상이 현저하게 줄었습니다. 어느날 꿈에 저를 보니 내가 임신을 한 것입니다. 배가 남산 만하게 나왔습니다. 꿈에도 걱정이 되었습니다. 어디로 아기를 낳아야 하나, 한창 걱정을 하는데 갑자기 배가 갈라지는 것입니다. 배가 갈라지더니 시커먼 표범이 죽어서 나오는 것입니다. 아마 나에게 있던 혈기 귀신이 분명합니다. 이렇게 심신이 허약할 때 귀신에게 시달리는 꿈을 많이 꿉니다. 마음의 상처가 포화상태로 심신이 건강하기 못할 때 귀신이 나타나는 꿈을 많이 꾸었습니다. 쉽게 설명하면 악몽입니다.

그 다음은 성령의 불세례를 받고 내적치유 할 때 많이 꾸었습니다. 꿈속에서 사람들의 사이에서 잠을 자다가 보면 옆에 있던 사람들이 사람의 해골로 변하기도 합니다. 얼굴이 일그러진 놈들이 나에게 덤비면서 "야! 강목사! 자네가 그렇게 병을 잘 고친다며, 어디 내명도 고쳐봐라." 하고 덤빕니다. 내가 흉측하게 생긴 귀신에게 손을 탁 얹으면서 "예수이름으로 명하노니 물러가라," 하면 하! 하! 하! 하면서 떠나갑니다. 조금 있으면 다시 덤빕니다.

또 예수 이름으로 기도하면 떠나갑니다. 어느 날은 시커먼 놈들이 들어와 가위눌림을 당하기도 했습니다. 저녁 내내 꿈속에서 큰 뱀하고 싸우기를 며칠을 했습니다. 지금 생각하면 성령으로 치유를 받으려고 하니 나에게 역사하던 귀신들이 최후 발악을 한 것 같습니다. 그리고 그때 제가 치유를 받으면서 성도들을 치유하였습니다. 병원전도를 다녔습니다. 그러니 체력 소모가 많아 약해졌을 때입니다. 내가 지금 생각을 하면 치유를 받고 영적치유를 하는 성도나 사역자는 자신의 체력관리를 잘해야 한다는 것입니다. 체력이 약하니 악한 귀신들이 더 발악을 한 것입니다. 좌우지간 저는 그때 밤과 낮으로 영적인 전쟁을 했습니다.

한창 꿈에 영적이 전쟁을 한 후 내가 한 꿈을 꾼 간증입니다. 꿈에 큰 뱀하고 제가 싸움을 했습니다. 뱀하고 싸우다가 뱀에게 쫓기어서 어느 지하실에 들어가게 되었는데 칸칸으로 막혀 있었습니다. 통로를 찾아 헤매었습니다. 그러다가 다행히 출구를 찾아 밖으로 나왔습니다. 다시 그 뱀을 잡아서 구덩이에 던져 넣어버렸습니다. 마귀와 싸워 승리한 것입니다. 한번은 제가 꿈에 자전거를 타고 가는데 길이 진흙으로 자전거가 나가지를 않았습니다. 그래서 힘들어 하다가 길옆 배수관을 보았더니 검정 뱀이 목만 내밀고 있었습니다. 그래서 뱀을 잡아내어 발로 밟으니까? 뱀이 자꾸 커지더니만 입이 커다란 미물로 변했습니다. 죽여 버리려고 계속 발로 밟았으나 죽지를 않았습니다.

그래서 내가 습관적으로 천사들아 나를 도와라 하니까, 군인들이 차를 몰고 와서 미물을 짓이기고 지나갔습니다. 그래서 보니 아주 납작하게 죽어 있었습니다. 그 다음에 길을 보니 진흙탕

길이 아니라 아주 잘 다듬어진 길이 되었습니다. 그래서 제가 자전거를 아주 쉽게 타고 갔습니다. 그 더러운 영들이 나의 가는 길에 진흙탕을 만들어 가지고 고통스럽고 힘들게 한 것입니다. 그러나 천사들을 불러 영적전쟁에 승리하니 대로가 된 것입니다. 할렐루야!

둘째, 귀신과 관련된 꿈. 내가 지금까지 성령치유 사역을 하면서 상담하며 체험한 바로는 귀신과 싸워 이기면 길하다는 것입니다. 문제가 풀어지고 질병이 치유됩니다. 물질문제가 해결이 되었습니다. 부부 문제가 해결이 되었다고 간증했습니다. 귀신과 싸워서 승부가 안 날 경우는 건강해지고 명이 길어진다고 합니다. 귀신을 몽둥이로 잡으면 평소에 가지고 있었던 걱정거리가 해결됩니다. 유령이라고 생각되어지는 사람에게 이끌려 산속으로 들어가면 중대한 문제에 직면하게 됩니다. 반드시 치유를 해야 합니다.

천사들이 와서 자신을 전송하는 꿈은 유익과 복 덕이 증대하며 소원 성취합니다. 천사들이 자신에게 헌신 강령하거나 내왕하는 꿈은 모두다 길몽으로 하는 일마다 순조롭게 진행되어 소원 성취합니다. 혹은 귀한 자녀 탄생과 더불어 안팎으로 기쁨과 경사 및 귀인이 도래하고 사업이 번창하는 등 하는 일마다 융성하게 되어 복락을 누립니다. 저는 천사의 꿈을 꾸고 난 다음에 문제가 해결이 되었습니다. 천사들을 반갑게 맞아들이는 꿈은 복록과 부귀가 따르는 길몽입니다. 천사들에게 무엇을 요청하는 꿈은 이로움과 사업에 발전이 있습니다. 천사들이 와서 춤을 추면서 잔치하는 꿈을 승진이나 소원이 성취되는 조는 길몽입니다.

　반대로 천사들이 와서 자신을 데리고 같이 가려는 꿈은 재난을 겪게 됩니다. 주의가 요망됩니다. 우상 앞에 절을 하거나 재물을 바치면 재난이 찾아오니 주의해야 합니다. 붉은 옷의 귀신이 춤추는 꿈은 좋지 않은 사람들에게 봉변을 당하는 일이 생깁니다. 천사들을 밖으로 전송하는 꿈은 길상과 영화가 감소 퇴락하고 손실과 낭패가 우려 되는 꿈입니다. 공중을 날며 자신의 머리채를 잡는 유령을 보면 두통과 같이 머리와 연관된 병을 얻게 됩니다.

셋째, 귀신과 관련된 이러저러한 꿈

●　방망이로 귀신을 잡아 흔적도 없이 해치우는 꿈은 정신적으로 시달림을 받아서 고생하던 일이 깨끗이 해결되는 꿈입니다.

●　귀신을 몽둥이로 때리는 꿈은 오랜 기간 동안 고민해오던 난제가 순조롭게 풀리게 되어 기뻐할 징조입니다.

●　꿈 속에서 귀신에게 시달리다가 해방받는 꿈은 매사에 행운이 따르고 앞으로 일이 순조롭게 잘 진행될 길몽입니다. 내가 지금까지 체험한 바로는 귀신에게 시달린 후에 해방을 받은 후에 문제가 하나씩 해결이 되었습니다. 인간적으로 생각하면 잘못될 것 같은 데 그런 시기를 통과하니 잘 풀렸습니다.

●　젊은 여자 귀신이 산발하고 달려들어 울거나 웃는 꿈은 오랫

동안 병을 앓게 될 것입니다. 저도 이런 꿈을 꾸고 난 다음에 병이 생겨서 병원에 입원을 했습니다.

● 귀신과 싸워 이기는 꿈은 매사가 소망대로 이루어질 길몽입니다.

● 환자가 천사가 주는 약을 먹는 꿈은 병이 회복되고 난제가 해결되어, 재물을 얻거나 성공하게 된다는 좋은 꿈입니다.

● 귀신이 자신의 머리채를 휘어잡는 꿈은 심한 두통에 시달리거나 고민하고 걱정할 일이 생길 암시입니다.

● 억울하게 죽은 사람이 꿈에 나타나는 꿈은 병에 걸려 고통을 받거나 마음에 부담이 되는 문제로 시달리게 될 징조입니다.

● 귀신과 싸워 지는 꿈은 모든 일이 순조롭지 못하고 방해물이 있게 됩니다. 될 듯 될듯하면서 결정적인 순간에 일이 꼬입니다.

● 개가 새끼를 낳는 꿈은 자신에게 역사하는 귀신의 세력이 강해지고 있다는 예지몽입니다. 세속에서는 어떤 짐승이든지 새끼 낳은 꿈은 집안 식구가 늘던지 재물이 들어오는 것으로 해석한다고 합니다. 많이 낳으면 낳을수록 재물이 풍성해지고 기쁜 일이 많이 생긴다고 말합니다. 복음은 반대입니다. 상황이 나빠집니다.

● 개에게 물리는 꿈은 당신을 좋아하지 않는 사람의 공격을 받을 수 있으니 조심해야합니다. 즉 주변사람들의 중상모략이나 위협에 시달릴 수 있다는 꿈입니다.

● 사나운 개에게 쫓겨 다니는 꿈은 친한 사이로 알고 있던 사람으로부터 배신당하거나 공격당할 수 있다는 뜻입니다.

● 키우던 개가 죽는 꿈은 믿고 의지하던 사람이 떠나 어려움을 겪게 되거나 재산이 축날 수 있습니다.

● 돼지가 집안으로 들어오는 꿈은 탐욕의 귀신이 자신에게 침투했다는 것을 알려주는 꿈입니다. 사기를 당하지 않도록 주의해야 합니다. 세속에서는 어떤 도움의 손길이 있어 재물이 생기고 가정이 풍요로워질 것을 암시하는 꿈이라고 해석하기도 합니다.

● 많은 소를 기르는 꿈은 순종하는 성도가 많이 있다는 꿈으로 길몽입니다. 소는 순종하는 성도를 상징합니다. 이 꿈은 사업이 성공하여 많은 재물을 얻을 것을 암시합니다. 아니면 충직한 남편이나 아들 등 믿을 만한 친지들을 의미할 수도 있습니다.

● 소가 푸른 풀밭에서 평화롭게 풀을 뜯고 있는 꿈은 집안이 평안하고 사업도 순조로와 태평성세를 누릴 것을 암시합니다. 성실하고 팔자 좋은 자식이 태어날 태몽일 수도 있습니다.

● 달리던 말에서 떨어지는 꿈은 힘차게 목표를 위하여 매진하던 중 생각지 않은 역경을 만나 실패하게 됩니다.

● 들쥐가 들어와서 집안을 어지럽히는 꿈은 집안 식구들끼리 다투거나, 동료나 친구들과 싸움이 일어나 손해를 보게 될 것을 의미합니다.

● 집안에 있던 두꺼비가 집밖으로 나가는 꿈은 재물이나 돈이 나가거나 사고 등의 우환이 생길 것을 암시합니다. 집안에 병자가 생길 수도 있습니다.

● 개고기를 먹는 꿈은 부동산 거래에 실패하거나 문서가 잘못

되어 집안의 재물이 나갈 것을 암시합니다. 아니면 형제간에 다툴 수도 있으니 각별히 조심해야 합니다.

● 검은 개가 집으로 들어오는 꿈은 큰 사고나 죽음의 위험이 있습니다. 아니면 좋지 못한 유혹이나 음모에 연루될 수도 있습니다.

● 자신이 개가 된 꿈은 자신에 대한 자긍심이 낮아졌다는 뜻입니다. 개연성 없는 의심에 시달릴 때도 이런 꿈을 꿉니다. 또는 자신의 기반이 어처구니없이 무너져 위신과 명예가 실추될 수 있고 사업도 몰락할 수도 있습니다.

● 소가 다치거나 병든 꿈은 우연한 사고나 재물의 손실, 집안의 풍파 등 좋지 못한 일이 일어날 것을 암시합니다.

● 소를 집 안으로 끌고 들어오는 꿈은 새로운 협조자나 식구가 생기거나 일거리, 재물 등이 들어올 조짐이다. 좋은 일이 많이 생기고 여러모로 번영 발전합니다. 성도가 들어나는 꿈입니다.

● 말똥을 치우거나 마구간을 청소하는 꿈은 돈이 나갈 것을 암시합니다. 하려는 일이 잘 되지 않고 근심 걱정하게 됩니다.

● 뱀에게 잡아먹히는 꿈은 자신의 판단력을 잃고 남의 감언이설이나 협박에 넘어가 손해를 보게 됨을 의미합니다. 반드시 분별하고 해석하여 말씀과 성령으로 치유해야 합니다.

● 호랑이에게 쫓겨 도망 다니는 꿈은 애를 쓰는 데도 일이 잘 풀리지 않음을 의미합니다. 재물도 사업도 마음대로 되지 않고 어려운 지경에 놓이게 됩니다.

18장 사람과 관련된 꿈 해석과 적용

(마 1:20-25)"이 일을 생각할 때에 주의 사자가 현몽하
여 이르되 다윗의 자손 요셉아 네 아내 마리아 데려오기를
무서워하지 말라 그에게 잉태된 자는 성령으로 된 것이라.
아들을 낳으리니 이름을 예수라 하라"

해석되지 않은 꿈은 마치 봉투를 열지 않은 편지와 같다고 할
수 있습니다. 다시 말해서 꿈을 해석되지 않으면 완전한 꿈이라고
할 수 없습니다. 꿈 해석은 자신의 꿈에 대한 의식적이고 의도적
인 반응입니다. 그러므로 말씀과 성령의 도우심으로 적절한 꿈 해
석 기술을 사용하여 꿈을 해석함으로써 우리는 꿈으로부터 정신
적인 완전과 영적인 성화로 나아가는 길과 하나님과 더 친밀해지
는 방법을 알게 될 것입니다.

꿈을 편지라고 한다면 틀림없이 그것을 보낸 분이 있을 것입니
다. 그리고 꿈을 꾼다면 사실은 우리와 꿈을 보낸 분과의 사이에
어떤 관계가 있음을 의미합니다. 꿈 해석은 바로 이러한 관계와
관련이 있습니다. 꿈 해석은 봉투를 열어 편지를 꺼내 읽고 이에
적극적으로 반응하는 것입니다. 꿈 해석은 하나님의 뜻을 의식적
으로 찾아내어 그 뜻에 자발적으로 따르는 것입니다.

우리는 지금까지 소개된 꿈 해석기술들을 사용함으로써 자신
의 꿈을 보다 생생하게 기억하여 꿈이 지니는 의미를 분명히 이해

할 수 있습니다. 이 땅에 태어날 때 부여받은 자신의 소명을 보다 충실하게 이루어 가는 방법들을 꿈을 통해 발견하게 될 것입니다.

꿈을 소중한 선물로 받아들일 때 모든 꿈이 사랑스럽게 느껴질 수 있습니다. 사랑은 관심입니다. 이러한 의미에서 볼 때 꿈 해석은 꿈에 대한 관심 어린 사랑의 과정이라고 할 수 있습니다. 다시 말해서, 꿈 해석은 사랑과 감사의 과정입니다. 꿈 해석은 꿈을 선물로 받은 데 대한 감사와 꿈을 주신 하나님을 향한 깊은 사랑으로 이루어져 있기 때문입니다.

첫째, 꿈에 사람이 보이는 꿈의 해석. 성령사역을 하려고 할 때 하나님이 저에게 꿈으로 말씀을 주셨습니다. 어느 날 꿈에 우리 교회에 성도들이 많이 왔습니다. 그래서 자세히 보니 전부 목사님과 사모님, 전도사님들이 주류를 이루었습니다. 그래서 우리 사모에게 꿈에 성도들이 많이 왔는데 보니 전부 목사님과 사모님, 전도사님들만 앉아 있던데 무슨 뜻인지를 잘 모르겠다고 했습니다. 이 꿈을 세 번을 꾸었습니다. 그런데 그 꿈을 꾸고 한 육 개월이 지난 다음 꿈과 같이 목사님, 사모님, 전도사님들이 저희 교회에 와서 치유와 능력을 받으려고 오셔서 은혜들을 많이 받았습니다. 이 일로 인하여 제가 성령치유 사역을 하게 되었습니다. 꿈에 성도들이 오는 것은 자신을 도우러 오는 것입니다. 그래서 길몽입니다. 특히 목회자나 성도들이 꿈에 보이면 길몽입니다.

이일이 이루어진 상황을 설명하면 이렇습니다. 어느 기도원에 가서 고통당하는 목사님과 사모님을 기도해드렸는데 성령의 강한 역사로 치유되는 것을 보고 하나님이 나에게 이런 상처 입은 목회자와 성도들을 치유하라고 능력을 주셨구나 하고 성령의 감동이 와서 그때부터 본격적으로 치유사역을 시작하였습니다. 그렇게 사역을 하면서 기도원에 은혜 받으러 가면 상당히 많은 목회자들이 마음의 상처와 질병으로 고생하여 한쪽에 모시고 가서 기도해드리면 모두 성령의 강한 역사에 놀라 소문이 나서 목사님 사모님들을 많이 모시고 오셨습니다. 자연스럽게 그 꿈이 이루어 진 것입니다. 주신 은혜를 사용하니 성령님께서 이루신 것입니다.

서울에 사는 어느 여전도사님의 간증입니다. "저는 37세 된 여전도사입니다. 현재 목사안수를 위해 준비 중입니다. 11년 전 제 인생의 방향을 완전히 뒤바꾸는 꿈을 꾸었습니다. 꿈에 보니 당시 제가 살았던 안방이 갈라지면서 믿지 않던 남편과 형제, 그리고 희미하게 많은 사람들이 그 갈라지는 땅속으로 빠지는 것이었습니다.

저는 마지막 심판의 때라는 생각이 들어 무릎을 꿇고 통곡을 하면서 기도했습니다." "하나님! 저를 용서해 주세요. 그 동안 남편, 형제, 이웃을 위해 기도하지 못했고 전도하지 못했습니다. 5분만 심판을 미뤄 주시면 제가 저들을 위해 기도하고 전도하겠습니다." 이렇게 통곡하며 기도하자 위에서 나무십자가가 떨어졌고 저는 두 손으로 그 십자가를 받았습니다. 그 꿈을 꿀 당시 저는 믿음이 전혀 없었고 사업에만 매달렸습니다. 교회에도 두 달에 한

번 나갈 정도였습니다. 그 꿈을 꾸고 나서 1년 동안 부도와 질병으로 인해 입원까지 해야 했습니다. 저는 진심으로 하나님께 무릎을 꿇었습니다. 그 후 저는 성령 하나님께 이끌려 기도와 전도에 힘쓰고 있습니다. 지금은 온 식구와 함께 개척교회를 다니면서 신앙생활하고 있습니다. 하나님은 꿈을 통해 응답도 주십니다.

이 꿈은 이렇게 해석해야 합니다. 식구들이 땅이 갈라져서 땅속에 들어간다는 것은 식구들이 지옥으로 가고 있다는 것입니다. 위에서 십자가가 내려왔다는 것은 가정의 식구들을 전도하여 구원하라는 사명을 주신 것입니다. 십자가를 다시 설명하면 예수를 믿고 옛사람이 죽고 다시 부활하신 예수님으로 태어나라는 뜻입니다. 많은 분들이 십자가하면 사명으로만 생각하는데 십자가는 죽었다가 다시 살아가라는 하나님의 뜻입니다. 그때 그 사명을 감당하려고 열심히 기도하며 믿음생활을 잘했더라면 부도와 질병의 고통이 없었을 것입니다. 그러나 하나님의 음성을 듣고 행동에 옮기지 않고 믿음생활을 등한히 하니 마귀가 역사하여 문제가 발생한 것입니다. 이렇게 사람을 무지합니다. 하나님의 우리의 영을 통하여 예지를 해 주었는데 혼과 육이 순종을 하지 않아서 고통을 당하다가 결국 깨닫고 사명을 감당하는 경우가 많습니다. 그래서 인간의 고통과 고난을 우리의 혼과 육 때문에 옵니다. 그러므로 우리의 육을 쳐서 하나님의 뜻, 성령에 복종을 시켜야합니다.

둘째, 사람이 꿈에 보일 경우

● 어머니가 자신에게 큰소리로 야단치며 화를 내는 꿈은 자신에게 숨겨진 잘못이 있는 경우가 많습니다. 어머니가 야단을 치거나 자신에게 소리치는 꿈을 꾸었다면 뭔가 요즘 알지 못하는 실수나 잘못을 저지르고 있지는 않은지, 잘못된 방향으로 일을 추진하려고 하지는 않는지 성령의 지배 하에 생각해봐야합니다. 자신의 무의식이 보내는 위험에 대한 경고신호입니다.

● 도둑이나 강도가 들어와 부모님을 죽이는 꿈은 꿈 자체만으로는 가위눌리거나 걱정스러운 꿈입니다. 그렇지만 실제로는 부모님이 원하시던 일이 이루어질 것입니다. 고통당하는 부모님은 죽고, 다시 새 사람으로 태어나는 것이기 때문입니다. 이는 부모님의 질병이 치유되거나 걱정거리가 없어져 마음이 편안한 태평성대를 누리게 됩니다. 그러나 평소에 부모님과 갈등이 심하고 반감이 심한 상태였다면 무의식에 잠재된 불만이 표출된 것이라 할 수고 있습니다.

● 돌아가신 부모님이 생전의 모습으로 나타난 꿈은 무언가 당신의 신상에 변화가 있을 것임을 경고하고 있습니다. 어떤 표정이었는지 무슨 말을 하는지에 따라 길흉이 달라집니다. 가능하면 자세히 기억해보고 어두운 표정이었다면 사고나 우환이 닥칠 수 있으니 각별히 유의해야합니다. 죽은 사람이 나타는 꿈은 좋은 경우보다 좋지못한 경우가 많습니다. 생전에 부모님을 괴롭게 하던 귀신이 가면을 쓰고 꿈에 나타날 수가 있다는 말입니다.

● 돌아가신 조상이나 형제 등 아는 사람과 같이 강을 건너는 꿈은 죽음을 예시합니다. 죽지는 않는다 하더라도 오랫동안 혼수 상태에 빠지는 등 죽음과 흡사한 상태를 겪게 될 것입니다. 강을 건너다 중간에 돌아왔다면 죽음 직전에서 목숨을 건지고 큰 우환을 극적으로 피해나갈 수 있을 것입니다.

● 형제나 자매가 모여 즐겁고 화기애애하게 이야기하는 꿈은 부모님이나 가족 중에 병을 앓는 식구가 생기거나 안 좋은 일이 생겨 근심걱정하게 됩니다. 꿈속의 즐거운 분위기와는 반대로 근심이 가족의 마음을 채우게 되는 것입니다. 근심거리가 아니라면 시비거리나 불화가 생겨 말다툼이나 멱살잡이가 일어날 수도 있으니 한 발 양보하고 참는 자세가 필요합니다.

● 남편과 아내가 함께 외출하여 즐거워하는 꿈은 실제로 즐거운 외출을 함께 할 수도 있습니다. 그러나 대체로 사이가 좋지 않은 부부들이 이런 꿈을 꿉니다. 감정의 골이 깊고 불화가 심할수록 더 다정한 사이로 꿈에 나타납니다.

● 남편이나 아내와 만족스러운 성관계를 가지는 꿈은 마음속으로 흡족한 느낌을 주는 어떤 일을 하게 되거나, 기분 좋은 소식을 듣게 될 수도 있습니다. 그렇지 않다면 평소 자기 배우자와의 성관계가 흡족하지 못했던 것이 반대로 나타났을 수도 있습니다.

● 어릴 적의 친구를 보는 꿈은 잊어버리고 있었던 인물이나 일에 대한 소식을 듣게 되는데 주로 좋은 소식입니다.

● 다른 동료들은 모두 승진하는데 자신만 빠진 꿈은 승진에 대

한 지나친 스트레스를 받고 있을 경우 이런 꿈을 꿀 수도 있습니다. 그러나 대체로 걱정과는 반대로 기쁜 소식이 있을 길몽입니다. 뜻밖의 보너스를 받거나 특별승진을 하거나 칭찬을 듣는 등의 좋은 소식이 있을 것입니다.

● 큰 경기에 나가서 금메달을 따는 꿈은 금메달을 목에 거는 장면이 선명하였다면 큰 재물이 들어오거나 명예를 얻게 될 것입니다. 자신이 명예와 큰 관련이 없는 일상을 살고 있다고 생각되면 복권이라도 한장 사보는 것이 어떨까요? 그러나 평소 자기를 과대평가하고 있으나 주위의 인정은 못 받고 있는 사람들이 이런 꿈을 꿀 수도 있습니다.

● 의사가 청진기 등으로 몸을 여기저기 진찰하는 꿈은 심의기관이나 심사위원들에게 자신의 작품이나 일을 심사받거나 그들의 질문을 받게 됩니다. 상급자의 지시에 따르거나 공적인 지시를 받아 일을 처리하게 될 수도 있습니다. 세세한 부분까지 지시를 받거나 질문공세가 있을 가능성이 많으므로 준비를 철저히 해야 합니다.

● 경찰서에 연행되어 가는 꿈은 몸이 아프거나 실제로 병을 심하게 앓고 있는 환자는 죽을 수도 있습니다. 그렇지 않더라도 자신의 의지대로 일을 하지 못하는 나쁜 상황 때문에 이러지도 못하고 저러지도 못하게 됩니다. 이런 일이 아니라면 주변사람들에 대한 불신이나 자신에 대한 불안감이 지나쳐서 꾸게 된 꿈일 수도 있으니 마음을 안정시키고 휴식을 취하는 게 좋겠습니다.

● 군에 입대하는 꿈은 취업을 준비 중인 사람은 본격적으로 직

장생활을 하게 됩니다. 자유롭고 개인적인 생활을 하던 사람이 어떤 조직이나 일에 얽매여 지내게 됨을 의미하기도 합니다. 또한 사회생활을 하고 있는 사람은 조직 내의 인간관계에 시달리고 있음을 보여주는 꿈이기도 합니다.

● 자신이 왕이나 대통령 등 높은 신분의 사람이 되는 꿈은 자신이 현재 마음속으로 간절히 바라는 일이 이루어집니다. 그 일은 명예로운 일이 될 것입니다. 주로 어떤 단체나 모임의 우두머리가 됩니다. 학생이라면 학생회장이 된다든지, 수석을 한다든지 학교 대표로 대회에 나가 좋은 결과를 얻게 될 것입니다.

● 자기 집 앞에 낯선 문지기가 막고서 못 들어가게 하는 꿈은 낯선 문지기는 전혀 예상치 못했던 새로운 장애물이나 방해가 되는 사람을 의미하고 자기 집 앞이라는 장소는 가족과 관련된 일임을 뜻합니다. 즉 집안에 좋지 않은 일이 생깁니다. 특히 가족들의 건강, 가장의 건강을 살펴야 합니다.

● 어머니가 출발하려는 차나 버스 등에서 빨리 내리라는 신호를 보내는 꿈은 지금 계획하고 있는 일, 하고 있는 일, 마음에 두고 있는 일이 있다면 당장 중단하라는 신호로 보아야합니다. 장기 여행 계획 같은 것도 다음으로 미루는 것이 좋습니다. 물질적으로 큰 손해를 입을 수도 있고 큰 사고를 당할 수도 있으니 겸손한 마음으로 심사숙고하는 게 좋습니다.

● 할아버지나 할머니로부터 무엇인가를 받는 꿈은 무엇을 받았든 간에 받을 때의 느낌이 만족하고 좋았다면 자신이 지금 하려

는 일이나 하고 있는 일이 순조롭습니다. 그러나 좋지 않았거나 대수롭지 않은 것으로 느꼈다면 실제로도 그렇습니다. 또 상당히 기대를 했는데 열어보니 별거 아니었다면 지금 기대하고 추진하는 일이나 사업의 결과도 기대만큼 성과가 없을 것입니다.

● 돌아가신 조상이 자신에게 무언가 말을 하는 꿈은 하신 말씀이나 말씀하실 때의 표정이나 분위기를 잘 기억해보고 좋지 않은 이야기였다면 더더욱 조심해야합니다. 안 좋은 일이 있거나 일어날 것에 대한 충고나 경고이기 때문입니다. 자신의 의식이 현실에서 인지하지 못하는 위험을 알려주고 있는 예지 몽에 속하는 꿈이므로 각별히 유의해야합니다.

● 집안의 재산문제 등 물질적인 문제로 형제들 사이에 싸우는 꿈은 실제로 이런 문제가 잠복해 있는 상태라면 그런 마음이 반영된 꿈이고, 그럴 일이 없는데 느닷없이 그런 꿈을 꾸었다면 부모님께 안 좋은 일이 생길 것을 암시하는 꿈입니다.

● 형제나 자매와 화기애애하게 이야기 하던 중 갑자기 혼자 남아 있어 당황하는 꿈은 자신에게 어떤 손해가 있을 것입니다. 가족들의 문제로 인한 것일 수도 있고 거래나 사업, 사람으로 인한 손해일 수도 있습니다. 지금까지는 아무 일 없이 순조롭게 진행되어온 일이나 사업이라 하더라도 돌발적인 어떤 사태가 생겨서 난관을 겪게 될 것입니다.

● 남편이 바람피워서 아이를 낳아오는 꿈은 남편의 사업이 의외의 성과를 거두어 이익을 보게 될 것입니다. 그렇지 않으면 본

업이 아닌 부업이나 취미생활 등이 생각지도 않게 좋은 결과를 거두어 상을 타게 된다든지 돈이 되는 일이 생길 것입니다.

● 아내나 남편이 자신이 아닌 다른 사람과 결혼하는 꿈은 아주 좋지 않은 꿈입니다. 남편이나 아내와 사별할 가능성이 많습니다. 꿈을 꾼 본인의 신상에도 불행이 닥치게 됩니다.

● 어린 아이가 울고 있는 꿈은 하고 있는 일이 심각한 어려움에 부딪힐 것을 암시하는 꿈입니다. 자신의 능력으로는 극복하기 어려운 일일 것이니 성령의 지배가운데 기도하면서 솔직하게 주위의 도움을 요청하는 것이 좋겠습니다.

● 자신이 유명연예인이 되어 인터뷰를 하거나 팬들의 환호를 받는 꿈은 자신의 능력을 제대로 인정받지 못하고 있는 현실의 욕구불만이 꿈으로 나타난 것입니다. 기대치가 높은 반면 인정은 못받고 있기 때문에 꿈에서 그 욕구를 해소하려한 것입니다. 자신의 심리가 만들어낸 꿈입니다.

● 눈병이 나서 안과를 찾는 꿈은 어떤 일에 대한 전망이나 진로에 대한 확신을 못가지고 있음을 나타냅니다. 즉 전망이 불투명하기 때문에 어떤 일에 대한 결정은 미루는 게 좋겠습니다. 눈이 암시하는 것은 사물에 대한 판단력이나 관찰력, 통찰력 등입니다. 그 부분에 대한 문제가 있음을 나타내기도 하므로 몸과 마음을 안정시키는 것이 우선되어야겠습니다.

● 변호사와 법정으로 같이 가는 꿈은 동업자나 도와 줄 사람을 만나 고민하던 문제가 해결됩니다. 당신의 문제를 해결하기 위해

도움을 줄 사람도 나타나고 공식적이고 공개적인 정당한 절차를 밟아 문제가 해결될 가능성이 많습니다. 아니면 당신이 생각하고 있는 것을 공식적이고 공개적으로 시원하게 따져봤으면 하는 생각이 반영된 꿈일 수도 있습니다.

● 경찰에게 쫓기는 꿈은 계획하고 있는 일이나 진행 중인 일의 결과가 좋지 못할 것입니다. 각종 시험이나 입찰관계에서도 불리한 상태입니다. 지금 당신의 마음은 매우 불안정하며 자신이 없고 지쳐 있습니다. 자신의 현재 상태를 그대로 인정하고 며칠 휴가를 간다든지 집에서 종일 뒹굴면서 음악을 들어보는 것도 좋습니다.

● 많은 사람들이 행진하는 대열의 선두에 혹은 맨 뒤에 있는 꿈은 행렬의 선두에 있는 꿈이라면 하고 있는 일이 생각보다 힘겨워서 스트레스를 받고 있음을 나타냅니다. 많은 사람들과 관련된 일이거나 일의 규모가 커서 자신의 능력으로 잘 해 낼 수 있을 까 불안한 심정이 드러난 것입니다. 그러나 맨 뒤에서 따라가고 있었다면 일은 생각보다 순조롭게 풀리니 걱정할 것이 없습니다.

● 눈이 서서히 흐려져서 나중에는 완전히 안보이게 되는 꿈은 어떤 것에 지나치게 몰두하거나 집착하여 올바른 판단력을 잃어가고 있음을 암시합니다. 당신이 집착하고 있는 것이 그만큼 가치가 있는 일인지는 모르겠지만 그것을 제외한 다른 인간관계나 소중한 것들을 잃을 수도 있으니 한숨 돌리면서 인생의 전반을 다시 돌아보는 기회로 삼는 것이 좋겠습니다.

셋째, 이러저러한 사람 꿈

● 아버지가 돌아가셨다는 소식을 듣는 꿈은 반가운 소식을 접할 징조이지만, 그러나 실제로 부고를 들을 수도 있습니다.

● 아버지의 낡은 양복을 자신이 입고 있거나 입게 되는 꿈은 부동산이나 사업 등의 재산을 상속받게 되거나 부모나 조상의 후광으로 이득을 얻게 될 징조입니다. 반대도 될 수가 있습니다.

● 싫어하는 상급자가 불러서 갔는데 상사가 아니라 아버지여서 이상했던 꿈은 평소 권위적인 상급자와 아버지에 대한 반발심이 나타난 것입니다. 심리적인 꿈이라는 것입니다.

● 할머니(할아버지) 댁에 찾아 가는 꿈은 현재의 자기 자신을 돌아보라는 경고의 의미가 강한 꿈이라고 할 수 있습니다.

● 할머니(할아버지)가 오셔서 맞아들였는데 근심어린 얼굴로 자신을 보는 있는 꿈은 자신이나 부모, 집안 전체가 좋지 않은 일을 겪게 되거나, 식구들 중 누군가의 신변에 위험이 생기고 있음을 알려 주는 꿈입니다.

● 할아버지(할머니)가 주머니나 보퉁이에서 뭔가를 꺼내 자신에게 주는 꿈은 그 물건을 받고 기분이 좋고 귀중하게 여겨졌다면 재물을 얻게 될 꿈입니다. 그러나 만일 그 물건을 대수롭지 않게 여겼다면 기대를 걸고 투자했던 일이 실패하여 손해를 보게 됩니다.

● 할머니(할아버지)가 논이나 밭에서 일하고 있는 것을 본 꿈은 빨리 정신을 차리고 열심히 노력하라는 충고입니다.

● 죽은 할아버지가 농기구를 챙기며 농사지으러 가는 것을 보는 꿈은 아버지나 혹은 집안의 가장이 직장을 옮기거나 이사를 하게 됩니다. 반대로 집안이 망할 수도 있습니다.

● 죽은 할아버지가 손자를 어루만지는 꿈은 현실에서 그 손자가 병들게 되며, 만약 할아버지가 손자를 업거나 밖으로 데리고 나가면 근일에 손자가 죽을 것입니다.

● 사나운 개가 자신을 향해 으르렁거리고 있는데 자세히 보니 아버지였던 꿈은 지나치게 무섭고 보수적인 아버지에게 가지고 있던 불만이 꿈에 표현된 것입니다.

● 아버지가 보이는 꿈은 윗사람의 충고를 따라야 좋은 결과를 보게 됩니다.

● 건강한 아버지를 보는 꿈은 다른 사람의 원조를 받을 가능성이 있습니다.

● 병이 든 아버지를 보는 꿈은 현재 처하고 있는 상황을 혼자 힘으로 해결해야 합니다.

● 아버지가 큰 말을 타고 집안으로 들어오는 꿈은 집안에 경사가 있고 부모에게 기쁜 일이 생기며, 진급, 승진, 합격, 당선 등의 길운입니다.

● 남편의 알몸에 구렁이에게 감기는 것을 보는 꿈은 남편이 곤란한 상황에 놓여 고생을 하게 될 것입니다. 옷은 권능의 정도를 나타냅니다. 고로 남편은 능력이 없이 마귀에게 당하고 있다는 예지입니다.

● 벌거숭이가 됐는데 그 알몸을 가리지 못해 몹시 당황해 한 꿈은 사업상의 일로 자신을 도와줄 사람이 없어 애태우게 됩니다. 한마디로 자신의 힘으로 모든 일을 해야 한다는 뜻입니다.

● 알몸을 아무 부끄러움 없이 노출시키는 꿈은 여러 사람 앞에서 망신당할 일이 생깁니다.

● 완전한 알몸으로 외출하는 꿈은 많은 사람이 보는 앞에서 망신을 당하며, 구설, 실패가 있습니다.

● 알몸으로 붉게 물들어 있는 꿈은 유행성 질환에 걸려 무척 고생하고, 병원 출입이 잦아집니다.

● 입었던 옷을 전부 벗고 알몸으로 길을 가는 꿈은 순간 잘못과 부덕한 탓으로 주위 사람에게 창피나 망신을 당합니다.

● 모르는 아이가 나타나 조부모 또는 부모라고 부르며 와서 안기는 꿈은 오해를 사거나 쓸데없이 어떤 사건에 휘말려 망신을 당하거나 걱정하게 됩니다.

● 아이들이 모여서 놀고 있는 것을 바라보고 있는 꿈은 가정에 우환이 생기거나 사업이 어려움에 부딪칠 것을 암시한 꿈입니다.

● 자신이 아이와 같이 즐겁게 노는 꿈은 그것이 실제로 자기 아이였다면 그 아이에게 우환이 닥칠 것을 암시한 꿈입니다.

● 화재가 나서 아이가 불길에 죽는 것을 보고 발만 동동 구르고 있었던 꿈은 잘 되던 일이 난관에 부딪쳐 모든 것을 잃게 될 우려가 있거나, 재산뿐만 아니라 불의의 사고로 목숨을 잃거나 크게 다칠 수도 있습니다.

19장 짐승과 관련된 꿈 해석과 적용

(레11:13-19)"새 중에 너희가 가증히 여길 것은 이것이라 이것들이 가증한즉 먹지 말지니 곧 독수리와 솔개와 물수리와 말똥가리와 말똥가리 종류와 까마귀 종류와 타조와 타흐마스와 갈매기와 새매 종류와 올빼미와 가마우지와 부엉이와 흰 올빼미와 사다새와 너새와 황새와 백로 종류와 오디새와 박쥐니라"

하나님은 먹는 밤(chestnut)을 만드셨습니다. 밤은 밤송이, 밤껍질, 밤알로 구성돼 있습니다. 이런 밤의 구조처럼 하나님이 인간을 영(sprit), 혼(ego), 육(body)의 삼중구조로 만드셨다고(살전5:23) 말씀되고 있습니다. 흙으로 인간의 육체를, 생기로 인간의 영혼을 만드신 것입니다(창2:7).

육이 외모 중심의 겉 사람이라면 영은 무의식의 내면에 있는 속사람이요, 혼은 의식의 내면에 있는 중간사람이라고 할 수 있을 것입니다. 밤알을 위해 밤송이도, 밤 껍질도 다 필요합니다. 이처럼 인간의 영을 위해 육도, 혼도 다 필요합니다. 육과 혼이 영에게 순종하면 영의 사람이 되는 것입니다. 그러나 농부의 궁극적인 목표가 밤알이듯이 인간을 경작하시는(요15:1) 하나님의 궁극적인 목표는 인간의 영입니다.

육에 관심을 두는 사람은 외모와 소유 중심의 육적인 인간이요,

혼에 관심을 두는 사람은 지성과 감성과 의지 중심의 혼적인 인간이요, 영에 관심을 두는 사람은 내면과 영 중심의 영적인 사람입니다. 우리의 관심은 어디에 있습니까. 외부 지향적인 소유 중심의 사람은 결코 행복할 수 없지만 내면 지향적인 존재 중심의 사람은 환경과 상관없이 행복할 수 있습니다.

사춘기에 자아(ego) 정체성의 혼란을 겪는다면 사추기(思秋期)에는 영(sprit) 정체성의 혼란을 겪습니다. 보통 30대 후반에서부터 40대 초반에 사추기를 경험하게 됩니다. 사추기 이전에는 사람의 에너지가 외적인 성취에 집중하고 사추기 이후에는 내면의 진정한 자기에게로 쏠립니다. 사추기 이후에 자신의 내면을 잘 가꾼 사람은 노년기에 자기통합을 이룹니다.

자기통합이란 무의식 영역의 영이 의식 영역으로 잘 표현되는 자기실현을 의미합니다. 일평생 자신의 내면에 대해 무관심했던 사람은 죽음을 앞두고 절대절망에 사로잡힙니다. 결국 우리가 하나님 앞에 가지고 가는 것은 우리의 영이기 때문입니다. 우리의 영은 자신의 존재를 끊임없이 혼에게 알리려고 합니다. 그러나 혼은 영의 존재를 까마득하게 모르고 있거나 일부러 무시하고 억압하는 경향이 있습니다. 자신의 영에 대해 민감하지 않으면 평생 영을 무시하고 삽니다. 그래서 영이 아예 죽어 있기도 합니다.

혼은 개(dog)와도 같습니다. 무의식 속의 영이 의식 영역으로 올라오면 사납게 짖는 불독일 수도 있고 영을 잘 안내하는 세퍼드일 수도 있습니다. 불독은 인간의 참 주인인 영을 몰라보는 무식한

개이고, 세퍼드는 인간의 참 주인인 영을 잘 안내하는 개라고 할수 있습니다. 사실혼은 영을 위해 봉사하는 시녀여야 합니다. 불독같은 혼은 영을 깔고 뭉개기 때문에 좀처럼 영이 활성화되지 못합니다. 성령으로 내면(이성(혼)과 육체)이 정비되고 정화되면 안정한 전인격의 상태가 되어 영이 자기 기능을 발휘할 수가 있습니다. 자연스럽게 하나님으로부터 오는 계시는 바르고 정확하게 받아서 삶에 적용함으로 예수님 중심의 삶을 살게 됨으로 행복하게 됩니다. 반대로 내면이 정비되지 못하면 영이 자기 기능을 발휘하지 못하고 마귀가 주는 계시를 받게 됩니다. 예수를 믿어도 불행한 나날이 되는 것입니다. 무의식 속에 있는 영은, 의식 영역에 있는 혼이 잘 때, 그림을 그려서 무의식 영역의 정보를 의식 영역 위로 올려 보냅니다. 그것이 바로 꿈입니다. 꿈에는 혼이 만드는 심리적인 것도 있고 영이 만드는 영적인 것도 있습니다.

대개 인간의 경험이나 기억이나 소원이나 욕구가 반영된 심리적인 꿈이 많습니다. 간혹 하나님이 인간의 영을 통해 의식의 표면 위로 쏘아올려 주시는 꿈도 있습니다. 하나님 자신이 영이시기 때문에(요4:24) 하나님은 우리의 영을 통해 자신의 그림 메시지를 올려 보내십니다. 그것이 바로 하나님이 주시는 영적인 꿈입니다.

우리는 영이 의식의 표면 위로 쏘아 올려주는 무의식의 정보를 꿈이라는 그림 언어로 받아들이게 됩니다. 그래서 우리는 꿈을 통해 의식과 무의식의 통합을 꾀할 수 있습니다. 영은 예지 능력이 있기 때문에 미래에 일어날 사건을 미리 앞당겨 꿈으로 쏘아 올려 줄 수도 있습니다. 무엇보다 우리는 꿈을 통해 하나님의 메시지를 받을 수 있고 그래서 하나님의 뜻에 합당한 삶을 살 수 있습니다. 육체도 필요 없고, 혼도 필요 없고, 오직 영만이 필요하다는 얘기가 아닙니다. 육체도 건강하게 자라야 하겠고, 혼도 건강하게 자라야 하겠지만 인간의 중심이요, 내면의 주인공이라고 할 수 있는 영이 무시되거나 억압되거나 자라지 않아서는 안 되겠다는 얘기입니다. 영이 건강하게 자랄 때 그 영이 밤에 혼에게 쏘아 올려 주는 꿈도 영적으로 건강합니다. 영이 건강하게 하시기를 바랍니다.

첫째, 짐승과 싸우는 꿈. 우리는 가끔 꿈에서 사나운 짐승에게 쫓기기도 하고 악한 짐승과 맞붙어 싸우기도 하고 더러운 짐승에게 당하기도 합니다. 꿈에 나타나는 짐승은 대개 악한 세력, 병마, 심각한 문제를 상징합니다. 승리한다면 좋을 것입니다.

평소에 고양이를 싫어하는 한 여성이 있었습니다. 하루는 그녀가 고양이 꿈을 꾸었습니다. 고양이가 네 발로 그녀의 한쪽 다리를 붙잡고 늘어지는 것이었습니다. 아무리 떼어버리려고 해도 고양이는 떨어져 나가지 않았습니다. 그런데도 상처는 입지 않았습니다. 그러다가 그녀의 친구가 나타나자 고양이는 달아나 버렸습니다.

당시 그녀는 남편 문제로 심각한 괴로움에 빠져 있었습니다. 이 꿈에서 고양이는 그녀에게 괴로움을 주는 남편을 상징합니다. 고양이가 그녀를 괴롭혔지만 다행히도 상처를 입히지는 않았고 결국에는 떨어져 나갔습니다. 이 꿈은 머잖아 남편 문제가 해결될 것이라는 메시지를 던져 주고 있습니다.

어떤 사람이 지하실에서 수백 마리의 어미 쥐와 새끼 쥐들이 들끓는 꿈을 꾸었습니다. 그는 그 쥐들을 하수구에 쓸어 넣고는 꿈에서 깨어났습니다. 당시 그는 많은 문제로 시달림을 받고 있었습니다. 쥐들은 그가 겪고 있는 문제를 나타내 줍니다. 그런데 그는 쥐들을 겁내거나 싫어하지 않고 하수구에 몽땅 쓸어 넣었습니다. 그러니까 이 꿈은 그 많은 문제들이 잘 처리될 것이라고 암시하고 있습니다.

한 성도님은 심각한 수술을 받기 전에 밤새 꿈에서 큰 개와 싸웠는데 결국에는 그 개를 몰아내고 안도의 한숨을 쉴 수 있었습니다. 이 꿈은 그가 병마와 싸워 이길 것이라는 메시지를 밝혀 주고 있습니다. 한 사람이 꿈에서 호랑이를 만났는데 처음에는 무서워했으나 나중에는 그 호랑이를 통해 위험에서 구출될 수 있었습니다. 이 꿈은 현재 두렵고 불길하다고 생각되는 것이 나중에는 오히려 도움이 된다는 메시지를 말해 주고 있습니다. 우리는 꿈에서 종종 거인과 더불어 싸우기도 합니다. 베니 토마스 목사님이 자기 친구에 관한 꿈을 꾸었습니다. 꿈에서 친구가 손을 비비면서 마루 위를 왔다 갔다 하고 있었습니다. 그 때 거인이 앞마당에 서더니 친구를 향해 '나와서 나와 한 판 싸우자' 고 하며 고함을 질렀습니다. 친구가 거인을 이기기는 무리였습니다. 목사님은 잠에서 깨기 전에 재빨리 주님께 질문했습니다. '저 거인이 누구입니까.' 성령께서 '술의 영' 이라고 알려 주셨습니다. 이런 꿈을 꾸고 며칠이 지나자 친구한테서 전화가 왔기에 목사님이 조심스럽게 물었습니다. '요즘

술과 씨름하고 있지 않는가.' 친구는 갑자기 울먹이면서 몇 년 동안 끊었던 술을 최근에 두 번이나 마셨다고 털어놨습니다.

아주 혹독한 시련을 이기지 못하고 다시 술을 입에 댄 것이었습니다. 목사님은 친구가 술을 끊을 수 있도록 간절히 기도했고 친구의 어머니도 아들을 위해 계속 기도해 주었습니다. 그 이후 친구는 술을 한 방울도 입에 대지 않을 수 있었다고 합니다.

둘째, 뱀 꿈을 꾸었다면. 뱀이 당신을 괴롭혔는지, 당신이 뱀을 두려워했는지, 뱀이 당신을 노려봤는지를 생각해 보시기 바랍니다. 만약 당신이 극도로 두려웠으며, 뱀이 당신을 물려고 했다든지 노려봤다면 당신 주변에 당신을 노리는 사람이나 일거리가 있음을 뜻합니다. 만약 당신을 노려보는 그 뱀을 당신이 해치워 버렸다면 당신이 승자가 될 것입니다. 물론 모든 꿈에서 뱀을 해치우는 것이 길한 것은 아닙니다. 만약 당신이 꾼 꿈이 바로 태몽이라면 오히려 뱃속의 태아로 상징된 뱀을 해치워 버리면 태아는 정상적으로 태어나지 못함을 뜻할 수도 있습니다. 모든 꿈을 너무 쉽게 해석하려 하지 마십시오. 물론 그렇다고 너무 어렵게 접근하는 것도 옳지 못합니다. 정 판단하기가 쉽지 않다면 가까이에 있는 당신에게 조언을 해줄만한 사람을 찾으시기 바랍니다.

셋째, 동물이 꿈에 보일 경우
● 개에게 물리는 꿈은 당신을 좋아하지 않는 사람의 공격을 받을 수 있으니 조심해야합니다. 즉 주변사람들의 중상모략이나 위

협에 시달릴 수 있습니다.

● 사나운 개에게 쫓겨 다니는 꿈은 친한 사이로 알고 있던 사람으로부터 배신당하거나 공격당할 수 있다는 뜻입니다.

● 키우던 개가 죽는 꿈은 믿고 의지하던 사람이 떠나 어려움을 겪게 되거나 재산이 축날 수 있습니다.

● 돼지가 집안으로 들어오는 꿈은 탐욕이 강하다는 것입니다. 또 어떤 도움의 손길이 있어 재물이 생기고 가정이 풍요로워질 것을 암시합니다.

● 많은 소를 기르는 꿈은 사업이 성공하여 많은 재물을 얻을 것을 암시합니다. 아니면 충직한 남편이나 아들 등 믿을 만한 친지들을 의미할 수도 있습니다.

● 소를 집 안으로 끌고 들어오는 꿈은 새로운 협조자나 식구가 생기거나 일거리, 재물 등이 들어올 조짐입니다. 좋은 일이 많이 생기고 여러모로 번영 발전합니다.

● 말똥을 치우거나 마구간을 청소하는 꿈은 돈이 나갈 것을 암시합니다. 하려는 일이 잘 되지 않고 근심 걱정하게 됩니다.

● 뱀에게 잡아먹히는 꿈은 자신의 판단력을 잃고 남의 감언이설이나 협박에 넘어가 손해를 보게 됨을 의미합니다. 반드시 분별하여 해석하고 영적치유를 해야합니다.

● 호랑이에게 쫓겨 도망 다니는 꿈은 애를 쓰는 데도 일이 잘 풀리지 않음을 의미합니다. 재물도 사업도 마음대로 되지 않고 어려운 지경에 놓이게 됩니다.

20장 목회 사명의 꿈 환상 해석하고 적용

(행1:23-26)"그들이 두 사람을 내세우니 하나는 바사바라고도 하고 별명은 유스도라고 하는 요셉이요 하나는 맛디아라. 그들이 기도하여 이르되 뭇 사람의 마음을 아시는 주여 이 두 사람 중에 누가 주님께 택하신바 되어 봉사와 및 사도의 직무를 대신할 자인지를 보이시옵소서 유다는 이 직무를 버리고 제 곳으로 갔나이다 하고 제비 뽑아 맛디아를 얻으니 그가 열한 사도의 수에 들어가니라"

하나님은 꿈속에서 말씀하시는 하나님의 계시의 말씀을 잘 깨달으라고 하십니다. 우리는 꿈속에서 말씀하시는 하나님의 음성을 듣고 순종하는 것이 중요합니다. 그래서 교회와 영적 지도자가 중요합니다. 꿈에 대하여 부정적인 생각을 가지는 영적인 지도자라면 꿈에 대하여 관심을 갖지 않습니다. 그래서 꿈에 대하여 알려고 하지도 않고, 또 잘 이해하지 못하고, 알지 못하면서, 무조건 얄팍한 견문을 가지고, 무시하고 지냅니다. 성도들에게도 꿈에 대하여 자신의 견해를 말하고, 정확한 진실을 알려주지 않으니, 성도들도 중요하게 여기지도 않고 무시하는 경향이 많아질 것입니다. 영적 지도자가 성도들에게 잘 알려주면 좋은 하나님과 영적인 교통의 수단이 되어 세상에서의 삶에서 불필요한 고통을 당하지 않을 것입니다.

그래서 저는 세상에 많은 교회가 믿음과 생활의 연계성이 없고 동떨어진 경향이 많다는 것을 영적인 사역을 하면 할수록 느낍니다. 우리는 영적인 모든 것을 정확히 알고 믿음생활도 세상생활을 연계시켜서 삶에서 하나님의 은혜를 누리시기를 바랍니다.

꿈은 하나님의 또 다른 언어입니다. 어쩌면 꿈이 하나님의 핵심적인 언어인지도 모르겠습니다. 메시아의 탄생을 알리는 마태복음 1-2장이 무려 4번이나 꿈으로 얼룩져 있습니다(마1:20, 2:12, 13, 19). 옛날에 꿈을 통해 예수님의 일가를 애굽으로 넘나들게 하셨던 하나님은 지금도 꿈으로 우리의 앞길을 인도하십니다. 꿈은 태초부터 있었던 태초의 언어요, 지금도 여전히 유행하는 현대의 언어요, 누구에게나 통용되는 보편적인 언어입니다.

첫째, 필자가 사명을 알게 된 영적인 일. 군대에서 명퇴를 하고 나니 앞길이 막혀서 마땅히 갈 바를 몰랐습니다. 눈앞이 캄캄했습니다. 그때 내 나이는 40대 초반 이였습니다. 여러 가지 우여곡절로 인하여 자녀가 늦게 태어났습니다. 당시 우리 아이 들이 초등학교 1학년, 3학년을 다녔습니다. 앞길이 막막하니 그제야 하나님의 뜻이 어디에 있는 지 하나님에게 구했습니다.

그러자 길이 두 개가 나타났습니다. 한길은 사람이 제시하는 길입니다. 이 길은 눈에 보이고 제가 쉽게 갈 수 있는 길입니다. 또 한 길은 하나님이 알려주시는 길이었습니다. 이 길은 한 번도 가 본적이 없는 길이었습니다. 저는 선택에 기로에 서있었습니다. 사람이 알려준 보이고 편안한 길을 갈 것인가? 하나님이 제시한 보이지 않는 길을 따라갈 것인가? 기도하고 또 기도했습니다. 제가 고민을 할 때 결정적으로 방향을 정하게 하는 말을 해주는 한 분을 만난 것입니다. 저와 같이 하나님이 알려주는 길을 마다하고 편안한 세상길을 가다가 간암이 걸려서 지금 육 개월 시한부 인생을 살고 있는데, 이제야 하나님이 원하는 길을 가겠다고 한다는 것입니다. 그러면서 저보고 집사님도 그렇게 된 다음에 하나님이 원하시는 길을 간다고 해도 때는 늦은 것이니 지혜롭게 판단을 하라는 것입니다.

그래도 제가 자존심이 있고 고집이 있어서 절대로 하나님이 나에게 알려주시고 보여주시지 않으면 절대로 가지 않겠다고 했습니다. 정말로 지금 생각하면 하나님의 역사입니다. 우리 교회에서는 하나님의 음성을 듣는 훈련과 예언사역자 훈련을 하고 있습니다. 훈련 교재에 보면 하나님의 뜻을 아는 기본원칙이 있습니다. 하나님의 뜻을 아는데 다른 사람을 의지하는 것은 절대로 안 된다는 것입니다. 꼭 본인이 하나님에게 기도하여 뜻을 알고 행동에 옮겨야 합니다.

다른 사람의 말은 참고로 할 수는 있어도 결정을 해서는 안 된다는 것입니다. 하나님의 역사로 기도원에 가서 하나님이 나에게 직접 징표로 보여주시면 목사가 되겠다고 금식하며 기도를 했습니다. 당시 저는 하나님의 소리를 듣지 않으려고 정신을 바짝 차리고 기도를 하는데 음성을 들릴 리가 만무하지 않습니까? 절대로 목사가 되어야 한다는 소리를 들으면 되지 않았기 때문에 정신을 차리고 정한 기간 동안 기도를 한 것입니다.

원래 하나님의 음성을 들으려면 자신의 의지를 내려놓고 성령의 깊은 지배 하에 들리는 것입니다. 계속 기도하다가 산에서 내려오는 날까지 보여주시지를 않아서 너무 기쁘고 황홀했습니다. 그러나 그 다음이 문제입니다. 아침에 집으로 가려고 준비를 하는 데 계속 방언기도가 끊어지지 않고 나왔습니다.

차를 탈 때까지 계속 방언기도가 나왔는데, 차를 타고 휴우~ 이제 음성을 듣지 못했으니 목사가 되지 않아도 되겠다. 할렐루야! 하고 기분이 좋아서 그만 마음을 놓고 방언기도에 몰입되어 기도하다가 성령의 깊은 임재(입신)에 들어가 비몽사몽간에 환상이 보이기 시작하더니, 그림이 많이 보이고 지나가고 했습니다. 마치 비행기를 탄 것 같이 하늘 위에서 땅을 바라보면 보이는 것같이 여러 건물들과 산들 바다를 지나 갔습니다. 그러다가 아무도 없는 건물에 들어가 강대상 앞에 서니 사람들이 금방 모여들었습니다. 꼭 2002년 월드컵을 응원할 때, 시청 앞에 사람이 모이는 장면을 방송사에서 빨리 돌아가게 하는 것과 똑 같았습니다. 별별 사람들이 다 모여 있었습니다. 그리고 사람들이 다 차자 다른 교회 건물로 제가 들어갔습니다.

거기서도 사람들이 막 모여들면서 금방 가득하게 찼습니다. 이제 또 다른 간물인데 이번에게 아주 큰 건물이라 전체를 한 번에 보여주지 않습니다. 한 군대 한 군대 나누어서 보여주시는데 마치 우리나라에서 가장 크다고 하는 ○○○기도원 성전과 같은 곳을 보여 주시는데 사람들로 가득하게 찾습니다. 그리고 다시 걸어서 조그마한 동 산에 올라갔는데 올라가 보니, 세 사람이 십자가에 달려있었습니다. 그래서 제가 군복을 입고 지나가면서 어떤 분이 예수님 인가요 했습니다. 그러니까 가운데 십자가에 달려 피를 흘리고 계시는 분이 내가 예수다 하며 손을 내밀며 말씀하셨습니다. 그 분이 저에게 손을 내미시는데 손에 종이를 말은 무엇을 나에게 주어 내가 막 받아드는데 옆에 같이 차에 계시던 분이 내릴 때가 되었다고 깨어서 준비하라고 해서 깨워서 깨어났습니다.

지금도 생각하면 정말 신비스럽습니다. 어떻게 십자가에 달린 주님과 이야기하고 나니 차에서 내릴 시간이 되었는가 말입니다. 이것은 도저히 사람의 이론으로는 해석이 안 됩니다. 그래서 성경을 보니 예수님이 십자가에 달릴 때 양편에 강도가 있었으니 세 사람이 맞습니다. 그래도 저는 집에 돌아가 사모에게 귀신들이 나를 목사 되게 하려고 헛것을 보여 주었다고 했습니다.

그러나 제가 기도를 하면 할수록 정확하다는 감동이 오고, 또 본 것을 아무에게도 말하지 말고 입을 다물고 있으라고 감동을 하셔서 아무에게도 말을 하지 않고 있었습니다. 그러다가 7년이 지난 2002년 8월경에 기도하니까 이제 말을 해도 된다는 감동이 와서 여기에 기록합니다. 그래서 제가 목사가 된 것은 피할 수가 없어 된 것입니다. 보여주시면 하겠다고 하고 산에 기도하러 갔으니까, 약속을 지켜야 되니 나이 40대 초반에 신학을 시작했습니다. 이 길은 한 번도 가 본적이 없는 길입니다.

그럼에도 아브라함이 고향과 친척과 아버지의 집을 떠나 네가 내게 지시한 땅으로 가라는 말씀에 순종한 것같이 순종하여 식구들을 데리고 서울로 올라와 신학대학원을 다니게 된 것입니다. 다행히 길이 결정된 후로 좌로나 우로나 치우치지 않고 하나님이 예비한 길을 따라 왔습니다. 그래서 귀한 시간을 낭비하지 않았습니다. 성령의 인도를 따라오다가 보니까, 저에게 환상으로 보여준 것같이 금방 되지를 않는 것입니다.

　　그래서 하나님에게 항변 하다가 음성으로 찬양으로 하나님의 위로도 많이 받았습니다. 교회를 개척하여 퇴직금으로 받은 물질 다날아가고 이제는 하나님의 역사 외에는 도저히 해결할 수 없는 상황에 처하게 하시기도 했습니다. 교회 뒤에 칸을 막고 4년을 우리 자녀들하고 지내기도 했습니다.

　　어떻게 해서라도 내가 열심히 해서 교회를 부흥시키려하다가 뜻대로 되지 않아 하나님에게 어떻게 해야 합니까? 하나님에게 항변도 하며 기도할 때 하나님이 앞으로는 영성이다. 영성! 영성! 21세기는 영성이다. 라는 음성을 듣고 영성에 관심을 가지고 내적치유도 받고 말씀도 들었습니다. 병원에 환자들을 기도해주다가 귀신에 눌려 한동안 고통도 당하기도 했습니다. 그 고통을 치유하려다가 여러 가지 성령의 역사를 체험하였습니다. 성령을 체험하며 심령을 내적 치유하니 성령의 권능이 나타나 성령치유 사역을 하였습니다. 성령의 인도에 순종하고 따라오다가 보니까, 지금 여기까지 온 것입니다. 그래서 서울도 강남 방배동에서 말씀과 성령으로 치유목회를 하고 있는 것입니다.

내가 신학대학원에 가기 얼마 전에 새 신랑이 되어 결혼하는 꿈을 꾸었습니다. 그때 신학을 시작해야 하는 나의 처지가 너무나 한심해서 날마다 하나님에게 항변할 때입니다. 하나님! 왜 저를 늦은 나이에 부르셔서 힘이 들게 하십니까? 하면서 기도할 때마다, 아침에 운동할 때마다 항변을 했습니다. 그러던 어느날 내가 새 신랑이 되어 장가가는 꿈을 꾼 것입니다.

하얀 장갑을 끼고 멋이 있는 양복을 입고 하객들을 맞이하는 꿈을 두 번이나 꾸었습니다. 하객들이 전부 과거에 군대에서 모시던 분들 이였습니다. 그런데 하나같이 초라한 옷을 입고 있었습니다. 저만 양복을 입고 윗주머니에 꽃을 꽂고 하얀 장갑을 끼고 모든 사람들에게 악수를 했습니다. 그런데 아무리 신부를 찾아도 보이지를 않았습니다. 그 꿈을 꾼 다음에 하나님에게 물어보았습니다.

대관절 이 꿈이 무슨 꿈입니까? 하나님께서 이렇게 답변을 해주셨습니다. "이 꿈은 네가 지금은 탄식하고 고통스러워 하지만 나중에는 옛날 자네가 모시던 분들보다 더 위대한 나의 일을 하는 사람이 된다는 것을 보여준 것이란다. 앞으로 더 이상 항변하지 말고 순종할라." 그러시는 것입니다. 그래서 그 다음부터 항변하지 않고 감사하다고 기도를 했습니다.

둘째, 사명에 관련된 꿈들. "꿈에 제 남자 친구가 목사 가운을 입고 강대상 바로 앞에 있었습니다. 그가 저를 보더니 가운의 앞 지퍼를 내리는 것이었습니다. 그런데 가만히 보니 그의 가슴팍에 빨간 십자가가 선명하게 새겨진 것이 있었습니다. 저는 웬일인지 하얀 색 모시옷을 입고 있었는데 그 가 저를 얼른 집어 들고는 그의 심장 속에 집어넣었습니다. 그리고는 설교하러 강대상으로 올라가는 것이었습니다. 그와 저는 종종 흰 모시옷을 입고 있는 꿈을 꿉니다. 사실 우리는 믿음도 별로 없는 편입니다. 그도 목회는 생각하지 않고 있는데 이런 꿈을 계속 꾸게 돼 걱정입니다."

이 꿈에서 목사 가운은 목회자를, 강대상은 설교자를 상징한다고 볼 수 있겠지요. 가슴팍의 빨간 십자가는 피의 복음을 나타냅니다. 예수님을 믿을 때 죽었다가 다시 사신 예수님의 새사람으로 살아난다는 것입니다. 하얀 색 모시옷은 순결한 신부의 상징이 아닐까요. 그러니까 두 사람이 서로 합심해서 장차 피의 복음을 증거한다는 메시지 같습니다. 한 번의 꿈으로 목회 소명을 확신해서는 안 되겠지만 그래도 진지하게 주님의 부르심에 대해 기도하고 확인하는 과정을 거치는 게 좋겠습니다. 꿈은 내면의 깊은 곳에 잠재돼 잠자고 있는 소명의식을 일깨우기도 합니다.

1996년 6월6일 박○○ 목사님은 인천시 서운동에다 갈릴리교회를 건축하고 감격스러운 입당예배를 드렸습니다. 하나님은 교회 건축 끝나자 담임목사님의 꿈에 나타나셔서 교회를 "떠나라" 명령을 하셨습니다. 그가 두 번째로 건축한 교회이지만 이 번 교회는 그와 성도들이 땀 흘려 세운 것이어서 더 애착이 갔습니다. 교회가 대규모 아파트단지 옆이어서 앞으로 열심히 전도하면 크게 성장하겠다는 꿈도 부풀어 올랐습니다. 많은 사람들이 입당예배에 참석해서 축하해 주었고 그는 너무 감사한 나머지 그 날 사모와 함께 철야기도를 했습니다.

너무나 피곤했던지 새벽 한 시쯤 그는 깜빡 잠이 들었는데 하나님의 음성이 들렸습니다. "너희 부부의 사명은 교회를 짓는 것으로 끝났다. 그러니 너희가 지은 교회를 떠나라." 정말 청천벽력과도 같은 명령이었습니다. "어떻게 지은 교회인데 우리더러 떠나라고 하시는 것입니까." 목사님은 울부짖었습니다.

그러나 사모도 꿈을 통해 교회를 떠나라는 하나님의 명령을 받았습니다. 사모의 꿈은 더 실제적이었습니다. 꿈에서 그들은 교회 일을 하고 있었습니다. 그 때 한 신사가 다가와서 말했습니다.

"너희 부부의 사명은 이 교회를 짓는 것으로 끝났으니 교회를 떠나라." 사모는 너무 놀라서 당신이 누구냐고 물었습니다. 그 분은 예수님이 보내셔서 왔다고 대답했습니다. 그녀가 다시 물었습니다. "힘들고 어려웠던 교회건축이 끝나고 아파트 입주도 시작됐으니 이제 많은 영혼들을 구원해야 하는데 왜 우리가 떠나야 합니까." "너희 부부의 사명은 건축하는 것뿐이니 떠나가라, 두말말고 떠나라." 그 분은 두 번이나 떠나라고 말하고는 목사 가운, 성경, 예배할 때 치는 종, 헌금 바구니를 작은 방으로 옮기고 문을 닫는 것이었습니다. "사람들은 너희가 교회를 짓다가 망했다고 할 것이다. 그러나 망한 것이 아니고 하나님께서 잠시 목회를 중단시키고 연단하시는 것이다." 그 분은 하얀 보자기를 건네면서 떠나라고 말했습니다. 그들은 그 보자기를 들고 한참 걸었습니다. 큰 산이 나타났습니다. 그 분은 산 가운데로 길을 내고 가라고 말했습니다. 얼마나 갔을까요. 작은 산을 넘고 시내를 건너자 교회가 있고 큰 운동장이 나타났습니다. 사람들이 교회에 들어가지 못하고 운동장에서 서성거렸습니다. 그들이 그 사람들한테로 걸어가는 것으로 그녀의 꿈은 끝났습니다.

그들은 교회를 떠나라는 하나님의 명령을 거부했습니다. 그들은 눈물로 하나님께 매달렸습니다. "만일 우리가 잘못한 것이 있으면 깨닫게 해 주시고 주님의 자비와 긍휼로 용서해 주옵소서. 이제 남은 목회는 정말 성실하게 생명을 바쳐서 하겠습니다." 그들은 8개월 동안 부르짖어 기도했습니다. 그러나 하나님의 명령은 단호했습니다. 그 명령을 거부하면 할 수록 그들의 형편은 쪼그라들었습니다. 그들은 쪽 방 신세가 되고 말았습니다.

이런 우여곡절을 겪은 끝에 교회를 떠나 2003년 현재 박○○ 목사님은 21세기 성막 복음 선교회 대표회장으로서 성막 복음 전파에 앞장서고 있다고 합니다. 김○○ 목사님은 집사 시절에 낫으로 나무를 베고 앞길을 헤치면서 산 정상까지 도달했는데 갑자기 들고 있던 낫이 성경으로 변하는 꿈도 꾸었습니다. 그 때는 그 꿈이 의미하는 바를 잘 몰랐지만 25년이 지나서야 하나님이 자신을 성막 복음을 전파하는 종으로 부르셨다는 것을 깨닫게 됐다고 합니다. 이렇듯 하나님은 오늘날에도 꿈을 통해 명령하십니다. 꿈은 하나님의 음성입니다. 분별하여 하나님의 뜻에 순종하는 믿음이 더욱 중요합니다. 그래야 쓸 때 없는 고난을 당하지 않습니다.

　한 사모님이 금식기도 중에 꾼 꿈입니다. "꿈에 중국집 주방이 보이는데 흰 가운을 입은 주방장이 사모님의 목에다 하얀 국수 한 다발을 두 번 둘둘 감아 주었습니다. 왜 그러는지 의아했지만 주방장이 무안해 할까봐 그대로 두었습니다. '다 믿음의 보석으로 변하면 좋겠다.' 이렇게 생각하는데 정말 반짝이는 보석으로 다 변하는 것이었습니다." 이 꿈에 나타난 중국집은 영적인 양식을 공급하는 교회, 주방장은 영적인 양식을 만드는 설교자, 국수는 말씀, 보석은 믿음으로 해석할 수 있지 않을까요. 너무 영적으로 해석하는 것 같지만, 이 꿈에는 영적인 이미지들이 좀 강하게 나타나 있습니다. 아직 요리가 덜 된 생 국수 같은 말씀이라도 거절하지 않고 받으면 보석 같은 믿음으로 변할 테니 잘 참고 기다리라는 메시지일 수 있습니다. 기다리며 열심히 마음을 치유하면서 영성 훈련하면 변합니다. "그러므로 믿음은 들음에서 나며 들음은 그리스도의 말씀으로 말미암았느니라(롬10:17)" 말씀을 들어야 믿음도 자라고, 성령 충만도 유지하고, 인격도 예수님의 인격으로 변할 수 있습니다. 말씀을 들을 귀를 준비하시기를 바랍니다.

　어느 날 J. C. 아놀드가 친구 G. W. 트루엣 목사를 메추라기 사냥에 초대했습니다. 아놀드는 트루엣 목사가 섬기던 댈러스 제일 침례교회 성도였습니다. 젊은 트루엣 목사는 총을 오른 손에서 왼 손으로 옮기다가 실수로 방아쇠를 당겼고 총알이 아놀드의 다리에 맞았습니다. 아놀드는 상처가 심하지 않다고, 목사님은 안심시켰고 의사들과 간호사들도 똑 같은 말을 했습니다.

그러나 아놀드는 합병증으로 세상을 떠나고 말았습니다. 트루엣 목사님은 낙심천만이었습니다. 아내에게 더 이상 회중 앞에서 말씀을 전할 수 없다고 말했습니다. 강단을 떠나야 한다는 것이 트루엣 목사님의 결론이었습니다. 트루엣 목사님은 한 주 동안 그 비통한 상황의 의미와 하나님의 위로를 구하면서 성경을 읽고 기도했습니다. 토요일 저녁 트루엣 목사님의 입에서 "내 시대가 주의 손에 있나이다"라는 기도가 계속 나왔습니다.

그러다가 트루엣 목사님은 그 사고 이후 처음으로 깊은 잠에 빠졌습니다. 꿈에 예수님이 트루엣 목사님을 찾아와 말씀하셨습니다. "두려워 말라. 지금부터 너는 내 사람이다." 트루엣 목사님은 깨어나 아내에게 꿈 이야기를 하고는 다시 잠들었는데 똑 같은 꿈을 두 번, 세 번 꾸었습니다.

다음 날 트루엣 목사님이 강단에 섰을 때, 회중은 트루엣 목사님의 설교가 달라졌다는 것을 알게 됐습니다. 트루엣 목사님의 전기 작가는 이렇게 써 놓고 있습니다. "그날 아침 트루엣 목사님의 목소리를 영원히 잊지 못할 것이다. 지금은 잘 알려진 그 비애의 음색을 우리는 그날 처음 들었다. 그 일이 있은 후 어려움을 당한 자들을 돕는 트루엣 목사님의 넓은 역량과 강단의 위력은 그 비극을 통해 태어났고 트루엣 목사님은 새로 빚어진 것이었다." 처참한 환경은 젊은 트루엣 목사를 무너뜨리려고 했지만 주님의 한 마디는 모든 것을 바꾸어 놓았습니다.

주님은 그 비극적인 사건을 통해 그를 20세기 초 미국최고의 설교자 중 한 사람으로 빚으셨던 것입니다. 삶의 위기 가운데 처해 있는 우리에게 주님은 지금도 꿈으로 찾아오시고 꿈으로 말씀하십니다. "저가 그 말씀을 보내어 저희를 고치사 위경에서 건지시는도다(시107:20)" 꿈에 하나님의 메시지가 들어 있습니다.

하나님을 꿈을 통해 응답도 주십니다. 서울에 사는 L집사는 우연히 점쟁이를 통해 예수 믿어야 한다는 말을 듣고 교회에 나가게 됐습니다. 그럭저럭 교회에 다니다가 결혼 후 기도가 뜨거워졌습니다. 특히 아이를 놓고 간절하게 기도했습니다. 그녀는 아들을 주시면 주의 종으로 키우겠다고 기도했습니다. 임신 8개월째 꿈을 꾸었습니다. 꿈에 보니 그녀의 교회 담임목사님이 땀을 뻘뻘 흘리면서 찬양하고 기도하더니 "지금 기도 받을 사람은 앞으로 나오라"고 말했습니다. 그녀는 수줍음이 많았지만 제일 먼저 뛰어나가서 기도 받았습니다. 꿈에서도 임신 8개월째였습니다. 목사님이 기도 중에 아들의 이름을 아론이라고 불렀습니다. 실제로 아들을 낳아 그 이름을 아론이라고 지었습니다.

그녀는 하루 2시간씩 기도하고 있고 꿈뿐만 아니라 환상과 영감을 통해서도 하나님의 메시지를 듣는다고 합니다. 아들을 임신했을 때 크게 뻗쳐 있는 홍시 감나무가 있고 그 밑에 강대상이 있고 그 위에 성경책이 있는데 그녀가 서서 이야기를 하고 있는 꿈도 꾸었습니다. 그녀는 앞으로 치유상담사역을 하는 사역자가 되려고 기도로 준비 중입니다.

4부 꿈 환상해석 바르게 적용하는 비결

21장 꿈을 해석하고 바르게 적용하는 비결

(욥 33:13-18)"하나님은 모든 행하시는 것을 스스로 진술치 아니하시나니 네가 하나님과 변쟁함은 어찜이뇨 사람은 무관히 여겨도 하나님은 한번 말씀하시고 다시 말씀하시되 사람이 침상에서 졸며 깊이 잠들 때에나 꿈에나 밤의 이상 중에 사람의 귀를 여시고 인치듯 교훈하시나니 이는 사람으로 그 꾀를 버리게 하려 하심이며 사람에게 교만을 막으려 하심이라. 그는 사람의 혼으로 구덩이에 빠지지 않게 하시며 그 생명으로 칼에 멸망치 않게 하시느니라."

하나님은 꿈을 통하여 우리의 영육을 치유하시기도 합니다. 꿈의 의미는 뭘까요? 잠을 자기 시작하면 우리 두뇌의 활동이 정지돼서 조용하고 평화로운 상태가 된다고 생각 하지만 사실 알고 보면 잠자는 동안 사람들의 뇌 속에서는 엄청난 일들이 일어나고 있습니다. 줄거리가 있기도 하고 또는 황당하게 진행되기도 하고 심지어는 불안 두려움 등 밤마다 이뤄지는 일들이 있기도 합니다. 이 꿈은 그냥 상상 속의 세계가 아니라 정보를 전달해 주는 일종의 방법이라고 합니다. 무의식이거나 아니면 잠재의식이 갖고 있는 정보를 우리들의 현실세계에 전달해주기 위한 수단으로 꿈이라는 것을 사용하는 것입니다. 그래서 꿈속에는 자신의 미래를 예시해주는 정보들이 가득하므로 어떻게 해석하느냐가 중요합니다.

첫째, 꿈은 왜 꾸는 걸까? 우리가 꾸는 꿈은 세 가지 종류라고 합니다. 우선 잠들기 시작하면서 꿈이 시작되는데 잠들기 시작하자마자 꾸는 꿈은 줄거리가 길지 않은 짤막한 생각들이 대부분인데 이런 꿈을 꾸고 있는 상태의 사람들을 깨우게 되면 잠들었다고도 하지 않고 꿈을 꿨다고도 하지 않습니다. 이때 꾸는 꿈의 대부분은 기억에 남지 않고 스쳐 가는 꿈입니다. 이것이 바로 우리가 꾸는 첫 번째 꿈입니다.

우리들이 가장 꿈을 많이 꾼다고 하는 때가 램 수면이라는 시기라고 합니다. 이 시기에는 눈동자가 자는 중에도 빨리 움직이는데 램 수면 일 때 꾸는 꿈이 더 잘 기억되기 때문에 램 수면을 꿈 수면이라고도 합니다. 이 시기 동안은 심장도 빨라지고 숨도 가쁘게 쉬고 혈압이 오릅니다.

이 시기에 잠을 깬 사람들의 60~90%가 꿈을 꿨다고 말하는데 보통 추상적이고 초현실적인 꿈들이 많습니다. 우리들이 꿈을 꿀 때 황당한 스토리의 개 꿈일 때가 있는데 그때가 바로 이 램 수면 때 꿈을 꾼 것입니다. 이 시기가 바로 두 번째 꿈입니다. 하지만 아무 꿈도 꾸지 않고 푹 잔 것 같은 이때가 바로 델타수면 시기인데, 이 시기에 꾼 꿈은 내용이 뚜렷하고 목적이 드러나는 꿈입니다. 이런 꿈은 예시를 하기에 너무 좋은 꿈인 반면 기억을 잘 못하기 때문에 우리들이 꿈을 해석하는데 더 어렵게 만듭니다. 이 꿈이 세 번째 꿈입니다. 사람에 따라서 숙면을 취하는지 램 수면을 하는지 차이가 있기 때문에 꿈을 꾼다, 안 꾼 다의 차이가 생기는 것입니다. 악몽은 남자보다도 여자가 더 많이 꾼다고 합니다.

옛사람들에게 꿈은 하나님께서 말씀하시는 자리였습니다. 희랍 문화와 성경의 영향을 깊이 받은 초대교회는 꿈의 긍정적인 역할을 잘 이해하였습니다. 테르툴리아누스는 영혼에 관해 쓴 글에서, 꿈은 하나님께서 당신 자신을 인간에게 드러내시는 가장 일반적인 방법이지만 대부분의 사람들이 그것을 잘 모른다고 하였습니다.

순교자들의 행적을 보아도 꿈은 특별한 몫을 합니다. 뽈리까르뽀(Polycarp)는 순교하기 삼 일 전 꿈에 자신의 베개가 불속에 던져진 것을 보고 자신이 화형될 것을 미리 알았습니다. 펠리치따스(Felicitas)와 페르페투아(Perpetua)의 순교도 꿈과 관련이 있습니다. 이 두 여인은 꿈을 통해 자신들이 견디어야 할 고통이 어떤 것인지, 또 하나님과 함께 그들을 기다리고 있는 상급이 무엇인지 알 수 있었고, 용감히 순교할 힘을 받았습니다.

희랍의 교부들 역시 꿈을 존중하는 그 시대 분위기의 영향을 받았습니다. 나지안즈의 그레고리우스(Gregory of Nazianzus)는 자신이 받은 영감의 대부분이 꿈에서 나온 것이라 하였습니다. 꿈에 관해 매우 광범위한 저술을 남긴 시네시오스(Synesios of Cyrene)는, 꿈을 해석하여 위험이나 질병으로부터 우리 자신을 보호할 수 있다고 주장하면서 꿈을 기록하라고 권하였습니다. 그는 이렇게 말합니다.

꿈을 꾸고 보물을 발견하는 것은 능히 있을 수 있는 일입니다. 글재주라곤 없던 이가 꿈에 뮤즈와 이야기하고 재능 있는 시인이 되어 잠에서 깨어날 수도 있고, 자신이 위험에 처했다는 사실을 자는 동안 알게 되기도 하고, 병을 고치는 중요한 처방을 꿈에서 얻기도 합니다. 놀랍고 신비로운 일입니다. 인간은 잠을 자면서 사물의 참 본질을 깨닫는 아주 완벽한 통찰에 이르기도 합니다. 깨어있을 때 우리를 가르치는 것은 사람이지만, 자는 동안 우리를 비추시는 분은 하나님이십니다.

둘째, 꿈을 통해 치유하신다. 꿈에서 치유를 경험하는 사람은 많습니다. 그러나 꿈에 치유가 되었다는 것은 앞으로 치유가 된다는 뜻입니다. 꿈은 치유의 힘만 가진 것이 아닙니다. 꿈은 우리가 하나님을 체험하는 자리입니다. 우리는 꿈을 꾸면서 하나님의 진리와 하나가 되고 사물의 진정한 본질과도 하나가 될 수 있습니다. 하나님은 꿈속에서 우리를 가르치십니다. 하나님은 꿈을 통해서도 하나님의 뜻을 전하십니다. 우리는 꿈을 잘 해석하여 하나님의 뜻이 무엇인지 분별해야 합니다. 영적인 꿈이란, 기도를 많이 하는 영적으로 깊은 성도가 하나님이 알려주시는 자신의 현재의 상태와, 앞으로 어떻게 해야 할 방향과, 하나님의 계획을 알려주는 것입니다. 모든 사람이 꿈을 꿉니다. 보통 우리가 하루 8시간씩 잠을 잔다면 하루에 30분 내지 1시간에 걸쳐 5-6회 정도 꿈을 꾼다고 합니다. 꿈을 꾸어도 기억하지 못하는 사람이 있습니다. 그래서 전혀 꿈을 꾸지 않는 것으로 오해합니다. 우리가 하루에도 여러 번 꿈을 꾸는데 기억되는 것은 대개 잠에서 깨기 직전의 꿈입니다. 이 마지막 꿈은 여러 가지 꿈을 하나로 요약해 주는 중요한 꿈이라고 볼 수 있습니다.

① 심층심리학에 따르면 꿈은 우리가 잠잘 때 의식의 힘이 약해진 틈을 타서 의식의 수면 위로 떠오른 무의식의 내용입니다. 그렇기 때문에 우리는 꿈을 통해서, 본인의 무의식을 잘 이해할 수 있게 됩니다. 우리가 꿈을 무시하면 우리의 무의식과 심층심리를 알 수 없습니다. 그래서 의식과 무의식을 하나로 통합하는 자기실현의 기회를 상실하게 됩니다. 꿈은 우리의 심층심리를 이해하고 통합하는 데 도움을 줍니다.

② 꿈은 하나님께서 우리에게 메시지를 전달하시고 우리와 소통하시는 하나의 방식입니다. 우리는 인생의 중요한 고비에서 꿈을 통해 하나님의 음성을 듣습니다. 우리는 꿈 해석을 통해 하나님과 더 깊은 관계를 맺을 수 있습니다.

③ 꿈은 우리가 영적으로 더 일관성 있게 살아갈 수 있도록 이끌어 줍니다. 꿈은 영혼의 언어요, 하나님의 선물이기에 에너지를 내포하고 있습니다. 또 창조적인 생각을 드러내 줍니다. 꿈을 통하여 어려운 문제를 풀 수 있는 응답을 받기도 합니다.

④ 꿈은 자기 자신의 보다 정직한 표현이라고 볼 수 있습니다.

그렇기 때문에 꿈을 무시하면 자기실현의 기회를 상실하게 됩니다. 우리는 꿈을 꿀뿐만 아니라 바르게 해석해야 합니다. 해석되지 않은 꿈은 읽지 않은 편지와도 같습니다. 우리는 꿈을 해석함으로써 우리를 치유하시고 위로하시는 하나님을 만나게 됩니다.

⑤ 우리는 꿈을 해석함으로써 의식과 무의식의 통합을 꾀할 수 있습니다. 우리 내면의 결함을 알게 되고 그것을 수정할 수 있는 안내를 받습니다. 부정적인 자아상을 벗고 긍정적인 자아상을 갖게 됩니다. 잘못되고 병든 인간관계를 바로 잡게 됩니다.

⑥ 불안과 공포의 뿌리를 보고 사랑과 평안과 신뢰를 회복하게 됩니다. 인생의 전환기를 지날 때 격려와 안내를 받음으로써 추락하지 않게 됩니다. 지금까지 깨닫지 못했던 엄청난 에너지의 근원을 만나게 됩니다. 숨어 있는 에너지를 끌어내 위기를 슬기롭게 극복하게 됩니다.

⑦ 창조적인 지혜와 통찰력을 얻게 됩니다. 인생에서 더욱 중요한 것이 무엇인지 알게 되는 분별력이 생깁니다. 더 이상 방황하지 않고 인생의 궁극적인 목적을 향해 나아가게 됩니다. 하나님의 뜻에 보다 더 의식적으로 참여하게 됩니다.

셋째, 꿈의 해석과 치유. 어느 목사님이 성도가 꾼 꿈에 대한 상담 예입니다. 돌아가신 친정어머니가 꿈에 보이면 그 날은 몸도 아프고 여러 가지로 좋지 못한 일이 일어납니다. 아들이 군에 갔는데 아들에게 할머니가 가끔 꿈에 나타나면 좋지 못한 일이 생긴다고 합니다. 그래서 교회에 와서 목사님이 축사를 하면 한 3일은 잘지나가다가 다시 꿈에 보여 그런 경우가 생기는 데 어떻게 해야 하느냐고, 남원에서 목회하시는 목사님이 치유와 능력을 받으러 오셨다가 저에게 질문을 했습니다. 내가 이렇게 답변을 했습니다. 인간의 문제를 치유하는 사역자는 전문성이 있어야 합니다. 무턱대고 축사만 할 것이 아닙니다. 목사님 내적치유를 아십니까? 목사님이 모른다고 하셨습니다. 목사님에게 치유를 하려면 전문적인 지식과 체험이 있어야 합니다. 내면세계에 대하여 배우시고 체험해야 합니다. 그냥 치유사역자가 되는 것이 아닙니다. 꿈을 통해 치유하는 방법을 다음과 같이 상세하게 설명을 해드렸습니다.

1) **죽은 사람이 꿈에 나타난다.** 이것부터 영적으로 이해를 해야 합니다. 꿈에 나타난 친정어머니는 진짜 친정어머니가 아닙니다. 친정어머니의 살아생전에 영육의 고통을 가하던 타락한 영(귀신)이 친정어머니 모습으로 나타난 것입니다. 왜냐하면 미혹하기 위해서 그러는 것입니다. 자손들에게 환영을 받으면서 활동하려고 그러는 것입니다. 죽은 사람의 영은 천국이 아니면 지옥에 가있습니다. 나오지 못합니다. 무속 같은 이론에 속지 마시기를 바랍니다. 이것은 성경에 어긋나는 잘못된 무당, 이단의 이론입니다. 절대로 현옥되지 마시기를 바랍니다. 절대로 죽은 사람의 영은 세상에 나올 수가 없습니다. 고로 죽은 어머니의 형상을 가지고 꿈에 나타난 타락한 천사입니다. 강령하게 영적인 전쟁을 해야 합니다.

2) **이 꿈에서 나타날 수 있는 영적인 문제들.** 친정어머니가 가

지고 살다가 고생하던 모든 문제가 이 성도에게 와서 고통을 가한다고 이해해야 정확하게 문제를 해결하고 치유할 수 있습니다.

① 상처의 문제… ② 부부의 문제… ③ 질병의 문제… ④ 재정에 관련된 문제… ⑤ 영적인 문제… ⑥ 정신적인 문제… ⑦ 자녀들의 문제… 육체적, 정신적, 환경적, 부모와의 관계성의 문제 등…이 모든 문제가 이 성도에게 왔습니다. 본인과 치유사역자가 인정하는 것이 치유를 위한 지름길입니다. 이것을 이해시키고 치유를 해야 합니다. 가족 전원이 함께 하는 것이 효과적입니다.

3) 꿈을 해석하여 치유하는 순서. 첫째로 성령으로 세례를 체험하게 해야 합니다. 그리고 기도하게 하면서 성령의 역사로 마음의 상처 내적 치유를 해야 합니다. 부모의 상처가 자손에게 전이 됩니다. 어머니부터 치유를 해야 합니다. 다음에 자녀들을 치유해야합니다. 집안 사정이 되면 어머니와 자녀들을 동시에 해도 됩니다. 동시에 하면 치유효과가 더 커집니다. 둘째로 영적인 문제를 해결입니다. 죄악을 회개하고, 환란과 풍파의 줄을 절단하고, 귀신을 몰아내야 합니다. 셋째로 그리고 질병을 치유합니다. 이것도 혈통에 역사하는 귀신의 영향일 수가 있으니 성령의 역사로 절단해야 합니다. 지속적으로 성령충만 받으면 치유됩니다. 넷째로 지속적인 영적 전쟁과 축사를 해야 합니다. 한번에 떠나가지 않습니다. 시간이 걸립니다. 다섯째로 치유 후에 영적인 관리가 더 중요합니다. 치유받고 나아져서 영적인 치유를 그만두면 더 심해질 수가 있습니다. 지속적인 치유를 해야 합니다. 영적인 생활을 잘해야 합니다.

4) 꿈에 나타나면 꿈에서도 강하게 거부하고 몰아내야 합니다. 아침에 일어나서 축사를 해야 됩니다. 아니면 목회자의 도움을 받으면 더욱 좋습니다.

5) 꿈을 꾼 다음날 바로 성령의 지배가운데 내적 치유와 축사를 받아야 효과적입니다. 제가 지금까지 치유사역하며 임상적으로 경험한 바로는 많은 성도들이 꿈에 죽은 사람이 나타난 후, 질병과 환란으로 고생합니다. 우리 교회에 다니는 권사님으로부터 주일 아침 9시경에 전화가 왔습니다. 아침에 일어나려는 데 심신이 나른하고 다운되어 꼼짝을 못하여 교회를 오지 못하겠다는 것입니다.

그런데 전화를 받는 순간 무엇인가 좋지 못한 예감이 왔습니다. 그래서 조금 있다가 봉고차를 운전하여 권사님 댁으로 갔습니다. 집 앞에 봉고차를 세워놓고 아파트에 들어갔습니다. 권사님이 사시는 아파트는 1층입니다. 그래서 초인종을 눌렀습니다. 누구세요. 예! 저 강 목사입니다. 문 열렸어요. 그래서 문을 열었습니다.

문을 열고 보니 권사님이 저를 똑바로 쳐다 보았습니다. 그런데 순간 보이는 것이 마귀할멈의 형상이 보였습니다. 그래서 신을 벗고 들어가 다자 고자 할 것 없이 머리에 손을 얹고 기도를 했습니다. "성령이여 임하소서, 힘이 없게 하고 교회가지 못하게 하는 더러운 악마야 예수 이름으로 명하노니 떠나가라. 힘이 없게 하고 교회가지 못하게 하는 더러운 악마야 예수 이름으로 명하노니 떠나가라. 힘이 없게 하고 교회가지 못하게 하는 더러운 악마야 예수 이름으로 명하노니 떠나가라." 이렇게 명령을 하니 권사님이 아멘으로 화답을 했습니다. 그리고 권사님을 보니 얼굴이 정상으로 돌아 왔습니다. 그러자 권사님이 저에게 하시는 말씀이 "목사님! 어젯밤 꿈에 미국에 이민 가서 살다가 교통사고 당하여 죽은 딸이 검정 드레스를 입고 저에게 찾아 왔습니다. 그래서 너무나 반가워서 끌어 앉았습니다. 그랬더니 순간 없어졌습니다." 그래서 제가 막 나무랐습니다. 권사님 꿈에 죽은 사람이 나타나거든 예수 이름으로 물리치라고 했지 않습니까? 그러니까, "권사님이 하시는 대답이 이렇습니다. 목사님 우리 딸은 예수 믿고 죽었습니다."

성도님들의 영적인 수준이 이렇습니다. 아니 예수 믿고 죽은 사람이 천국에 가 있는데 어떻게 옵니까? 올 수가 없습니다. "그뿐 아니라 너희와 우리 사이에 큰 구렁텅이가 놓여 있어 여기서 너희에게 건너가고자 하되 갈 수 없고 거기서 우리에게 건너올 수도 없게 하였느니라(눅16:26)"

천국에서 지옥도 갈수도 없고 올수도 없는데 어떻게 죽어 천국에 있는 사람이 세상에 나옵니까? 권사님이 꿈에 본 자신의 딸은 진짜가 아니고 귀신이 권사님에게 들어오려고 가장하여 나타난 귀신입니다. 그러니까 그 꿈을 꾸고 난 다음에 온몸이 나른하고 힘이 들어 교회를 나오지 못할 정도가 되지 않습니까? 속지 마세요. 그래서 권사님 댁에서 나와서 성도들을 봉고 차에 태워서 교회에 와서 주일 예배를 드렸습니다. 그리고 예배를 마치고 성도들을 모두 데리고 권사님 댁에 가서 성령집회를 하고 안수를 해서 귀신을 몰아내 주었습니다. 그러자 바로 온몸이 나른하고 다운되게 했던 질병들이 즉시로 치유 되어 자유하게 되었습니다.

꿈에 돌아가신 시아버지가 나타나 반갑게 맞아 들였더니 감기 몸살로 4달을 고생하는 것을 보았습니다. 우리 교회 여 전도사가 꿈에 돌아가신 시아버지가 나타나서 반갑게 맞이한 후로 독감이 걸려서 4달을 고생하였습니다. 그것도 창피해서 말을 하지 않다가 제가 다그치니 그때야 이야기하여 내적치유하고 축사하고 독감이 나았습니다. 꿈속에서 깨어서 영적전쟁을 해야 합니다.

인천에 사시는 60대 중반의 사모님의 이야기입니다. 이 사모님의 친정어머니는 중풍으로 3년 전에 세상을 떠났답니다. 그런데 꿈에 나타난 것입니다. 새벽 3시에서 4시경이 되었는데 친정어머니가 다리를 절뚝거리면서 문을 열고 방안으로 들어오는 것입니다. 그래서 이 사모님이 "야~ 이 더러운 귀신아! 여기가 어디인데 들어오려고 하느냐! 내가 예수이름으로 명하노니 나의 집에서 나가라! 나가! 나가! 나가!" 했더니 "갈게! 갈게! 갈게!" 하더니 나가더랍니다. 그런데 새벽 6시가 조금 넘어서 전화가 왔는데 자기 여동생이 중풍이 걸려서 병원에 입원했다는 것입니다. 이 사모님이 알고 몰아내자 동생에게 간 것입니다. 우리도 경각심을 가지고 살아야 합니다. 이야기가 아니라 실화입니다.

넷째, 꿈의 해석을 정확히 하고 관련된 문제를 진단하고 치유해야 한다. 꿈을 무시할 것이 못됩니다. 해결하려고 해야 합니다.

1) 발견된 문제로 잃어날 수 있는 문제가 무엇인지 성령의 지배

가운데 주님에게 물어봐야 합니다.

2) 내적 치유를 해야 합니다. 성령으로 기도하면 성령이 충만해지면서 성령의 역사로 치유가 됩니다. 성령의 충만이 중요합니다.

3) 성령의 역사하심으로 축사를 해야 합니다. 성령의 임재 하에 상황을 영상으로 보면서 명령합니다.

4) 지속적인 영적 전쟁을 해야 합니다. 성령 충만한 교회 생활이 좋습니다. 성령의 역사가 일어나야 영-혼-육이 건강합니다.

5) 특이한 꿈은 기록하여 두는 것이 좋습니다.

6) 중요한 꿈을 발설하는 것을 심사숙고해야 합니다.

다섯째, 꿈과 관련된 간증

1) 꿈에 방안에 뱀들이 돌아다니는 것입니다. 저는 성도들의 가정을 놓고 기도를 많이 합니다. 왜냐하면 성도들의 가정에 문제가 발생하기 전에 치유하기 위해서입니다. 어느날 이런 꿈을 꾸었습니다. 우리 성도 가정인데 뱀들이 막 돌아다니는 꿈입니다. 내가 심방을 다녀왔기 때문에 그 집 구조에 대하여 잘 알지 않습니까? 꿈에 보니 안방 침대에 뱀들이 막돌아 다닙니다. 이부자리 속으로 들어갑니다. 그런데 주인인 성도들은 웃고 아무런 조치도 하지 않습니다. 내가 너무나 안타깝고 답답하다는 생각을 하면서 꿈에서 깨어났습니다. 교회에 와서 사모에게 꿈 이야기를 했습니다. 아마 그 집이 영적으로 문제가 있는 것 같다고 심방을 가야겠다고 알려주라고 했습니다. 심방을 하고 나서 꿈 이야기를 하면서 영

적인 전쟁을 하라고 했습니다. 그랬더니 여 집사가 이러는 것입니다. 2층에 집 주인이 사는데 아주 좋다는 것입니다. 그래서 마음을 열고 대화를 한다는 것입니다. 그런데 문제는 주인집이 절을 다니기 때문에 집에 오만가지 절의 우상 물건들이 있다는 것입니다. 자신은 사람들이 너무 좋기 때문에 마음을 열고 다녔는데 그 집에 역사하는 불교의 영들이 자신의 집으로 들어 온 것 같다는 것입니다. 그러면서 큰일 날 뻔 했다는 것입니다. 필자가 집사님에게 이제 잘 알았으니 성령이 충만한 가운데 영적인 전쟁을 지속적으로 하라고 했습니다. 그 후 그 가정은 사업이 잘되어 아파트를 사서 이사를 했습니다. 이렇게 꿈을 꾸었으면 영적인 조치를 해야 합니다.

2)어느 여 집사님이 당한 일입니다. 꿈에 뱀 두 마리가 막 도망을 가습니다. 그래서 가정 예배를 드리고 대적 기도하였습니다. 그리고 시간이 얼마큼 자닌 다음에 꿈을 꾸었는데 큰 뱀이 또 아리를 틀고 자기 옆에 앉아 혀를 날름 거렸습니다. 꿈에서 깨어나 이상하여 성경공부 시간에 자기 담임목사님에게 꿈 이야기를 했습니다. 그랬더니 담임목사 하는 답변이 무시하라고 했습니다. 무시하고 얼마가 지나서 몸이 불편하여 검사를 해본 결과 자궁 난소에 암이 생겼는데 3기가 지나고 있었습니다. 그래서 수술하고 우리교회에 와서 영적치유를 한 일 년 간 치유받고 갔습니다. 이는 성령께서 악 한영이 침입하여 집을 지은 것을 알려준 것입니다. 아주 편안하게 있었다는 것은 집을 완전하게 지었다는 것입니다. 이런 분을 빨리 영적전쟁을 해야 합니다. 악한 영이 집을 완벽

하게 지은 것이므로 상당히 오랜 기간 영적치유를 받아야 합니다. 영적인 일은 방심과 무시는 금물입니다. 정말 영적인 무시는 큰 일을 만듭니다. 성도들은 영적인 눈이 열려야 합니다.

3)어느 집사님의 집에서 일어난 일입니다. 집사님이 이사를 가서부터 계속 꿈에 뱀들이 나타나 집안을 돌아다니는 것입니다. 이런 꿈을 두 달 정도를 계속해서 꾸다가 보니까 이 집사님이 불면증에 시달리다가 급기야는 우울증까지 왔습니다. 교회 목사님이 그 집에 가서 성가대 연습을 하고 별짓을 다해도 꿈에 뱀은 계속 나타나 났습니다. 그러다가 집안을 대 청소해야 겠다고 생각하고 거실에 있는 장식장을 열고 청소를 하는데 장식장 속에 보니 부적들이 잔뜩 붙어있었습니다. 앞에 살다가 이사 간 사람들이 붙여놓은 부적입니다. 그래서 부적을 다 뜯어내고 목사님을 청해서 심방을 하니, 그날부터 꿈에 뱀이 나타나지 않고, 이 집사님도 불면증이 없어지고, 우울증도 치유되고 건강하게 되었습니다. 이사를 가면 잘 점검해 보시기를 바랍니다. 지금은 부적이 아주 작습니다. 유심히 찾아보아야 찾을 수가 있습니다. 영안을 열고 찾아보아야 보입니다. 꿈 환상과 관련된 여러 문제의 세밀한 치유비결은 **"성령의 불세례에 숨은 비밀" "치매예방 건강 장수하는 법", "가계저주와 영원히 이별하는 길" "가계가 축복받는 선포기도" "귀신축사 속전속결"**을 보시면 스스로 치유할 수가 있을 것입니다. 모두 발견된 문제를 치유하여 하나님께서 원하시는 아브라함의 복을 넘치도록 받으시기를 바랍니다.

22장 꿈을 해석하여 상담과 치유하는 비결

(욥 33:13-18)"하나님은 모든 행하시는 것을 스스로 진술치 아니하시나니 네가 하나님과 변쟁함은 어찜이뇨, 사람은 무관히 여겨도 하나님은 한번 말씀하시고 다시 말씀하시되 사람이 침상에서 졸며 깊이 잠들 때에나 꿈에나 밤의 이상 중에 사람의 귀를 여시고 인치듯 교훈하시나니, 이는 사람으로 그 꾀를 버리게 하려 하심이며 사람에게 교만을 막으려 하심이라. 그는 사람의 혼으로 구덩이에 빠지지 않게 하시며 그 생명으로 칼에 멸망치 않게 하시느니라"

우리는 꿈을 해석하여 상담에 적용하므로 각각의 문제를 치유해야 합니다. 그저 꿈을 해석하여 주는 것으로 끝내는 상담을 하지 말고 문제를 치유하는 상담을 해야 합니다. 하나님은 상담을 하되 예수님처럼 권세 있고 능력 있는 상담을 하라고 하십니다. 상담에서 제일 중요한 것은 무엇이겠는가? "자신감"입니다. 성령께서 마땅하게 꿈을 해석하여 치유하신다는 믿음을 가지고 상담을 해야 합니다.

첫째, 상담의 기본 자료와 무기들

1)상담의 이론과 기법들: 많은 분들은 상담의 이론과 기법이 중요하다고 생각합니다. 이는 성령으로 충만해지는 것입니다.

2)좋은 자료들: 좋은 자료를 많이 가지고 있으면 자신감이 생긴

다고 말들을 합니다. 물론 훌륭한 상담자가 되기 위해서는 많은 이론들과 기법들이 필요로 하고 좋은 자료들도 필요로 하지만 이보다 더 중요한 것은 상담에 대한 자신감과 성령충만입니다.

3)말씀에 대한 확신: 그러면 이 자신감은 어디에서 나오겠습니까? "말씀에 대한 확신"에서 나옵니다. 그리고 이 확신은 어디에서 나오느냐? 믿음에서 나옵니다. 하나님의 말씀이 세상의 그 어떤 이론과 지식보다 더 우월하다는 믿음 위에서 확신이 나오는 것입니다. 그렇다고 자신감은 아무나 가지는 것이 아닙니다. 자신감은 이럴 때 나옵니다.

① 개인치유: 말씀의 능력으로 개인의 삶이 변화된 간증이 있는 사람이라야 자신감을 가지고 상담할 수 있습니다.

② 치유의 역사: 말씀대로 치유되는 성령의 역사를 현장에서 본 증인이라면 자신감을 가지고 상담할 수 있습니다. 그런데 상담에 대한 이론도 약하고 말씀의 능력을 믿는 믿음도 약하다면 상담자로서는 영(빵)점이라고 할 수 있습니다. 우리는 상담자로서 현장에 가기 때문에 많은 상담공부를 하는 것이 좋습니다.

기본적인 상담의 이론과 지식들을 갖추고 있는 것이 도움이 될 것입니다. 그런데 이것이 사람마다 다르고 시대마다 달라집니다. 전문적인 상담연구가가 아닌 이상 그 이론들을 다 공부하기에는 우리의 현장이 너무 급한 것은 사실입니다. 그래서 현장을 돕고 사역을 돕기 위해서 필요한 상담공부만을 하게 되는 것입니다. 그래야 상담의 기본 방향에서 벗어나지 않을 것이며 하나님이 원하시는 상담을 할 수 있기 때문입니다.

둘째, 상담의 큰 틀 세 가지

1)심리적인 방법: 이것은 심리학을 근거로 해서 사람들의 정신적 및 정서적 문제를 치료하고 변화시켜 보려는 인간의 방법입니다. 대부분의 정신의학자들이나 심리학자들이 여기에 속합니다. 이 사람들은 성경말씀을 아예 취급하지 않습니다. 오히려 성경은 인간의 문제를 해결하는데 도움이 안 된다고 말합니다. 그리고는 사람이 가지고 있는 모든 문제에 병명을 다 붙입니다. 편두통 때문에 고생하면 '통증장애'라고 합니다.

안절부절못하면 '활동과민성'이라고 합니다. 어린 아이들이 약이나 치료를 거부하는 것을 '치료 불복종 증'이라고 하고, 수학을 잘 못하면 '수학 장애'라고 하고, 작문을 잘 못하면 '서면표현장애'라고 합니다. 책을 잘 읽지 못하면 '독서 장애'라고 하고, 부모에게 반항하거나 부모와 늘 다투는 아이를 '반대 및 반항 장애'라고 합니다. 어린 아이들이 엄마가 주는 것을 먹지 않고 다른 것을 먹으면 '섭식장애'라고 하고, 노인들이 기억력을 잃으면 '노인성 치매증'이라고 합니다. 불을 자주 지르면 '방화 상습증'이라 하고, 남의 물건을 자주 훔치면 '병적 도벽증'이라고 합니다. 그리고 1996년 올림픽 때 폭탄으로 사람을 죽인 것을 가르쳐 '영웅증세'라고 했습니다. 이렇게 해 가지고는 정신과 의사들은 병원에 입원시켜서 돈벌고 약 제조회사는 병명에 맞는 약을 만들어서 돈을 법니다. 그런

가하면 상담 가들은 심리적으로 치료하니 상담료를 내라고 합니다. 그래서 심리적인 상담은 하나도 도움이 안 됩니다.

2) 기독교 심리적인 방법. ① 신학과 심리학의 통합을 유도하면서 하는 상담입니다. ② 이들이 하는 주장은 "그리스도인이라고 심리적 문제로부터 자유를 얻을 수 없다"고 하면서 "심리학이 상담에 필요하다"고 말합니다. ③ 여기에 해당하는 학자들이 '게리콜린스', '로렌스 크랩'입니다. 이 사람들은 성경과 심리학을 같이 둡니다. 성경도 중요하지만 심리학도 중요하다는 것입니다.

3) 성경적인 방법(영적인 방법). ① 이것은 하나님의 말씀을 근거로 해서 성령으로 하는 상담입니다. 인간의 이론을 참고로 하지 않고 오직 하나님의 말씀과 성령의 역사로만 상담하는 방법입니다. ② 그래서 피상담자가 성경적인 생각과 성경적인 말과 성경적인 행동을 하도록 가르치는 것입니다. ③ 여기에 대표되는 학자는 제이 아담스입니다. 이 외에도 많이 있습니다(짐 클락, 에드 버클리, 손경환박사). 성경적 상담자들은 세상의 심리학이 교회에 깊이 침투되어 있다고 한탄을 하고 있습니다. 그래서 성도들이 성경을 믿고 따르는 것이 아니라 심리학을 믿고 따르는 경우가 많습니다. 한마디로 "교회는 지금 몽땅 심리학화 되고 있다" 불신자들이 심리학을 따르는 것은 당연하지만, 하나님의 전능하심을 믿는 성도들이 왜 심리학의 이론을 진리로 받아들이는지 의아해 하고 있습니다. 성령으로 눈이 열리지 않는 연고입니다. 어찌 성경과 심리학을 비교할 수 있겠습니까? 우리는 빨리 심리학을 성경 밑으로 내려야 합니다.

셋째, 성경적 상담을 해야 할 이유

1) 성경에는 오류가 없다. "진실로 너희에게 이르노니 천지가 없어지기 전에는 율법의 일점 일획이라도 반드시 없어지지 아니하고 다 이루리라(마5:18)"

2) 성경에는 부족한 것이 없다(딤후3:16). ① 하나님의 감동(하나님의 특별계시와 성령의 역사로 기록), ② 교훈(복음의 진리를 가르치는 것), ③ 책망(잘못된 것을 진리로 바로 잡는 것), ④ 바르게(올바른 것을 더 매진하도록 하는 것), ⑤ 의로 교육하기에 유익(성장하도록 돕는 것),

3) 성경은 모든 의학과 과학을 초월한다. 히브리서4장 12절에 "하나님의 말씀은 살았고 운동력이 있어 좌우에 날선 어떤 검보다도 더 예리하여 혼과 영과 및 관절과 골수를 찔러 쪼개기까지 하며 또 마음의 생각과 뜻을 감찰하나니"라고 했습니다. 그래서 ① 영적인 병, ② 마음과 생각의 병, ③ 육신의 병, ④ 생활의 병을 성경만으로 고칠 수 있습니다.

4) 성경적 상담에 있어서 중요한 포인트는 성령입니다. 성경적 상담에서 가장 중요한 것은 성령의 역사입니다. 제이 아담스는 "나는 불신자와는 상담을 하지 않는다"라고 했습니다. 왜 성령이 역사를 누릴 수 없기 때문입니다. ① 그래서 그는 불신자를 만나면 제일 먼저 하는 것이 '영접'이라고 했습니다. ② 그 다음 상담을 통하여 성경적인 삶을 살도록 도와준다는 것입니다(변화). ③ 이 때 성령께서 역사하신다는 것입니다(성화). 성령을 떠나서는 성령의 열

매를 맺을 수 없습니다. ① 그러므로 상담자는 자신의 능력을 의존하지 말아야 합니다. ② 우리는 상담의 기법을 많이 알지 못한다고 기죽을 필요도 없습니다. 왜 상담의 주역은 성령이시기 때문입니다. ③ 그러므로 우리는 믿음으로 기도하고 하나님이 어떻게 역사하시는가를 보아야 합니다. 5) 성령은 상담사역에 하나님이 말씀인 성경을 사용하시기를 기대하십니다. ① 성경적 상담자는 하나님의 말씀을 기준으로 상담하는 자입니다. ② 성경적 상담자는 말씀 안에서 인도를 받아야 합니다. ③ 또 성령은 말씀을 통하여 역사합니다. 그래서 성경적 상담을 한마디로 말하면 "하나님의 말씀으로만 우리 생활의 문제를 치유 받는 것"을 말합니다. 성령은 우리의 인격을 완벽하게 변화시키는 힘이 있습니다(딤후3:16-17). 성령이 역사는 우리에게 자유를 줍니다.

넷째, 성경적 상담의 원리 7가지

1) 상담의 모든 진행상황을 성경의 절대적 권위에 비추어 보아야 합니다. 과학이나 개인의 경험, 그리고 문학이 상담에 꼭 필요한 것은 아닙니다.

2) 죄 문제와 과거의 문제는 어떤 일이 있더라도 다루어져야 합니다. 그 이유는 그 사람의 문제는 죄에서 비롯되었기 때문입니다.

3) 예수 그리스도의 복음이 상담의 중심이어야 하고 해답이 되어야 합니다. 왜 그럴까요. 예수님 외에 다른 방향을 첨가하면 잘못된 상담 논리에 빠지기 때문입니다.

4) 성경적 상담의 목표는 변화와 치유에 두어야 합니다. ① 그러기 위해서는 회개가 따라야 하고, ② 말씀으로 마음을 새롭게 해야 하고, ③ 지속적인 성령의 역사를 누려야 합니다. 그래야 점진적인 변화가 일어납니다.

5) 하나님의 인도를 받는 상담이여야 합니다. 아무리 훌륭한 상담자라 할지라도 하나님의 인도를 받지 못한다면 실패할 것입니다. 하나님은 상담자를 인도하고 계시며 내담자도 인도하고 계십니다. 그러므로 하나님의 인도를 받는 상담을 해야 성공적인 상담이라 할 것입니다.

6) 사람들이 당한 모든 문제에는 하나님의 계획이 있음을 알아야 합니다. 즉 하나님의 주권 속에서 만들어진 어려움도 있다는 것입니다.

7) 성경적 상담은 성령이 충만한 목회자와 상담가들 중심으로 이루어져야 합니다.

다섯째, 성경적 상담의 순서. 꿈을 해석하여 개인적으로 문제와 내면을 치유 받고자 원하는 사람이 본인을 찾게 되면 보통 다음과 같은 단계로 상담을 진행합니다. 꿈의 내용을 상세하게 대화(상담)를 합니다. 꿈을 해석하여 문제를 찾아 치유의 말씀을 전하고 기도를 합니다. 반응이 대단히 좋았습니다. 치유 사례들은 거의 이와 같은 방법에 의하여 이루어진 것입니다. 먼저 하나님에게 기도하여 그 사람에 대한 성령님의 음성을 듣습니다. 꿈을 꾼 내용을 상세하게 말하게 합니다. 꿈과 관련된 문제를 어떻게 풀어가기를 원하시며 무슨 방법을 사용하기를 원하시는 가?

1단계로 대화(상담)을 먼저 깊숙이 합니다. 꿈을 해석하여 문제를 해결받기 위하여 내방한 사람을 의자나 방에 앉히고 꿈에 대한 이야기를 듣습니다. 성령의 계시에 따라 필요한 질문들을 통하여 꿈속에서 나타난 문제와 문제의 원인을 알아냅니다. 주로 하는 질문은 성령께서 계시하여 주는 내용으로 대화를 합니다. 문제가 있다면 어떻게 언제 시작되었고, 다른 사람들은 무엇이라 하는가? 어떤 치료를 받았는지? 어떤 계기로 그 병이 발생하게 되었는지를 알아내어야 합니다. 그리고 상담 중에 하나님께서 주시는 특별한 정보를 즉 어떤 예감이나 유사한 갈등을 인지합니다.

보편적으로 성령을 체험한 연후에 꿈이 많이 꾸어집니다. 이는 간증하는 집사의 말을 들어보시면 이해할 수가 있을 것입니다. 목사님 안녕하세요. 매일 집회에 은혜 받고 있는 ○○집사입니다. 성령세례를 받은 다음부터 평소에 꿈을 많이 꾸었습니다. 정말 이상한 꿈들이 글로 표현하지 못하도록 많이 꾸어졌습니다. 또, 꿈으로 인해 상처도 받고 그랬었는데 집회에 참석하고 나서 요즘은 꿈을 꾸지 않습니다. 갈수록 영이 맑아지고 가벼워지며 치유의 보증이 나타나는 것을 체험적으로 느끼고 있습니다. 몇 주 전은 신유집회 때 소독약 냄새를 맡고 위장병이 고쳐졌습니다.

평소에 바나나와 칼슘 제를 먹으면 소화를 못시켜서 데굴데굴

굴렸는데 집회에 참석하여 은혜 받은 이후에 시험 삼아 먹어봤더니 하나도 아프지 않고 이후로 지금까지 바나나와 칼슘 제를 잘 먹고 있습니다. 할렐루야! 또 꿈에서 뼈에 주사를 맞는 꿈도 꾸고, 그래서 다른 질병도 치유를 확신하고 열심히 참석하고 있습니다.

꿈속에서 자기가 의도하는 대로 진행이 되면 실제 삶에서도 일이 잘 풀립니다. 꿈을 꾸면서 자신이 생각하는 대로 잘 이루어진다면 실제 생활에서도 일이 일사천리로 잘 풀린다는 것입니다. 반대로 자기가 하고 싶은 대로 할 수가 없으면 실제 삶에 문제가 꼬이고 있다는 것입니다. 꿈에 아기를 등에 업고 있다면 이는 근심거리입니다. 성령의 임재 하에 찾아서 해결해야 할 것입니다.

꿈 해석 상담을 하기 위하여 꿈을 해석하는 요령 몇 가지 적어봅니다. 꿈을 해석하며 상담할 때 참고하시기를 바랍니다. 저는 전문적으로 꿈 해석 상담을 하기 때문에 이외에도 많은 노하우가 있습니다만, 전부 지면에 기록을 할 수가 없습니다. 이해바랍니다. 중요한 것은 상담을 하면서 성령의 음성을 듣는 것입니다.

1)주의사항 ① 꿈을 해석할 때는 남녀를 구분해야 됩니다. ② 결혼유무, 임신유무를 구분해야 됩니다. ③ 꿈속에서 가장 인상 깊었던 내용이 무엇인지 알아야 됩니다. ④ 최근이나 아니면 늘 마음에 담고 있는 공포나 고민 그리고 불안 감정을 말하고 알아야 합니다. ⑤ 질병이나 개인적인 문제와 가정의 문제 유무를 아는 것도 좋습니다. ⑥ 직업이나 교회에서 받은 직분이 무엇인가를 알고 있어야 됩니다.

2)꿈 상담요령입니다. ① 꿈 내용을 듣고 적습니다. 꿈 내용을 들으면서 성령의 음성을 듣습니다. ② 기도하여 하나님의 뜻을 구합니다. 지혜를 구하는 것입니다. ③ 심리적인 꿈인지 영적인 꿈인지 분별합니다. ④ 영적인 조치 사항을 알려줍니다. 바르게 세부적으로 알려주는 것이 좋습니다. ⑤ 꿈을 꾼 본인은 상담결과를 그대로 적용하려고 하지 말고 하나님에게 다시 물어보고 행동에 옮기는 것이 좋습니다.

2단계로 진단 적인 결정을 바르게 내리도록 하여야 합니다. 꿈을 해석하며 상담이 진행되는 동안에 그 증상에 깔려 있는 숨은 원인을 찾아야 합니다. 신체적인 증상은 정서적, 영적인 문제 때문에 일어나기도 하기에 내적 치유는 신체의 치유에 선행될 필요가 있습니다. 이 때 본인의 은사와 영분별의 은사를 적절히 사용하여야 합니다. 특히 지식의 은사를 잘 활용하여 영적 주파수를 맞춥니다.

3단계로 말씀을 전합니다. 준비한 말씀을 그 환자의 상태에 일치되는 말씀을 정합니다. 본인에게 필요한 성경 말씀을 찾아서 읽어가면서, 본인이 읽도록 하면서 자신을 보고 발견하게 합니다.

4단계로 치유기도 방법을 선택하여야 합니다. 심령이 열리고 기도할 내용을 알았으면 어떤 방법으로 기도할 것인가를 결정합니다. 앉아서 기도할까? 누운 상태로 할 까? 일어서서 서있는 상태로 할까? 를 병자의 상태를 보시고 결정하여야 합니다. 가장 일반적인 유형은 중보기도입니다. 기도하는 이가 단순히 하나님께 병자의 병이 무엇이든 지간에 치유하여 달라고 요청하는 것입니다. 다른 유형은 명령형입니다. 내적 상처, 아픈 부위, 통증, 부종, 종양 등 아픈 것에 명령을 내립니다. 이것이 떠나든지 죽든지 녹아 버리든지 원하는 대로 명령하는 것입니다. 만약 악 영에 관계된 것을 깨달았으면 꾸짖음의 기도로 합니다. 경우에 따라 성령의 기름부음을 확인하고 기도하는 것도 바람직합니다. 어떤 종류의 기도를 할 것인가를 성령님께 끊임없이 물어가면서 마음에 감동이 되는 방법을 따라 하되 성경적으로 기도하면 됩니다.

5단계로 기도를 행합니다. 기도하기 전에 점검할 사항: ① 화장실에 다녀올 필요가 있는가? ② 물을 마실 필요가 있는가? ③ 어떤 자세로 기도할 것인가? 저는 병자를 위하여 기도할 때는 눈을 뜨고 기도합니다. 성령님께서 행하시는 사역이 우리가 눈으로 볼 수 있는 현상으로 나타나기도 하기 때문입니다. 안수할 때에 머리에 손을 올리거나 환부에 손을 올려 기도합니다. 이성간에는 목 아래에는 절대로 손을 대지 않습니다. 어쩔 수 없이 목 아래 부위에 손을 올려야할 때는 부군이나 병자의 손을 환부에 올린 상태로 그 위에 손을 올립니다.

기도를 시작합니다. 성령님의 임재를 먼저 기도합니다. 성령님께 전폭적으로 맡겨야 합니다. 치료는 본인이 하는 것이 아니라 성령님께서 하시는 것입니다. 그런고로 보통의 경우에는 상담을 통하여 병자의 모든 표현을 통하여 병의 상태를 알았기에 그것을 반복하여 기도의 말로 사용하지는 않습니다. "성령님임하여 주시옵소서" "성령님 사로잡아 주시옵소서" "성령님께서 치료하여 주옵소서" "더 깊고 더 강하게 성령님께서 역사하셔서 깨끗이 치유하옵소서." "예수 이름으로 통증은 즉시 사라질지어다" "성령님께서 임하셔서 기름부어 주시고 치료하여 주사 깨끗하게 하옵소서. 예수 그리스도의 이름으로 명하노니, 상처는 지금 즉시 떠나가고, 심령에 평안을 임할 지어다" "예수 이름으로 상처 속에 붙어있는 더러운 영은 환부에서 분리될지어다" "예수 이름으로 저주받을 이 더러운 영은 즉시 묶음을 놓고 떠나갈지어다"라고 기도합니다. 그리고 안수 상태에서 조용히 기다립니다.

하나님께서 역사 하셔서 치유하시는 것을 기다리는 인내가 필요합니다. 이때 행동을 유발하는 어떤 명령어도 사용하지 않습니다. 성령님께서 역사 하시면 되는 것입니다. 성령님이 역사 하시면 병자에게 어떤 현상이 일어나는 것을 대부분 봅니다. 눈꺼풀이 떨리거나 몸에 진동이 오거나 흔들거립니다. 몸이 연하여지거나 오히려 더 굳어지기도 합니다. 기도 받는 사람 주위를 둘러싸고 있는 영적 기운이 어른거립니다. 하품을 하거나, 기침을 하거나, 떨거나, 울거나, 여러 현상이 나타나기도 합니다.

기도하는 이는 영적으로 잘 분별하여야 합니다. 눈으로는 병자를 바라보고 마음으로는 하나님을 향하여 간절한 심령으로 병 낫기를 소원하고 입으로는 성령님이 더 충만히 더 깊숙이 더 강하게 임하도록 기도하여야 합니다. 기도 중에 나타나는 여러 가지 외적 현상에 당황해 하지 말고 담대하게 기도합니다. 실로 치료하시는 하나님의 뜻을 알면 평소에는 상상할 수 없는 담대함으로 기도할 수 있고 이 때 적극적인 기도는 수동적인 기도보다 큰 치유의 능력을 가져옵니다만 항상 염두에 두셔야할 것은 치유사역자의 혈과 육이나 의가 치료하는 것이 아니라 성령께서 치료하심을 알고 겸손히 기도에 임하여야 하는 것입니다.

6단계는 기도가 끝난 후에 반드시 후속조치를 위하여야 한다는 것입니다. 기도가 끝나면 기도 받은 사람에게 느낌이 어떠하였는지 물어볼 필요가 있습니다. 어떤 느낌이 반드시 필요한 것은 아니지만 때때로 특별한 느낌이 동반됩니다. 이는 증상이 사라진 느낌이었다면 감사하고 증상이 계속된 느낌이면 즉시 다시 기도합니다. 또 통증이나 증상이 계속될 경우에 하나님께서 즉각적이기보다는 점진적으로 고쳐 주실 것이라는 의견을 제시할 수도 있는 것입니다. 능력기도는 자꾸하면 할수록 쌓입니다, 때로는 다른 기도그룹으로 소개하여 보낼 수도 있습니다.

꿈과 환상 해석을 통해 여러 성도를 대상으로 상담을 하다가 보면 각각 성도에 따라 유형이 다른 문제로 고통을 당합니다. 이를 해결하고 치유하기 위해서는 여러가지 인생문제 치유 방법을 알아야 합니다.

23장 환상을 잘 보기 위해 영성 훈련하는 법

(행 12:6-12)"헤롯이 잡아내려고 하는 그 전날 밤에 베드로가 두 군인 틈에서 두 쇠사슬에 매여 누워 자는데 파수꾼들이 문 밖에서 옥을 지키더니 홀연히 주의 사자가 나타나매 옥중에 광채가 빛나며 또 베드로의 옆구리를 쳐 깨워 이르되 급히 일어나라 하니 쇠사슬이 그 손에서 벗어지더라. 천사가 이르되 띠를 띠고 신을 신으라 하거늘 베드로가 그대로 하니 천사가 또 이르되 겉옷을 입고 따라오라 한대 베드로가 나와서 따라갈새 천사가 하는 것이 생시인 줄 알지 못하고 환상을 보는가 하니라. 이에 첫째와 둘째 파수를 지나 시내로 통한 쇠문에 이르니 문이 저절로 열리는지라 나와서 한 거리를 지나매 천사가 곧 떠나더라. 이에 베드로가 정신이 들어 이르되 내가 이제야 참으로 주께서 그의 천사를 보내어 나를 헤롯의 손과 유대 백성의 모든 기대에서 벗어나게 하신 줄 알겠노라 하여 깨닫고 마가라 하는 요한의 어머니 마리아의 집에 가니 여러 사람이 거기에 모여 기도하고 있더라."

환상을 바르게 보려면 영성이 깊어야 합니다. 자신 안에 있는 영 안에서 성령의 불이 올라오는 기도가 되어야 합니다. 내면에서 성령의 평안이 올라와야 성령으로 환상을 잘 볼 수가 있습니다.

자신 안에 능력으로 채우려면 성령으로 기도하는 방법밖에 다른 방법이 있을 수가 없습니다. 환상을 보았으면 바르게 해석해야 하고 어떠한 어려움이 있더라도 순종해야 합니다.

첫째, 환상의 여러 형태.

① 열린 환상 : 열린 환상이란 마치 화면을 보는 것 같이 여러분 눈앞에서 바로 일어나는 일처럼 장면이 보이며, 그것은 신성하고, 글자 그대로 눈을 실제로 뜨고 보기도 하며, 영으로 보기도 합니다. 이런 것이 열린 환상입니다. 사도행전에 나오는 스데반과 같은 경우입니다. "스데반이 성령 충만하여 하늘을 우러러 주목하여 하나님의 영광과 및 예수께서 하나님 우편에 서신 것을 보고 말하되 보라 하늘이 열리고 인자가 하나님 우편에 서신 것을 보노라 한 대(행7:55-56)"

② 닫힌 환상 : 닫힌 환상이란 눈을 감고 보는 환상으로 사진 혹은 움직이는 사진과 같은 것입니다. 성령 충만한 상태에서 영으로 기도할 때 사진같이 화면이 보이는 것을 말하는 것입니다. 예를 든다면 무덤, 땅, 사람 짐승 광야 바다 호수 같은 영상 등이 보이기도 합니다.

③ 그림 같은 환상 : 여러분의 마음이나 영 안에 마치 스틸 사진처럼 그림이 번쩍이는 것입니다. 사람 얼굴이나 짐승이나 물체가 보이는 것을 말합니다. 제가 시화에서 목회할 때 저와 잘 아는 목사님이 여러분들을 모시고 오셔서 치유와 능력을 받았습니다. 그

런데 어느 분을 안수하는데 사나운 개가 딱 보이는 것입니다. 그 래서 이 "더러운 혈기영아 예수 이름으로 명하노니 떠나갈지어 다." 하니 한동안 발작과 괴성을 지르다가 떠나갔습니다.

그런데 그분이 말하기를 축사를 받고 난 다음부터 그렇게 많던 혈기가 사라졌다는 것입니다. 그래서 제가 떠나간 귀신은 다시 들 어오려고 호시탐탐 노리고 있으니까, 항상 심령관리를 잘하시라 고 조언하였습니다.

④ 파노라마식 환상: 영화의 스크린 같은 환상의 그림들이 움직 이는 것을 보는 것을 말합니다. 우리는 또한 환상과 황홀경의 꿈 을 꾸기도 합니다. 이따금 환상의 그림들이 칼라나 기호, 상징, 혹 은 숫자들로 보이는데 이것들은 반드시 해석되어야 합니다. 일반 적으로 꿈의 상태로 나타납니다. 기도 하다가 하늘에서 무엇이 내 려오는 것을 보았다. 등등을 말합니다. 필자가 몇 년 전에 김이라 는 목사님이 40일 금식을 하시고 나서 보호식을 잘못하며 위장에 큰 불치의 병이 생겨서 고치지를 못하고 저를 찾아와 기도를 해달 라고 하셨습니다. 그래서 제가 성령의 임재 하에 기도를 하니 망 망한 바다에 한 배가 떠있는데 시간이 흐를수록 배가 가라앉는 것 입니다. 당신은 어떻게 대답을 해주겠습니까? 제가 할 수 없어서 하나님이 고쳐주신다고 대답을 하고 안수기도를 해드렸습니다. 결과는 당신이 판단하시기를 바랍니다.

그리고 최근에 저의 교회에 와서 치유를 받던 자매가 하루는 저 에게 이런 간증을 하는 것입니다. 저는 원래부터 몸이 약하여 두통이 심하고 머리에 잡념이 많아 고생을 많이 했습니다. 그런데 제가 며칠 전에 안수 받고 기도하다가 환상을 보았는데 제가 머리에 붕대를 칭칭 감고 있었는데 어떤 하얀 옷을 입은 분이 오시더니 이제 머리가 다 나았으니 붕대를 감을 필요가 없다고 하시면서 붕대를 풀어주시는 것입니다.

그런 일이 있고 나서 그렇게 아프던 어지럼증과 두통이 사라졌습니다. 목사님이 안수를 많이 해주시고 내적치유를 받으니 완전하게 치유가 되었습니다. 하나님에게 영광을 돌립니다.

어느 여 목사님이 치유 받으면서 본 환상은 이렇습니다. 저는 어려서부터 상처가 정말 많은 사람이었습니다. 초등학교 다닐 때 부모님이 이혼을 하셔서 마음에 큰 충격을 받았습니다. 그리고 어머니에게 들은 이야기 인데 어머니가 제가 임신이 되어서 할 수 없이 결혼을 하셨다는 것입니다. 그래서 태중의 상처도 굉장히 많은 사람이었습니다. 그러다가 국민일보에 난 광고 예언치유사역자 집중훈련에 왔다가 성령의 강한 역사로 성령을 체험하고, 저의 깊은 곳의 상처가 들어나고 치유되기 시작을 했습니다.

상처가 드러나 치유되기 시작하니 거의 한달 정도를 치유 받으면서 지냈습니다. 그러던 어느날 목사님이 안수기도를 해주시는데 감자기 환상이 나타났습니다. 환상으로 보이는데 하얀 옷을 입은 사람들이 3명이 나타나 나를 만져주시면서 지금까지 마음의 상처와 질병으로 고생을 많이 했구나 이제 완전하게 치유되고 있으니 조금만 더 기다려라, 하시면서 제 몸에 안수를 해주시는데 막 눈물이 나오고 울음이 참을 수 없을 정도로 나왔습니다. 그리고 난 다음이 차츰 몸이 가벼워지고 기도도 잘되고 예언도 터지고 성령의 음성도 듣고 헌금 사역도 하게 되었습니다.

저는 그냥 몸이 약한 것으로만 알고 지냈는데 성령세례를 받고 깨닫고 보니 상처 때문에 몸이 약한 것이었습니다. 치유하여 주신 하나님에게 정말 감사를 드립니다. 안수기도 해주시고 지도하여 주신 목사님에게도 감사를 드립니다.

⑤ 환몽 : 비몽사몽간이나 꿈에 보았는데, 그것이 현실로 일어나는 것입니다.

둘째, 하나님은 환상으로 음성을 들려주기도 합니다. 환상의 몇 가지 유형은 이렇습니다. "나는 꿈과 환상을 믿는 다"의 저자. 케니스 E. 헤긴 목사의 말을 인용한 것입니다. 첫째로 주님께서 "영적인 환상"이라고 부르셨던 환상이 있습니다. 이것은 어떤 사람이 그의 영적인 세계에서 환상을 갖거나 어떤 것을 보게 되는 것을 말합니다. 그래서 이러한 환상은 그 차원이 가장 낮은 환상이나 가장 높은 차원의 계시가 매우 비슷합니다. 영적인 환상의 한 예를 다메섹으로 가는 길에 바울이 겪었던 경험에서 찾아볼 수 있습니다. 바울이 기독교인들을 핍박하기로 작정하고 다메섹으로 가던 중 갑자기 대낮의 해보다 밝은 빛이 나타나 자신의 주위를 비추는 것을 보게 되었는데 당시 사울이라고 알려졌던 바울은 자신을 향하여 말하는 한 목소리를 듣게 된 것입니다. "땅에 엎드려져 들으매 소리가 있어 이르시되 사울아 사울아 네가 어찌하여 나를 박해하느냐 하시거늘 대답하되 주여 누구시니이까 이르시되 나는 네가 박해하는 예수라(행 9:4-5)" 이 체험이 있은 후에 바울은 그의 눈이 멀게 되어 아무것도 볼 수 없다고 말했습니다. 여기에서 바울은 자신의 육적인 눈으로는 주님을 볼 수 없었으나 영적인 영역에서 그 분을 보았던 것입니다. 같은 사도행전 9장에서는 주님께서 다메섹의 신도였던 아나니아에게 어떻게 나타나 말씀하셨는지 적혀져 있습니다. 예수님은 아나니아에게 직가라고 불리는 길로 가라고 하시면서, "주께서 이르시되 일어나 직가라 하는 거리로 가서 유다의 집에서 다소 사람 사울이라 하는 사람을 찾으라 그가 기도하는 중이니라.그가 아나니아라 하는 사람이 들어와서 자기에게 안수하여 다시 보게 하는 것을 보았느니라 하시거늘"(행 9:11-12)고 말씀하셨습니다. "아나니아가 떠나 그 집에 들어가서 그에게 안수하여 이르되 형제 사울아 주 곧 네가 오는 길에서 나타나셨던 예수께서 나를 보내어 너로 다시 보게 하시고 성령으로 충만하게 하신다 하니(행 9:17)" 우리는 사울의 육안은 멀었지만 예수님이 그에게 이렇게 나타나셨음을 볼 수 있습니다. 이것이 바로 영적인 환상입니다. 내가 너를 사랑합니다. 사울은 영적인 눈으로 예수를 보았는데 이것이 환상의 제일이자 가장 하위형태의 환상인 것입니다.

예수님은 나에게 두 번째로 높은 차원의 환상은 비몽사몽간에 나타나는 환상이라고 하셨습니다. 우리는 이러한 환상의 예를 바울이 예루살렘에 처음 갔을 때에 볼 수 있습니다. 그는 사도행전 22장에서 이렇게 말했습니다. "후에 내가 예루살렘으로 돌아와서 성전에서 기도할 때에 황홀한 중에 보매 주께서 내게 말씀하시되 속히 예루살렘에서 나가라 그들은 네가 내게 대하여 증언하는 말을 듣지 아니하리라 하시거늘(행 22:17-18)"

사람이 비몽사몽간에 빠지게 되면 육체적인 감각은 일시 정지하게 됩니다. 그는 자신이 어디에 있는지 그가 신체적으로 접촉하고 있는 것들을 느낄 수 없습니다. 이것은 의식을 잃은 상태가 아니라, 다만 육체적인 것보다 영적인 의식이 더 깨어 있는 것일 뿐입니다. 사도행전 10장에는 하나님이 베드로에게 이방인들에게 복음을 가지고 가라는 말씀을 하셨던 베드로의 환상과 관련된 이야기가 나옵니다. 베드로가 지붕에 올라가 기도를 하고 있을 때 거기서 그는 "비몽사몽간에 빠지게"(행 10:10)되고 하늘이 열리는 것을 목격하게 됩니다. 그는 영적 세계의 영역으로 들어가서 이러한 것을 보고 있었던 것입니다. 이렇게 우리는 성경으로부터 베드로와 바울이 비몽사몽간에 빠져 영적인 세계를 보았다는 것을 살펴보았습니다. 이들이 경험한 비몽사몽간의 환상은 두 번째로 높은 형태의 환상인 것입니다.

세 번째 형태의 환상은 실로 최고의 경지에 이르는 환상으로서 "눈을 뜬 상태에서 보는 환상"이라는 것입니다. 이것이 일어나면 사람의 육체적 감각 기능은 정지되는 것이 아니고 눈도 감지 않은 상태입니다. 즉 모든 육체적인 기능을 갖고 있으면서 동시에 영적인 세계를 맛보는 것입니다. "그들이 이 말을 듣고 마음에 찔려 그를 향하여 이를 갈거늘 스데반이 성령 충만하여 하늘을 우러러 주목하여 하나님의 영광과 및 예수께서 하나님 우편에 서신 것을 보고 말하되 보라 하늘이 열리고 인자가 하나님 우편에 서신 것을 보노라 한대 그들이 큰 소리를 지르며 귀를 막고 일제히 그에게 달려들어(행7:54-57)"

"나는 꿈과 환상을 믿는 다"의 저자. 케니스 E. 헤긴 목사의 간증이 있습니다. 병원에 입원했었는데 환상 중에 예수께서 나의 병실로 들어오시는 것을 보았을 때 체험했던 것과 같은 종류의 환상입니다. 즉, 눈을 뜬 상태에서 나타난 환상 속에서 평상시 여느 사람과 다름없이 분명하게 나의 방으로 들어오시는 것을 보았다고 합니다. 그 사람은 내 침대 옆에 그분이 앉는 것을 보았으며 또한 나는 내가 평상시에 들어왔던 여느 사람들의 목소리와 마찬가지로 그분의 목소리를 분명하게 들을 수 있었다고 합니다.

주님께서는 나의 목회활동과 관련하여 나를 가르치시며 내 삶에서 발휘될 계시능력에 대해 알려주셨을 때 구약성경에 나오는 여러 예언자들, 즉 "선지자"라고 불리며 초자연적인 힘으로 여러 가지를 알고, 볼 수 있었던 이들에 관해 말씀해 주셨습니다.

주님께서는 나에게 어린 소년이었던 사울 잃어버린 암나귀를 찾으러 다니던 때의 이야기를 상기시켜 주었습니다(삼상 9). 사울이 암나귀의 행방에 대해 물었을 때 누군가가 사무엘이라면 그 행방을 알 수 있을 것 같으니 사무엘에게로 가서 암나귀들이 어디 있는지 물어 보라고 일러주었습니다.

사울이 그 선지자에게 가서 사무엘은 이미 3일 전에 나귀들을 찾아서 이제는 사람들이 사울을 찾으러 다니고 있다고 말해 주었습니다. 사무엘은 이것을 초자연적인 힘이라고 알고 있었습니다. 사무엘은 또한 사울의 앞날에 관한 주님의 계획과 관련하여 그를 위한 한 지혜의 말씀이 있으니 가지 말고 기다리라고 했습니다.

그리고 사무엘은 사울에게 기름을 부으며 이스라엘의 첫 왕으로 세웠습니다. 분명히 사무엘은 이스라엘에서 길을 잃어버린 모든 나귀들의 행방을 알지 못했을 겁니다. 왜냐하면 그 당시에는 길 잃은 나귀들이 많이 있었을 것입니다. 사무엘이 알지 못했겠지만 하나님은 이 일이 이스라엘 미래의 왕과 관련된 일이기 때문에 특별히 이 경우에만 사무엘에게 계시하실 목적으로 알려주신 것입니다. 예수는 우리의 모델입니다.

예수님은 영안이 열린자 만 보고 알아듣게 하기 위해서 이렇게 하시는 것입니다. 성령으로 환상을 나타냅시다. 성경을 봅시다. "그가 시장하여 먹고자 하매 사람들이 준비할 때에 황홀한 중에 하늘이 열리며 한 그릇이 내려오는 것을 보니 큰 보자기 같고 네 귀를 매어 땅에 드리웠더라. 그 안에는 땅에 있는 각종 네 발 가진 짐승과 기는 것과 공중에 나는 것들이 있더라. 또 소리가 있으되 베드로야 일어나 잡아 먹어라 하거늘 베드로가 이르되 주여 그럴 수 없나이다 속되고 깨끗하지 아니한 것을 내가 결코 먹지 아니하였나이다 한대 또 두 번째 소리가 있으되 하나님께서 깨끗하게 하신 것을 네가 속되다 하지 말라 하더라 이런 일이 세 번 있은 후 그 그릇이 곧 하늘로 올려져 가니라 베드로가 본 바 환상이 무슨 뜻인지 속으로 의아해 하더니 마침 고넬료가 보낸 사람들이 시몬의 집을 찾아 문 밖에 서서 불러 묻되 베드로라 하는 시몬이 여기 유숙하느냐 하거늘 베드로가 그 환상에 대하여 생각할 때에 성령께서 그에게 말씀하시되 두 사람이 너를 찾으니 일어나 내려가 의심하지 말고 함께 가라 내가 그들을 보내었느니라 하시니 베드로가 내려가 그 사람들을 보고 이르되 내가 곧 너희가 찾는 사람인데 너희가 무슨 일로 왔느냐 그들이 대답하되 백부장 고넬료는 의인이요 하나님을 경외하는 사람이라 유대 온 족속이 칭찬하더니 그가 거룩한 천사의 지시를 받아 당신을 그 집으로 청하여 말을 들으려 하느니라 한대 베드로가 불러 들여 유숙하게 하니라 이튿날 일어나 그들과 함께 갈새 욥바에서 온 어떤 형제들도 함께 가니라(행10:10-23)"

셋째, 환상을 잘 보시려면 이렇게 말씀과 성령으로 영성 훈련을 해보시기를 바랍니다. 외부와 단절된 상태에서 은밀하고 조용하게 하나님의 만남을 통해서 영적인 교제를 나누어 인간의 내면의 영력 깊이까지 하나님의 생각과 마음과 뜻과 능력과 눈을 갖도록 훈련시키는 하나님의 능력이며, 겉 사람의 방해를 받지 않도록 마음의 기능을 절제시키고, 영의 기능을 강화하는 집중훈련입니다. 이 훈련은 초월명상이나 초능력 훈련, 마인드 컨트롤과 유사한 점이 많아서 오해되어질 요소가 많습니다. 그러나 명상의 대상이 자신이 아니라, 하나님이며, 그 목적이 인간적인 욕망을 이루기 위함이 아니라, 하나님의 뜻을 알고 순종하는데 있습니다. 이점을 잘 알고 다른 성도들에게도 설명하여 오해가 없도록 해야 합니다.

넷째, 환상을 잘 보기 위한 여러 훈련 비결. 훈련에 들어가기 전에 반드시 성령으로 세례를 받아야 합니다. 성령으로 충만을 받으면서 내면세계를 정비하고 정화해야 합니다. 그러면서 꿈과 환상에 대한 하나님의 말씀을 묵상해야 합니다. 말씀을 바르게 성령으로 깨달아야 환상을 잘 보고 해석할 수가 있습니다.

우리가 성령으로 기도하며 환상을 보려고 훈련하는 것은 하나님의 영광을 위하여 하나님에게 초점을 맞추고 하는 것입니다. 우리가 환상을 보려면 깊은 영의 기도를 해야 하는데 기도는 기도하는 대상이 인격적인 하나님이며 하나님과의 일치와 연합이 목적입니다. 또 말씀을 매체로 죄와 허물을 비우는 것 뿐 아니라, 그리스도의 영인 성령으로 자신 안을 채우는 것입니다. 세상에서 하는 반면 참선은 비인격적인 무를 대상으로 명상이라는 방법을 통해 비움의 과정을 거쳐 무념무상에 이르는 것을 목표로 하는 것입니다. 사람이 무념무상에 이르므로 세상 악신이 그 사람을 장악하는 것입니다. 뉴에이지 운동입니다. 이를 구분할 줄 알고 설명할 줄 알아야 영안이 열리고 환상을 보는 성도가 되는 것입니다.

우리가 하려고 하는 깊은 기도로 다듬고 숙달되어진 환상을 보기 위한 영성훈련은 외부와 단절된 상태에서 은밀하고 조용하게 하나님의 만남을 통해서 영적인 교제를 나누어 인간의 내면의 영력 깊이까지 하나님의 생각과 마음과 뜻과 능력과 눈을 갖도록 훈련시키는 하나님의 능력이며, 겉 사람의 방해를 받지 않도록 마음의 기능을 절제시키고 영의 기능을 강화하는 집중 훈련입니다.

이 훈련은 초월명상이나 초능력 훈련과 유사한 점이 많아서 오해되어질 요소가 많습니다. 그러나 추구하는 대상이 자신이 아니라 하나님이며, 항상 성령으로 충만한 가운데 마음으로 예수님의 이름을 부르면서 내 안에 성령을 채우기 위함이며, 그 목적이 인간적인 욕망을 이루기 위함이 아니라 하나님의 뜻을 알고 순종하는데 있는 것입니다. 이점을 바르게 이해하시고 오해가 없으시기를 바랍니다.

1방법: 집에서 여기 오는 과정과 다시 집으로 돌아가서 하는 과정을 보는 훈련.

2방법: 나무를 가지고 사철 변화하는 모습을 보면서 상상훈련

3방법: 예수님이 십자가에 달리셔서 고통 받는 모습을 마음으로 영상을 그리면서 영상기도.

4방법: 성경 본문을 선택하여 앞의 3방법 같이 훈련, 영상으로 보면서 기도.

5방법: 성령의 임재가 충만한 상태에서 눈을 감고 사람 이름을 적어 놓고 글을 써가면서 심령을 읽는 훈련 등등이 있을 수 있습니다.

다섯째, 환상을 정확히 보는 영성훈련 순서

① 성령의 깊은 임재 하에 성경의 본문을 자세히 관찰하여 예언이나 환상의 구조를 정확히 이해합니다.

② 성령의 이끌림을 받는 기도를 통하여 몸과 마음의 긴장을 풀고 가까이 다가오시는 하나님의 임재를 받아드릴 준비를 하시라. 성령의 인도를 받는 몰입하는 기도로 깊은 임재에 들어가면 이렇게 영으로 말 하시기를 바랍니다. 예수님의 얼굴이 보고 싶습니다. 예수님 사랑합니다. 내가 어떻게 되려하기보다는 예수님을 너무 사랑하기 때문에 보고 싶습니다. 예수님 얼굴을 보여주세요.

③ 믿음으로 성경에 나타난 장면을 묵상하며 내 마음속에 영상화시킵니다.

④ 내 영이 성경의 사건 속에 들어가 경험되어 지도록 최대한 믿음과 마음과 감정과 상상력을 성령님께 맡깁니다.

⑤ 영적인 사건 속에 들어가 하나님의 하시는 일과 환경 주변을 세밀한 부분까지 모두 살펴봅니다.

⑥ 영적인 사건 속에서 내 영이 과거의 사건과 미래의 사건을 볼 수 있고 행동과 대화도 감각의 느낌도, 영적 싸움도 가능합니다. 영적싸움이란 나에게 역사하는 악한 영을 알고 대적하여 몰아내는 것을 말합니다.

⑦ 내 영이 성령님의 인도함을 잘 받기 위해 성령의 임재 하에 영의 찬양을 듣는 것이 좋습니다. 그리고 자신이 제일 잘 부르는 영의 찬양을 일절만 계속하여 부르면서 깊은 임재로 들어갈 수가

있습니다. 깊은 임재에 들어가면 마음이 평온하고 성령님의 평안이 속에서 올라오고 필요시에는 환상을 보여 주십니다. 저는 자주 이런 훈련을 하여 저의 영성을 깊게 하고 성령의 감동과 환상, 그리고 음성을 듣기도 합니다.

⑧ 이 과정이 끝나면 자연스럽게 마무리하고 하나님께 감사를 드린 내가 본 환상의 내용을 상세히 기록한 후 날짜를 적어놓고 적용할 것을 질문합니다.

여섯째, 환상을 바르게 보기 위한 영적 원리. 먼저는 성령으로 세례를 받아야 합니다. 성령의 이끌림을 받으며 깊은 기도를 해야 합니다. 깊은 기도 하면서 목적을 제시하세요(보여 달라는 것). 깊은 기도를 하면서 성령님 보여주세요. 하며 보려고 하며 기도를 하라. 보려고 노력을 하라. 화면이 보이면 다른 생각을 말고 가만히 성령의 인도에 순종해야 바르게 인도를 받을 수 있습니다. 다른 생각을 하면 영의 상태에서 육의 상태로 돌아와 화면이 끊어집니다. 이점 유의 하시기를 바랍니다. 지속적인 성령충만과 영육의 치유와 영성훈련이 필요합니다.

환상을 해석하기 위한 준비로서 성령세례, 성령충만, 내면치유, 말씀, 성령 충만, 성구사전, 성경사전을 준비하여 참고하세요. 환상을 보려면 깊은 기도 가운데 보려고 해야 합니다. 환상을 보려면 말씀과 성령으로 충만한 깊은 영성을 준비해야합니다.

5부 꿈 환상을 말씀으로 해석하는 성도

24장 꿈 환상을 말씀으로 해석하는 성도되라

(마 2:19-23)"헤롯이 죽은 후에 주의 사자가 애굽에서 요셉에게 현몽하여 이르되 (20) 일어나 아기와 그의 어머니를 데리고 이스라엘 땅으로 가라 아기의 목숨을 찾던 자들이 죽었느니라 하시니 (21) 요셉이 일어나 아기와 그의 어머니를 데리고 이스라엘 땅으로 들어가니라"

하나님은 꿈 환상을 말씀으로 성령으로 해석하여 적용하기를 원하십니다. 말씀으로 꿈 환상을 해석하여 적용하려면 모세와 같이 신앙의 진보가 있어야 가능합니다. 성령하나님께서 꿈 환상을 통하여 성도들을 인도하시면서 한 단계씩 예수님의 인격을 닮아가도록 하신다는 것을 알아야 합니다. 신앙은 진보해야 합니다.

예수님을 믿은 성도는 영적인 존재들입니다. 따라서 영적인 신비한 일들에 관심을 갖게 됩니다. 그중에 많은 수의 성도들이 꿈과 환상에 관심이 많습니다. 어떤 사모님의 말을 빌리자면 자기네 성도가 그리 많지 않은데 하루에 1-2건 정도 꿈에 대하여 질문하는 성도가 있다는 것입니다. 그렇다고 필자에게 꿈을 어떻게 하면 잘 해석할 수가 있느냐는 것입니다. 필자는 이렇게 대답을 해드립니다. 꿈을 잘 해석하려면 꿈을 꾸게 하시는 분과 관계가 중요합니다.

자신을 성전삼고 계시는 하나님과 관계가 열려야 합니다. 성령으로 충만한 삶을 살면서 하나님께서 주인 되면 꿈은 하나님께서 해석하시고 이루시는 것입니다. 꿈은 하나님께서 꾸게 하시고 하나님께서 꿈을 해석하시고, 꿈이 이루어지게 하시기 때문입니다. 그렇기 때문에 꿈이나 환상을 해석하는 기술을 배워서 되는 것이 아니고 하나님과의 관계가 제일 중요한 것입니다. 즉, 성령의 지배가운데 걸어 다니는 성전으로 살면 하나님께서 꿈을 꾸게 하시고, 해석하게 하시고, 이루시는 것입니다.

창세기에 보면 애굽의 왕 바로가 꿈을 꾸었습니다. 꿈을 꾸고 번민했으나 꿈을 해몽 할 수가 없었습니다. 그러던 차에 바로 왕에서 술시중을 들던 신하가 감옥에 있는 요셉이라는 히브리 청년이 생각났습니다. 자기의 꿈을 해석한대로 이루어졌기 때문입니다. 이 사실을 바로에게 고하니 감옥에 있는 요셉을 부릅니다. 요셉이 꿈을 해몽 합니다. 해몽 한 대로 순종하니 꿈이 이루어집니다. 여기에서 우리가 깨달아야 할 것은 꿈을 꾸게 하는 자, 꿈을 해석하는 자, 꿈을 이루는 자, 모두 하나님이시라는 것입니다.

다음의 글들을 읽어보시면 자연스럽게 깨닫게 될 것입니다. 하나님께서는 이집트에 큰 풍년 7년과 큰 흉년 7년을 허락하시기 전에 바로에게 비슷한 꿈을 두 개 꾸게 하심으로 미래를 대비할 수 있는 기회를 주셨습니다. 그는 꿈에서 깨어나고 나서 그 꿈들이 뭔가 중요한 의미가 있다는 것은 느낄 수 있었으나, 그 꿈을 스스로 해석할 수는 없었습니다. 그는 수소문 끝에 결국 요셉을 불렀으며 요셉은 그 꿈들을 해석해 준 뒤 "바로께서 꿈을 두 번 겹쳐 꾸신 것은 하나님이 이 일을 정하셨음이라 속히 행하시리니(창 41:32)" 이 말씀으로 결론을 맺었습니다. 즉, 비슷한 꿈을 계속 겹쳐서 꾸는 것은 그냥 지나갈 것이 아니라 하나님께서 한 번 말씀하시고 다시 말씀하시며 뭔가를 반드시 행하신다는 의미라는 뜻입니다.

꿈은 바로가 꾸었고, 해몽은 요셉이 했는데, 그 꿈대로 행하시는 분은 하나님이십니다. 우리가 꿈을 꾸다가 그 꿈을 무시하거나 버리는 이유는 스스로 해석하지 못해서이며, 혹시 스스로 깨달았다고 해도 그 꿈을 이룰 능력이 스스로에게 없다는 현실에 좌절하기 때문입니다. 반드시 기억해야 합니다. 하나님께서 우리에게 보여주는 꿈이나 환상이나 사명들은 원래 우리가 다 깨달을 수도 없고, 행할 수는 더더욱 없다는 것을… 꿈을 꾸게 하는 자, 꿈을 해석하는 자, 꿈을 이루는 자, 모두 하나님이시라는 것입니다. 그렇기 때문에 하나님과 관계가 중요한 것입니다. 자신이 없어지고 하나님께서 주인이 되셔야 한다는 것입니다.

에스겔 선지자는 '해골이 가득한 골짜기' 환상으로 유명한데 (겔 37장), 그 부분을 읽어보면 에스겔이 한 일은 아무 것도 없다는 것을 알 수 있습니다. 그는 하나님께서 역사하시는 부흥의 환상을 보려고 애쓴 것도 아니고, 그 뼈들을 다시 살아날 수 있다는 생각조차 못 했습니다. 모든 것은 하나님으로 시작되어 하나님으로 끝났습니다. 그런데도 우리는 모든 것을 하신 하나님은 잊고

에스겔 선지자와 뼈들만 기억합니다. 에스겔이나 뼈들이 중요한 것이 아닙니다. 우리는 그 장면에서 하나님을 보고 들어야 합니다. 하나님께서 역사하시는 것을 보고 깨닫고 순종해야 합니다.

우리가 꿈을 꾸고도 깨닫지 못하는 가장 큰 이유들은 꿈을 꾸게 하신 하나님은 놓치고, 꿈에 등장한 것들에만 마음을 빼앗기기 때문입니다. 바로는 꿈에 등장한 암소들과 이삭들을 보느라 하나님을 놓쳤습니다. 그 어떤 꿈도 하나님 없이는 해석이 되지 않는 것입니다. 세상에도 이른바 해몽법이라는 것이 존재합니다.

예를 들어 꿈에 어떤 것을 보면 길몽이고, 어떤 것은 아니라는 식이고, 꿈의 어떤 내용은 어떤 식으로 해석된다는 식입니다. 하지만, 하나님의 꿈 해석법은 그런 식으로 꿈에 등장하는 재료들에만 의존되어 있지 않습니다. 오직 하나님만 우리가 꾸는 꿈의 중심이요 열쇠이기에, 꿈에 등장하는 다른 상징들이나 장면들이나 소리들은 얼마든지 다른 식으로 바뀔 수 있습니다. 따라서, 꿈에 빛나는 천사를 봤다고 해서 다 하나님께서 주신 꿈이라고 단정 지으면 안 된다는 것입니다. "이것이 이상한 일이 아니라 사단도 자기를 광명의 천사로 가장하나니(고후 11:14)"

그래서 어떤 사람은 혹시라도 꿈을 통해 사탄의 유혹에 빠질까 봐 아예 모든 꿈을 다 무시하기도 하며, 어떤 교회에서는 '신령한 꿈'을 꾼 이야기를 하는 것을 엄히 금지시키기도 합니다. 그러나, 우리는 꿈 공포증을 가질 필요는 없습니다. 사탄은 우리 꿈만 악용할 수 있는 것이 아니라, 심지어 하나님의 말씀으로도 우릴 시험할 수 있기 때문입니다. 이단이나 사이비들이 하나님의 말씀을 악용한다고 해서 우리가 성경을 읽지 말아야 하는 것은 아니지 않습니까? 더욱더 성경을 읽고 성령으로 깨달아 이단이나 사이비들에게 속지 말아야 합니다.

마찬가지로 꿈을 꾸는 것도, 그 꿈을 말하고 해석하고 깨닫는 것도 두려워하지 말아야 합니다. 요셉이나 다니엘에게 어떻게 그렇게 꿈과 환상을 해석하는 능력이 생겼는지 궁금합니까? 그 비결을 배우고 싶으십니까? 다음 말씀들을 읽어 보시기 바랍니다. "여호와께서 요셉과 함께 하시므로 그가 형통한 자가 되어 그 주인 애굽 사람의 집에 있으니 그 주인이 여호와께서 그와 함께 하심을 보며 또 여호와께서 그의 범사에 형통케 하심을 보았더라(창 39:2~3)" "여호와께서 요셉과 함께 하시고 그에게 인자를 더하사 전옥에게 은혜를 받게 하시매(창39:21)" "다니엘이 이 조서에 어인이 찍힌 것을 알고도 자기 집에 돌아가서는 그 방의 예루살렘으로 향하여 열린 창에서 전에 행하던 대로 하루 세 번씩 무릎을 꿇고 기도하며 그 하나님께 감사하였더라(단 6:10)" "다니엘의 든 굴에 가까이 이르러는 슬피 소리 질러 다니엘에게 물어 가로되 사시는 하나님의 종 다니엘아 너의 항상 섬기는 네 하나님이 사자에게서 너를 구원하시기에 능하셨느냐(단 6:20)" 여러 말씀들을 살펴보면 모두 하나님께서 함께 하셨다는 것입니다.

요셉과 다니엘은 서로 공통점이 많은데 둘 다 포로나 노예로 외국에 잡혀 와서 총리의 자리까지 올랐다는 점이며, 두 사람 모두 꿈을 해석하는 능력이 탁월했다는 점입니다. 요셉과 다니엘이 꿈을 잘 풀 수 있었던 비결은 해몽법을 터득했거나 꿈 해석 세미나를 이수했기 때문이 아니라, '평소에 늘' 하나님의 성전되어 하나님과 함께 했기 때문이었습니다. 하나님께서 요셉과 다니엘의 주인이 되셨기 때문입니다. 요셉과 다니엘에게 늘 함께 하시는 하나님의 지배가 너무나 확실해서 주변 사람들이 다 알 정도였습니다.

요셉과 다니엘처럼 평소에 늘 하나님과 함께 지내면 하나님의 능력이 고스란히 그들에게 전달되는 것은 매우 당연한 일이므로, 꿈을 해석하는 하나님의 능력 또한 그들에게 임했을 뿐입니다. 결국 꿈이란 하나님의 시각을 가지는 것이며, 그분이 보시는 것을 공유하는 것이며, 그분의 생각을 알게 되는 것입니다. 그분이 보고 듣고 생각하시는 것에 우리가 함께 참여하면 결국 그분이 주신 모든 꿈들을 깨달을 능력이 생길 것입니다.

크리스천들이 꿈이나 환상을 해석하는 능력은 얼마나 성령으로 충만한 삶을 살면서 말씀의 비밀을 깨닫느냐에 달려있는 것입니다. 성령으로 세례를 받고 성령의 불세례를 받으면서 성령으로 충만하여 걸어 다니는 성전이 되면 꿈이나 환상을 해석하는 기술을 배우지 않아도 하나님께서 자신을 통하여 이루어 가시는 것입니다. 우리 성도들이 예수님을 믿고 성령으로 거듭났으면 신앙은 발전해야 합니다. 허구한 날 꿈이나 꾸고, 환상이나 보고, 입신이나 들어가려고 하는 신앙은 앉은뱅이 신앙이요, 젖이나 먹는 어린 아이 신앙이요, 앉은뱅이 믿음입니다. 바울은 이렇게 말씀하십니다. "때가 오래 되었으므로 너희가 마땅히 선생이 되었을 터인데 너희가 다시 하나님의 말씀의 초보에 대하여 누구에게서 가르침을 받아야 할 처지이니 단단한 음식은 못 먹고 젖이나 먹어야 할 자가 되었도다(히 5:12)" 이렇게 강조한 이유를 알아야 신앙의 진보가 있습니다. 믿음과 신앙은 성령으로 충만하면 자라게 됩니다.

원래 꿈은 사람(예수님을 믿는 자나, 믿지 않는 자 망라)이 육체가 강하여 영이신 하나님의 음성이나 소리를 듣지 못하는 자들을 위하여 육체가 잠든 사이에 영에 하나님의 뜻을 알려주는 수단입니다. 꿈을 꾸었다면 바르게 분별해야 합니다. 꿈은 세 가지 통로를 통하여 꾸게 되기 때문입니다. 첫째는 성령님으로부터 옵니다. 둘째는 마귀와 귀신들로부터 옵니다. 셋째는 사람의 심리가 꿈을 만들어 냅니다. 그렇기 때문에 바른 분별과 성령의 임재가운데 말씀으로 바르게 해석하고 분별해야 하는 것입니다.

환상은 성령으로 기도하는 중에 황홀한 중에 보이는 것입니다. 그렇기 때문에 꿈 보다는 한 단계 깊습니다. 기도하면서 환상을 볼 수 있기 때문입니다. 성령의 음성을 듣는 것입니다. 기도하면서 들을 수가 있습니다. 자신을 성전삼고 계시는 하나님께 집중했을 때 성령으로 들리기도 합니다. 하나님께서 원하시는 일과 원하시는 길을 가면 침묵하십니다. 필요한 경우에만 음성을 들려주십니다. 이제 환경에 나타나는 증표를 보고 하나님의 함께 하심이나 성령의 역사를 알 수가 있습니다. 하나님은 자신을 성전삼고 주인으로 계시면서 믿음의 정도가 자라는 만큼씩 각각 다른 수단을 통하여 하나님의 뜻(말씀)을 전하시면서 인도하십니다.

이것으로 끝나는 것이 아닙니다. 이제 모세와 같이 대면하며 대화하는 것입니다. "이르시되 내 말을 들으라. 너희 중에 선지자가 있으면 나 여호와가 환상으로 나를 그에게 알리기도 하고 꿈으로 그와 말하기도 하거니와 내 종 모세와는 그렇지 아니하니 그는 내 온 집에 충성함이라. 그와는 내가 대면하여 명백히 말하고 은밀한 말로 하지 아니하며 그는 또 여호와의 형상을 보거늘 너희가 어찌하여 내 종 모세 비방하기를 두려워하지 아니하느냐(민12:6-8)"

모세같이 하나님과 대면하여 대화하는 수준으로 발전해야 합니다. 요한 2서에도 보면 사도는 마지막 부분에서 동일하게 언급합니다. "내가 너희에게 쓸 것이 많으나 종이와 먹으로 쓰기를 원하지 아니하고 오히려 너희에게 가서 대면하여 말하려 하니 이는 너희 기쁨을 충만하게 하려 함이라. 택하심을 받은 네 자매의 자녀들이 네게 문안하느니라(요이 12-13)" 신앙은 진보가 있어야 합니다. 하나님께서 원하시는 분량에 까지 자라야 합니다. 꿈이나 환상을 말씀으로 해석을 하려면 아래와 같이 신앙이 발전해야 합니다.

첫째, 영적인 사고를 해야 합니다. 예수를 믿고 성령으로 거듭난 성도가 꿈을 꾸고 나서 세상에서 유통되는 꿈 해몽 책을 뒤적이면서 꿈을 해석하려하면 낭패를 당할 수도 있다는 말입니다. 앞에서 여러번 강조했지만 세상에서 꿈을 해몽하는 방식과 성령으로 거듭난 성도가 꿈을 꾸고 해석하는 방식이 달라야 한다는 말입니다.

세상에서 꿈을 해석하는 식으로 해석한다면 정반대의 결과에 도달할 수가 있습니다. 예를 든다면 대변에 대한 꿈을 세상에서 돈으로 해석을 합니다. 그러나 복음은 더러움을 말하는 것입니다. 자신이 지금 영적인 상태가 대변과 같이 더럽다는 것입니다. 그래서 말씀과 성령으로 자신의 전인격을 치유를 하라는 성령의 음성으로 받아들이고 행동해야 합니다.

많은 분들이 예수를 믿기 전에 세상 잡신을 섬겼습니다. 세상에서 우상이나 잡신을 섬기면서 행한 습관을 예수를 믿고도 한동안 버리지를 못합니다. 이는 누구나 마찬가지입니다. 성도들도 그렇고, 목회자들도 그렇습니다. 예수를 믿고 한동안 신앙생활을 하다가 성령으로 진리를 깨닫고, 여러 환란과 고통을 당하면서 체험함으로 복음적인 성도와 목회자로 변화되는 것입니다.

이는 성경에 나오는 믿음의 선진들도 그랬습니다. 특히 베드로를 생각하면 이해하기가 쉬울 것입니다. 베드로에게는 황홀한 중에 환상을 통하여 보여주시고 성령으로 말씀을 하셨습니다. "이튿날 그들이 길을 가다가 그 성에 가까이 갔을 그 때에 베드로가 기도하려고 지붕에 올라가니 그 시각은 제 육 시더라. 그가 시장하여 먹고자 하매 사람들이 준비할 때에 황홀한 중에 하늘이 열리며 한 그릇이 내려오는 것을 보니 큰 보자기 같고 네 귀를 매어 땅에 드리웠더라. 그 안에는 땅에 있는 각종 네 발 가진 짐승과 기는 것과 공중에 나는 것들이 있더라. 또 소리가 있으되 베드로야 일어나 잡아먹어라 하거늘, 베드로가 이르되 주여 그럴 수 없나이다. 속되고 깨끗하지 아니한 것을 내가 결코 먹지 아니하였나이다. 한 대, 또 두 번째 소리가 있으되 하나님께서 깨끗하게 하신 것을 네가 속되다 하지 말라 하더라. 이런 일이 세 번 있은 후 그 그릇이 곧 하늘로 올려져 가니라. 베드로가 본 바 환상이 무슨 뜻인지 속으로 의아해 하더니 마침 고넬료가 보낸 사람들이 시몬의 집을 찾아 문 밖에 서서 불러 묻되 베드로라 하는 시몬이 여기 유숙하느냐 하거늘, 베드로가 그 환상에 대하여 생각할 때에 성령께서 그에게 말씀하시되 두 사람이 너를 찾으니, 일어나 내려가 의심하지 말고 함께 가라 내가 그들을 보내었느니라 하시니(행 10:9-20)"

성령하나님께서 환상을 통하여 베드로의 율법적인 신앙의 사고를 복음적인 사고로 바꾸시는 것입니다. 우리 성도들도 마찬가지입니다. 세상에서 우상을 숭배하던 신앙의 사고를 성령께서 복음적인 사고를 하도록 꿈과 환상을 통하여 역사하시는 것입니다. 그래서 기독교를 체험의 종교입니다. 체험하다가 보니 생각이나 사고가 복음적으로 바뀌게 되는 것입니다. 우리 믿음의 선배들이 믿음이 약한 성도들에게 예수님을 직접 만나야 한다, 예수님을 만나야 변화된다고 하는 말의 뜻이 여기에 있는 것입니다. 복음은 성령으로 변화되어야 진리, 복음을 바르게 깨달을 수가 있습니다.

둘째, 꿈이나 환상을 신령한 사람을 의지하여 해몽하려고 하지 말라는 것입니다. 많은 성도들이 꿈이나 환상을 본 다음에 신령하다는 사람을 찾아가서 해몽해달라고 합니다. 이러한 습관을 빨리 정리해야 하나님과 관계가 열릴 수가 있습니다. 꿈은 꿈을 꾼 사람이 제일 정확하게 꿈을 꾸던 당시 상황을 볼 수가 있는 것입니다. 꿈을 꾸고 난 다음에 다시 한 번 꿈을 그려보는 것입니다. 그러면서 성령님에게 하문하는 것입니다. 이것이 무엇인가요. 이는 무슨 뜻인가요. 하면서 계속 질문하면 성령께서 꿈을 해몽할 수 있는 지혜를 주시던지, 성경말씀이 떠오르게 하든지 하실 것입니다. 이렇게 몇 번만하게 되면 자연스럽게 자기가 꾼 꿈을 자신이 직접해몽을 할 수가 있는 수준에 도달하게 됩니다. 꿈은 꿈을 보내신 분을 통하여 해몽하는 것입니다. 창세기 41장에 나오는 애굽의 바로 왕이 꿈을 꾼 다음에 자신의 나라의 점술가와 현인들을 모두 불러 꿈을 말하였으나 해석하는 사람이 없었다는 것입니다.

그 꿈은 하나님께서 보내신 꿈이므로 반드시 성령으로 충만한 하나님의 사람만 하나님의 계시를 받아 해몽할 수가 있는 것입니다. 그래서 요셉을 불러 꿈을 말하니 꿈을 해몽하게 된 것입니다 (창41:25-36). 성도님들도 꿈을 꾸고 신령하다는 사람에게 해몽을 해달라고 하면 애굽의 바로 왕과 똑 같을 경우에 도달할 수가 있습니다. 그래서 꿈은 성령으로 거듭난 자신이 제일 잘 해몽할 수가 있는 것입니다. 자신의 꿈을 제일 잘 해몽해 주실 분은 자신 안에 주인으로 계시는 성령님이라는 것을 명심해야 할 것입니다.

셋째, 말씀으로 꿈이나 환상을 해석하는 습관을 들이라. 하나님의 말씀 안에는 꿈이나 환상을 해석하는 원료가 많이 기록되어 있습니다. 성경에서 답을 찾으라는 것입니다. 성경 말씀 안에 모든 꿈과 환상을 해몽하는 답이 있습니다. 하나님은 자신을 이렇게 말씀하십니다. "나는 알파와 오메가요 처음과 마지막이요 시작과 마침이라."(계22:13). 시작과 마침이 되시는 하나님을 만나면 인간의 모든 답은 찾을 수 있습니다. 그래서 하나님은 이렇게 말씀하십니다. "여호와께서 이스라엘 족속에게 이와 같이 말씀하시기를 너희는 나를 찾으라. 그리하면 살리라."(암5:4).

하나님은 성경말씀 안에 모든 문제 해답을 기록하셨습니다. 인간은 하나님의 영으로 창조함을 받은 자입니다(창1:27-28). 인간은 성령하나님과 함께 있을 때만 답을 찾게 됩니다. 왜 인간에게 불행 왔습니까?(창3:1-6). 물고기가 물에서 떠나면 죽는 것과 같이 인간은 하나님을 떠나므로 모든 삶이 지옥이 되었습니다.

인간은 영생을 얻어야만 합니다. 그 길은 "너희가 성경에서 영생을 얻는 줄 생각하고 성경을 연구하거니와 이 성경이 곧 내게 대하여 증언하는 것이니라."(요5:39). 하나님의 말씀은 성령으로 거듭난 성도들에게 영생을 얻게 하기 위함이며, "오직 이것을 기록함은 너희로 예수께서 하나님의 아들 그리스도이심을 믿게 하려 함이요. 또 너희로 믿고 그 이름을 힘입어 생명을 얻게 하려 함이니라."(요20:31). 그 영생은 예수를 그리스도로 믿고 성령으로 세례를 받아 말씀 안에서 살아갈 때 성화에 이르게 됩니다.

또한 꿈과 환상을 통하여 말씀하시는 비밀들을 성령의 깨닫게 하심으로 말씀에서 해답을 찾으면서 영생을 이루게 되는 것입니다. "만일 누구든지 이 두루마리의 예언의 말씀에서 제하여 버리면 하나님이 이 두루마리에 기록된 생명나무와 및 거룩한 성에 참여함을 제하여 버리시리라."(계22:19). 성경말씀을 제하면 누가복음 16:19-31에서 경고하신바대로 지옥 불에 들어가게 됩니다. 성도들은 절대로 성경 말씀에서 떠나지 말아야 합니다.

성경에만 인간의 모든 답이 있습니다. 엡5:22 "남편 문제", 25절 "아내 문제", 엡6:1 "부모 문제", 4절 "자녀 문제", 골3:18-21 "가정 문제" 모든 인간관계로 오는 갈등과 고통들의 답은 성경에 있습니다. 마11:28 "수고하고 무거운 짐 진 자들아 다오라" 하십니다. 마음과 질병과 건강 문제의 답은 성경에 있습니다. 영적생활과 영적문제 해결의 답은 성경에 있습니다(살전5:16-22). 부자와 가난 문제, 인간의 우환질고 답은 성경에 있습니다(신30:19).

고로 꿈과 환상을 해석하는 모든 원료가 성경에 있습니다. 꿈이나 환상을 보고 사람을 통하여 해몽하려고 애쓰지 말고 성령의 지배가운데 기도하면서 성령님께 지혜를 구하는 습관이 중요합니다. 필자는 이런 말을 잘합니다. 꿈이나 환상을 잘 해몽하는 신령하다는 사람이 자신의 영적인 수준보다 낮을 수 있다는 것입니다. 또 신령한 사람이나 자신이나 똑 같은 수준이라는 것입니다.

결론적으로 예수님을 믿고 성령으로 거듭난다면 신앙의 진보를 꾀하지는 것입니다. 허구한 날 꿈이나 꾸고 나름대로 신령하다는 사람을 찾아가서 꿈 해석이나 받으려고 돌아다니지 말라는 것입니다. 꿈은 이제 막 예수님을 믿은 어린아이 신앙인들이 꾸는 것입니다. 육이 너무나 강하기 때문에 잠을 잘 때 의식이 다운된 상태에서 하나님의 뜻을 알려주는 수단이 바로 꿈입니다. 꿈만 꾸고 해석하는 수준으로는 영적전쟁을 할 수가 없습니다. 성령으로 기도하면서 환상을 보는 것도 마찬가지입니다. 환상을 보는 것에 머무르면 안 됩니다. 이제 음성을 듣고 순종할 수 있는 영성으로 발전해야 합니다. 많은 목회자와 성도들이 입신을 들어가면 믿음이 대단한 줄로 알고 있습니다.

입신(깊은 임재)도 꿈과 환상을 보는 마찬가지 수준입니다. 믿음이 있고 성령으로 말씀을 깨달으며 성령의 지배와 장악이 된 목회자와 성도들은 눈을 뜨고 하나님을 대면하는 영성이 되어야 합니다. 천국을 눈으로 보며 누려야 합니다. 모세와 같이 하나님과 대면하며 대화하는 수준으로 발전해야 합니다. 그러므로 이제 "꿈에 무엇을 보았다. 환상으로 무엇을 보았다. 입신을 들어가서 무엇을 보았다." 이런 영적활동에 집착하지 말고 자신의 내면의 성전에서 불이 분출되는 기도를 하면 자신의 전인격이 하나님으로 충만하게 채워서 하나님과 대면하면서 세상을 살아가려고 해야 합니다. 걸어 다니는 성전의식을 가지고 항상 하나님을 찾으며, 자신 안에 계신 하나님께 집중하며, 하나님께서 함께하고 계시다는 믿음의 수준으로 진보해야 합니다. 이 책을 읽은 모든 분들이 이렇게 신앙이 진보하여 하나님을 대면하면서 환경이 나타나는 하나님의 증표를 보면서 세상을 살아가기를 바랍니다. 현 세상에서 천국을 뜬 눈으로 보면서 살고 누리시기를 바랍니다.

25장 꿈 환상 상징들을 말씀으로 해석 Ⅰ

(계5:5-6)"장로 중에 하나가 내게 말하되 울지 말라 유대 지파의 사자 다윗의 뿌리가 이기었으니 이 책과 그 일곱인을 떼시리라 하더라. 내가 또 보니 보좌와 네 생물과 장로들 사이에 어린양이 섰는데 일찍 죽임을 당한 것 같더라 일곱 뿔과 일곱 눈이 있으니 이 눈은 온 땅에 보내심을 입은 하나님의 일곱 영이더라"

하나님은 꿈에 보이는 상징들을 잘 이해하고 적용하고 꿈을 말씀으로 해석하라고 말씀하십니다. 꿈, 해석 목적은 꿈을 해석하여 나와 하나님, 나와 나 자신, 그리고 나와 신앙 공동체 관계가 어떤 상태에 있는가를 보다, 분명히 이해한 후, 병들어 있는 부분을 치유하는 구체적인 방법들을 알아 치유하여 영성을 깊게 하는데 꿈 해석 목적이 있습니다.

꿈을 정확하게 해석하려면 자신의 꿈은 하나님에게 질문하여 자신이 해석해야 합니다. 예나 지금이나 꿈 해석 가들은 사람들을 대신해서 그들의 꿈을 해석하여 그 의미를 밝혀 주는 것을 직업으로 삼고 있습니다. 그러나 자신의 꿈을 스스로 해석하여 우리를 정신적인 완전과 영적인 성화로 초대하는 꿈의 부름에 스스로 응답하는 것이 바른 것입니다. 꿈 해석에 대한 전문적인 내용을 읽고 배워 가는 꿈 해석 기술을 사용하여 자신의 꿈을 통해 영감을 얻고, 그와 더불어 하나님과의 관계와 자기 자신의 삶을 더욱 알차고 풍요롭게 가꾸어 가기를 바랍니다.

꿈 해석은 하나님에게 있습니다. 하나님으로부터 왔기 때문에 꿈의 해석을 하나님에게 있습니다. 성령으로 충만한 하나님의 사람에 의하여 해석됩니다. "요셉이 바로에게 대답하여 가로되 이는 내게 있는 것이 아니라 하나님이 바로에게 평안한 대답을 하시리이다(창41:16)" 고로 이 말씀과 같이 하나님 안에 들어와서 성령으로 충만하면 하나님으로부터 온 편지를 읽어볼 수 있습니다.

상징들이 나타내는 영적 의미(마13:24-43): 이 영적 의미를 알고, 이 영적 의미와 같이 꿈에 보인 모든 상징들을 해석하여 적용해야합니다.

씨 뿌리는 자 - (인자),

밭은 -(세상/ 성도마음)

씨는 - (하나님의 나라의 말씀/ 하나님의 자녀들),

가라지- (악한 자의 자녀원수 - 마귀)

추수 - (세상종말),

추수꾼 - (천사들)

첫째, 그리스도의 상징

사자 ------(계5:5)   양 -----------(계5:6)

가지 ------(렘23:5)   떡 -----------(요6:48)

신랑------(마9:15)	새벽별 -------(계22:16)
목자 장 -----(벧전5:4)	군대 장관 ----(수5:14)
모퉁이 돌 ---(벧전2:6)	문 ----------(요10:7)
기초 ------(사28:16)	샘 --------(슥13:1)
교회의 머리--(엡5:23)	빛 -------(요1:8)
의원(의사)--(마9:12)	종 -------(사53:11)
왕 ------- (마21:5)	반석 ------(고전10:4)
별 ------(민24:17)	유다의 통치자--(마2:6)
심판자 ----(행10:42)	용사 ------(시24:8)
포도나무---(요15:2)	

둘째, 성도의 상징.

신부 --- (계21:3)	소금 --- (마5:13)
나무들 - (시92:12)	가지들 - (요15:2)
물고기 - (마13:48)	사슴 --- (시42:1)
비둘기 - (시68:13)	독수리 - (시103:5)
사자 --- (잠28:1)	양들 --- (사40:11)
양떼 --- (시78:52)	군인 --- (딤후2:3)
경기자 - (고전9:24)	몸 ---- (고전12:20)
해 ----- (삿5:31)	별들 --- (단12:3)
빛 ----- (마5:14)	소 --- (출34:3)

보석 --- (출39:7)　　　그릇 --- (딤후2:20)

돌 ----- (벧전2:5)　　　아기 --- (마11:25)

어린아이 - (마18:3)　　　종----- (마25:21)

셋째, 기타 상징들

1) 성령의 상징

물 ----- (요3:5)　　　불 ----- (마3:11)

바람 --- (요3:8)　　　기름 --- (눅4:18)

비 ----- (시72:6)　　　이슬비-- (사18:4)

비둘기----(마3:16)　　　강----- (요7:38)

인장---- (엡1:13-14)

2) 사탄의 상징

도적 --- (요10:10)　　　뱀 ----- (계12:9)

붉은 용 - (계12:3)　　　번개 --- (눅10:18)

여우---(눅13:32)　　　개----(사56:10-11)

돼지----(벧후2:22)

3) 하나님 보좌 호위

①사자-----(계4:7)

(a) 용감하다(삼하 17:10)　　(b) 담대하다(잠28:1)

(c) 강하다----(삼하1:23)

② 송아지---(계4:7) (a) 순종(레1:1-3)

③독수리---(계4:7) (a)날 짐승의 왕

④사람-----(계4:7) (a)지혜롭다(욥28:28)

사자 - 영적 엄위,

송아지 - 순종, 봉사, 충성스러움의 표현,

독수리 - 영적 통찰력,

사람 - 지혜 또는 인격적인 존재에 대한 표현.

마태, 마가, 누가, 요한의 사복음서의 뜻. 사자복음(마태), 송아지복음(마가), 인자복음(누가), 독수리복음(요한)

넷째, 꿈들은 대게 꿈꾼 사람들의 삶을 보여주고 있습니다(창40장). 환경, 좌절, 결정, 승리, 두려움, 과거의 아픔, 오래된 문제들, 관계의 문제를 해결하게 하는 것에 필요한 부분입니다.

1) 기본적인 상징의 뜻

① 집 - 예수님께서 사람들의 삶을 묘사할 때 사용하셨다.

 -마태7장- 당신의 삶의 중요한 시기를 말할 때

② 사람 - 꿈꾸는 자의 삶의 부분적인 상징. 예를 들어 강단에서 말씀을 전한다면 이는 목회자 사명을 알려주는 것입니다. 강단 아래에서 목사님의 말씀을 듣는다면 평신도 사역자를 말합니다. 남의 밑에서 일을 열심히 한다면 평사원입니다. 거지같은 모습이라면 자신의 삶을 보여준 것입니다.

- 다른 사람들의 예언적인 상태를 말할 때에 주의해야 합니다.
- 반드시 해석이 필요합니다.

야곱: 아롱진 것 창31:10-13,

요셉-감옥에서 만난자:창 40장

③ 운송수단 - 꿈꾼 자의 살림살이. 이는 리어커나 차량으로 보입니다.

*그 외 그 사람의 권능의 정도 즉, 능력의 정도를 나타낼 때도 운송수단, 차량으로 꿈에 보입니다. 자전거, 오토바이, 택시, 버스, 큰 화물차 등등. 이를 쉽게 예를 들어 설명 한다면 꿈에 자신이 자전거를 타고다녔다면 영적수준이 자전거 수준이라는 것입니다. 대형 버스를 운전하고 다닌다면 영적수준이 대형버스 수준이라는 것을 보여주신 것입니다.

④ 짐승들 - 꿈꾼 자의 삶, 느낌, 예언의 상징,

⑤ 숫자들

1- 하나님 하나의 연합

2- 언약, 증인,

3- 삼위일체

4- 넓은 세계를 상징, 우주, 사방으로 터진 땅을 상징. 지구. 4계절, 동서남북

5- 은혜, 구속함, 5중 사역(사도, 선지자, 복음전도자, 목사, 교사). 사람을 향한 하나님의 은혜, 사람의 책임

6- 사람.

7- 완성, 완전, 완전무결

8- 새로운 시작.

9- 열에 하나 부족 그 아홉은 어디 있느냐? 심판, 마지막. 99마리 보다 길 잃은 한양.

10- 멸망의 수 열 처녀. 그 아홉은 어디 있느냐. 법, 규칙, 명령, 십계명,

11- 긍휼히 여기심. 완수하지 못함, 무질서

12- 하나님의 정부, 12제자, 12지파.

13- 갑절의 축복,

14- 유월절, 시험의 시간

16- 영적으로 자유함, 장애막이 없음, 경계가 없음, 법이 없음, 죄가 없음, 구원 ,사랑

17- 영전인 순서, 미결, 미성숙, 어른아이다움, 승리

19- 불모의 땅,부끄러움,회개,이기심,자신의 의가 없음,믿음

40- 시험의 상징, 연단, 승리로 끝남, 쳐부수어야 승리함

42- 이스라엘 박해, 지상에 주님의 강림

45- 보존, 저장, 보호

50- 자유의 상징. 자유, 평화, 오순절상징

60- 교만, 오만, 자랑

66- 우상숭배, 우상에 예배드림

70- 숫자가 증가함, 완벽한 목회

100- 완전히 채움, 온전함 측량, 완전한 보상, 하나님의 완벽한 은총, 자녀에게 약속. 부흥, 다시 모임, 영혼의 마지막추수

119- 부활의 날, 주님의 날

120- 모든 육체의 마지막 날, 영적인 삶의 시작, 거룩한 연단의 기간

144- 하나님의 창조 안에 있는 무한함

600- 번영, 번창, 안정, 평안

666- 짐승의 표시, 적그리스도

888- 처음 부활한 성인들

1000- 완숙함, 완벽한 봉사, 완벽한 모습, 정확한 판단, 거룩한 완성, 하나님의 영광

⑥ 색-다양한 해석들: 같은 색깔이라도 밝기나 분위기에 따라 긍정적 의미도 되고, 부정적 의미도 됩니다.

*청색 : 긍정적으론 그리스도의 신성, 하늘색깔, 하나님의 무한하신 은혜와 사랑의미 합니다. 에스겔서 1장과 10장에 하나님의 보좌색이 남보석 같다고 합니다. 즉 청색보다 더 진한

색입니다.

  -부정적으론 우울, 소망 없음.

  -긍정적으로는 소망, 치료, 자유, 성령,

  *금색. 성소의 용기들

  긍정적: 영광, 위엄, 그리스도의 영원성

  *자색, 보라색: 긍정적: 땅에 속한 아름다움, 세상의 부요함과 영화(계시록), 예수그리스도의 왕권, 신자의 영권 의미 , 성막 휘장의 자색은 예수 그리스도의 영원한 왕권을 의미합니다.

  *진홍색: 긍정적: 피, 용기 의미 부정적: 분노, 고통, 희생

  *흰색: 긍정적, 의, 순결, 기쁨

  *검정: 부정적으로 슬픔, 고통, 재앙, 죽음, 마귀 의미

  *노랑: 긍정적으론 기쁨 , 사랑, 부정적으론, 비겁, 두려움

  *은색: 긍정적으론 은색, 비 성령의 단비, 성령의 구속사역등을 의미합니다.

  *핑크색: 신선함 .관능적인, 부정한, 육체가 도덕적인, 마음이 청결함. 순결한, 여자 어린아이

  *보라색: 왕권. 부유. 번영. 번창. 권세나 축복

  *오렌지색: 위험. 해, 보통 검정색과 섞여서 매우 위험하고 악함을 상징함. 경고, 밝거나 붉은 오렌지색은 힘과 능력을 상징

  *붉은색: 고통, 희생, 죄, 구원

  *검정: 기근과 죽음의 상징

*초록색: 성장. 생명, 번영, 번창

*무지개: 계약

성막문은 청색, 자색, 홍색, 가는 베실로 짜여 있습니다.

* 청색-생명되신 예수그리스도

* 자색-왕되신 예수그리스도

* 홍색-고난당하신 예수그리스도

* 백색-성결하여 부활하신 예수그리스도

꿈과 환상에 나타는 모든 상징물은 영적인 의미가 있으므로 분별에 신중을 기해야 합니다. 반드시 말씀과 성령으로 분별해야 합니다. 성령의 지배와 인도가 아주 중요합니다.

앞에서도 여러 곳에서 강조를 했지만 성도는 영적인 수준이 발전해야 합니다. 영적인 수준을 향상시키기 위하여 성령의 지배 가운데 기도도 많이 해야 합니다. 성령으로 충만하려고 노력을 해야 합니다. 성경말씀을 성령으로 깨달아야 합니다. 혼자의 노력으로 영적성장이 어렵기 때문에 영적인 책도 많이 읽어야 영적인 수준이 향상됩니다. 필자가 저술한 책 중에 **"하나님과 기도하며 대화하기" "영적피해 방지하기" "영혼건강 상태 정밀 검진하는 법" "자신 안을 능력으로 채우는 법" "영안 열림의 혼동과 구별하는 법" "하나님의 집 성전이 되는 비밀"** 등을 읽어보시면 영적으로 깊은 성도가 되는데 길잡이가 될 것입니다.

26장 꿈 환상 상징들을 말씀으로 해석 II

● 발목: 믿음, 약한 발목(약한 믿음, 지원을 받지 못 함, 의지할 곳이 없는) 겔47:3

● 팔: 힘 또는 약함, 구원 구원자, 도우는 자, 보조, 밖으로 나감

● 은행: 안전, 교회, 의지하는, 저축, 모아둠, 확신, 천국이 보장됨

● 쌍안경, 현미경: 내부를 봄, 이해, 예언적 비젼, 미래에 일어날 일

● 피흘림: 상처받음 (마음 또는 육체), 죽은 영, 공격받음, 부정한 나쁜 소문으로 상처받음.

● 수혈: 변화, 바뀜, 재생, 구원, 축사

● 다리: 믿음, 연단, 길, 함께함, 연결

● 버터: 일, 말씀, 실행, 하나님의 뜻, 사악한 동기 말씀, 부드러움

● 달력: 시간, 날짜, 사건들, 약속

● 카드: 사건, 사실, 정직, 진리, 드러남, 나타남, 정직하지 못함, 속임

● 카니발: 축제, 전시회, 경쟁, 예견, 점

● 의자: 지위, 위치, 권위 있는 자리, 휴식

● 수표: 믿음, 천국의 화폐, 신용, 식량, 식품, 음식

● 목을 졸림: 귀신이 숨어 있음, 목에 넘기기가 힘듦, 미움, 화냄, 분노

● 크리스마스: 선물, 기쁨의 계절, 영적인 선물, 놀라운 일, 좋은 뜻

● 옷장: 개인적인, 사적인, 기도, 비밀, 은밀한 죄, 감추어진 것

● 커피: 쓴맛, 흥분적 음료. 회개, 복수를 맹세함, 씨뿌린 것들을 거둠

● 웅덩이: 습관, 종교적 전통, 중독, 탐욕,

● 전갈: 악한 영, 악한사람, 고통을 가함

● 바다: 사악한 나라

● 양: 찬양. 경배, 예배, 하나님의 사람, 정직

● 방패: 보호의 상징

● 구두: 걸음걸이, 당신이 걸을 때 보호함이 있음

● 어깨: 다른 사람의 짐을 짐 , 권위, 지배하는 힘

● 자매: 영적인 자매, 교회, 자신, 자연적인 자매

● 피부: 덮음, 보호

● 연기: 힘이 서로 섞임, 연합하는 힘.

● 눈: 흠 없음, 광채

● 참새: 가치는 매우 적지만, 매우 소중한 것.

● 봄: 새로운 시작, 부흥, 산뜻한 시작, 새롭게 됨, 복원, 구원 , 새로움

● 별: 이스라엘. 자손, 후손

● 계단: 영적인 진보가 있음을 상징

● 돌: 강력한 힘, 영구적인 일을 상징

● 폭풍: 불행. 어려움, 연단

● 여름: 수확, 기획, 연단, 고통하는 마음.

● 해 : 영광, 빛이 발함, 빛, 그리스도

● 칼: 성경 말씀, 그리스도

● 천막: 일시적으로 막음, 일시적인 집

● 깡통: 불순물 , 찌꺼기, 쓰레기, 값싼, 가치 없음, 정화가 필요함

● 자동차 밴: 가족(자연적 또는 교회), 가정 사역, 친교, 우정을 나눔

● 독수리: 부정한 것, 병을 상징

● 벽: 요새, 방어벽, 분리, 피난처

● 시계: 예언사역, 중보사역, 미래를 알려주고 안내함

● 물: 성령. 지상의 나라들, 뒤흔들기, 선동, 물밑에서 무슨 일이 일어나고 있음

● 우물: 새롭고, 신선하게 됨의 장소, 생명의 물의 원천

● 바퀴: 여행, 한 바퀴 돔, 속도, 영적인 일이 벌어짐

● 겨울: 불모지, 죽음, 기다림, 추위, 친절하지 않음, 수면상태, 발육중지

● 회오리바람: 허리케인, 쓸어모아가는 힘, 저항할 수 없음

● 바람: 생명의 호흡, 하나님의 능력,

● 창문: 천국의 축복, 미래가 열림

● 포도주: 성령을 상징함.

● 포도주부대: 영적인 구조, 영적인 구성, 영적인 조립

● 날개: 보호, 영적으로 변화가 있음, 영적으로 움직여 새로운

곳에 감

● 늑대: 사단, 악, 거짓선지자, 거짓선생

● 여인: 교회, 처녀, 매춘부

● 나무: 인간, 인간미

● 레슬링: 격투, 저항, 사단을 막아냄. 연단, 대혼란, 영적인 전투

● 멍에: 노예상태, 친교, 봉사, 겸손

● 코: 호흡, 안력을 갖다. 식견이 높다.

● 기름: 성령, 기름부음

● 오븐: 시험, 심판

● 왕궁: 천국 , 왕권

● 종려나무: 승리, 예배

● 목장: 영적인 재충전, 장소

● 진주: 영적인 진리

● 펜, 연필: 혀, 말, 지워지지 않은 말들, 계약, 서약, 출판, 녹음, 영원한 것

● 돼지: 무시, 외식, 종교적으로 이단자, 부정한사람, 이기적인, 탐욕스러운, 부도덕한

● 기둥: 힘, 능력, 안전, 강력, 도움, 보조

● 루비: 가치가 있는 것, 의미가 있는 것.

● 함정, 구멍: 감옥, 박해, 학대

● 다림줄: 하나님의 기준, 삶을 결산함

● 쟁기: 새롭게 땅을 파냄, 마음의 땅을 기경함.

● 임신: 과정에 있음, 죄악이나 옳은 일이 진행되고 있음, 갈 망, 기대

● 호박: 마법, 속임수, 은밀히 스며듦, 악마, 마귀, 귀신들 뜻 함, 호박으로 구멍 뚫어 귀신 만드는 날, 귀신 탈 쓰는 날,

● 집토끼: 증가. 빠른 성장, 배가됨, 산토끼는 사단이나 악한 영을 상징

● 너구리: 장난, 못된 짓, 야간침입자, 도적, 불량배

● 비: 축복, 하나님의 말씀, 부흥, 성령의 기름부음. 성령의 충만

● 양: 성도, 희생

● 까마귀: 악. 사단

● 반지: 영원, 맞춤, 완성, 약속

● 강: 부흥, 새롭게 됨, 신선함

● 바퀴벌레: 침략, 부정한 영, 숨겨진 죄

● 두루마기: 덮개, 왕권, 권위, 능력정도

● 바위: 그리스도는 우리의 바위, 안정감

● 지팡이: 법, 규율, 교정, 안내

● 지붕: 덮개, 넓게 관찰함

● 뿌리: 영적인 뿌리, 자녀 소산, 결과

● 밧줄: 묶음, 사슬

● 소금: 부패하지 않음 , 부패하는 것을 막아줌, 계약

● 모래: 씨앗과 같은 의미, 후손들

● 사파이어: 아름다움, 가치있는 것

● 포도: 주님의잔, 실제적인 포도열매

● 메뚜기: 파괴, 멸망

● 망치: 하나님의 말씀

● 손: 힘의 상징, 능력, 행동, 소유

● 하프: 찬양, 하나님께 예배드림

● 머리: 권위 생각, 마음

● 마음: 감정, 동기, 열망, 갈망, 욕망

● 투구: 생각과 마음의 보호

● 암탉: 보호, 모으는 사람

● 뿔: 힘, 방어, 정복

● 집: 가정, 거할 처소, 교회

● 향료: 기도, 중보, 예배

● 열쇠. 권위, 묶고 푸는 능력, 잠그고 여는 능력,

● 입맞춤: 동의 맹세. 유혹, 배반, 계약파기, 속임, 유혹, 친구

● 무릎: 존경, 겸손

● 사닥다리: 천구과 지상을 연결하는 그리스도를 상징

● 양: 겸손, 교회, 돌보아야 할 성도.

● 보석들: 하나님의 백성들

● 납: 무게, 사악함, 죄, 짐, 심판, 어리석음, 바보스러움

● 잎: 한창 번창하는 삶

● 다리: 남자의 걸음, 남자의 강함

● 표범: 재빠름, 보통복수와 연관되어 사용됨

● 백합: 아름다움, 왕권, 부활, 예수님

● 사자: 왕권 , 화려한 왕좌 확신

● 입술: 지혜, 해학

● 수리공, 정비사: 목사, 그리스도, 예언가, 상담가, 치유자

● 쥐: 탐식하다. 저주, 재앙, 멈칫거림

● 우유: 원초적 진리, 보양함

● 유산: 유산, 실패, 잃어버림, 회개, 잘못된 판단,

● 돈: 힘 ,음식, 부, 자연적인 재능과 기술, 영적인 부유, 권위, 인간이 힘을 믿음, 몹시 갈망함

● 원숭이: 어리석음, 정직하지 못함, 중독증, 남에게 의존함, 장난, 해독

● 달: 어둠속에서의 빛, 예수님을 상징

● 나방: 파괴의 상징

● 어머니: 원천, 교회, 사랑, 친절, 영적 또는 자연적 어머니

● 장모: 법적문제, 훼방, 남의 일에 참견, 문제의 발생, 자연적 장모

● 산: 왕국, 존엄, 위엄, 영구, 영속성

● 입: 지혜, 선 또는 악

● 손톱: 안전, 설립, 설치

● 목: 힘, 사랑스러움, 배반, 유순함, 딱딱함

● 둥지: 가정, 거할 장소,

● 그물: 무엇을 잡는 사람, 붙잡는 사람

● 촛대: 교회를 상징

● 고양이: 부정한영. 잘 훈련이 안됨. 속임, 요술을 걸다. 비열함

● 쇠고랑: 묶임. 학대. 박해. 징벌의 상징

● 회전: 영원의 상징

● 도시: 안전의 상징, 영원한 안전, 도피처

● 조랑말: 다른 사람의 짐을 짊. 고통이 다가오고 있음

● 옥수수기름과 와인: 하나님의 축복의 상징

● 까마귀: 혼돈 ,말이 많음, 적들이 혼란시킴, 미움, 부정함, 정의를 위한 하나님의 징벌

● 잔: 생명, 건강의 상징, 반대로 죽음과 악을 상징할 수도 있음

● 심벌즈: 찬양, 예배, 움직임의 상징

● 사막: 외톨이가 됨 유혹받음, 고독, 폐허, 고립

● 개: 믿지 않는 사람들, 종교적 외식자들,

● 비둘기: 성령, 순결

● 용: 사단

● 익사하는 모습: 극복, 절망, 슬픔, 유혹, 많은 빚을 짐

● 코끼리: 힘, 거대한 물건, 방어하기가 쉽지 않음, 정복할 수 없는,

● 엘리베이터 : 직업을 바꿈, 영적인 새 단계로 도약, 올라감, 승진, 강등함

● 얼굴: 성품, 용모, 표정

● 떨어짐: 보조를 받지 못함 ,재정적 보조를 잃음. 넘어짐, 곤

란을 겪음

● 아버지 : 권위 ,하나님, 저자, 원천자, 유산, 전통, 습관, 사단, 자연적 아버지

● 장인: 법. 법적으로 권위적 관계를 가짐, 법안에 있음, 권위 관계에 문제가 있음

● 발: 마음, 가슴, 걸음, 생각들, 무거운 짐, 죄, 모반, 폭동

● 무화과 잎: 자신을 가림, 자신을 제물로 드림

● 손가락: 느낌, 감각. 확신, 일, 누구를 공격함, 지침, 안목이 있음

● 파리들, 악한 영들, 사단의 왕국, 바알세불 뜻은 똥파리란 뜻

● 홍수들: 죄의 심판, 폭동, 노아의 홍수를 상징

● 요새: 보호, 강한 성

● 샘: 삶의 원천, 새롭게 함

● 여우: 악한 사람들, 속임수, 예수님은 헤롯왕에게 여우라고 했다.

● 개구리: 사단, 악마, 부정한영

● 정원: 성장, 비료를 줌

● 문: 들어가는 길이 열림, 힘, 권위

● 금: 왕권, 왕궁의 영광, 하나님상징

● 손주: 유산, 자신, 축복의 전수, 영적인 유산, 실제적인 손주

● 할아버지, 할머니: 과거, 영적인 유산, 실제조부모

● 사슴: 은총. 머뭇거림, 빠름. 신속. 생기발랄함, 확실한 걸음

● 문: 열림, 입구, 삶의 길이 보임

● 눈: 전지의 신 , 지식, 안목, 직관, 바라봄

● 깃털: 보호, 덮개를 함

● 무화과 : 이스라엘 나라와 연관이 있음

● 불: 하나님의 현존, 하나님의 거룩하심, 정결, 시험

● 꽃: 사람의 영광이 사라짐

● 숲: 땅과 국가를 상징

● 친구: 자신, 친구들의 성격을 상징, 한친구가 어떤 친구를 대변함, 때때로 실제 친구를 지칭함

● 잔디. 잔듸: 육신의 덧없음

● 언덕: 올라감, 상승, 높음, 명성이 오름

● 악어: 고대 , 과거로부터 악이 내려옴 (조상으로부터 내려온 악) 위험, 파괴, 악한 영의미

● 닻: 희망과 안전의 상징

● 팔, 무기: 하나님의 권능과 힘의 상징

● 갑옷: 전쟁의 상징 , 투쟁의 상징

● 재: 기억들, 회개, 파멸, 멸망

● 자동차: 생명, 사람, 사역, 목회

● 가을, 추수: 끝, 마침, 변화, 회개

● 박쥐: 마법, 요술 마귀, 안정되지 않음, 두려움, 경솔 함을 의미.

● 턱수염 : 나이든 사람. 연장자. 지혜를 상징

● 부지런한 일꾼: 사업. 바쁨. 근면, 현명, 지혜로움

● 침대: 휴식, 구원, 묵상, 친밀, 평화, 계약(결혼, 서약) 자력으로 만듦

● 자전거: 일, 육체적인 일, 자신의 의, 어렵게 일하고 있음, 전달자

● 새: 영적인 상징, 선과 악, 예수님의 새에 대한 비유를 살펴보라

● 파랑새 : 천국의 상징

● 활: 일반적으로 심판을 의미

● 빵: 삶, 생명을 상징

● 벽돌: 노예생활이나 고통스러운 일을 상징

● 말의 굴레: 제약이나 조정당하고 있음을 상징

● 처남: 조언자, 동반자, 목회 동역자를 상징

● 갈색: 죽음, 회개 , 거듭남, 영이 없음을 상징

● 나비 : 자유, 경솔, 연야간 일시적 영광

● 초: 빛을 상징. 성령또는 사람의 영

● 낙타: 종, 다른 사람의 고통을 담당함

● 다리가 끊어지는 환상, 무너지는 환상 : 이혼, 관계가 끊어짐

● 십자가가 금이 가거나 부서지는 환상 : 사역에 분열이나 어려움이 온다.

● 담장이 보이고 , 그 속에 갇혀있음 : 자신의 생각 속에 갇혀있거나 실제 상황이 어려운 환경

● 빛이 두 개가 네 개로 나뉨: 사역의 확대발전

● 흰옷을 입음 : 속죄와 거듭남

● 보혈의 피가 옷에 뿌려짐 : 속죄나 종으로 부르심

● 단단한 바위로 모자이크 된 바닥에서 한 조각이 들려지며 물이 솟아남 : 어려운 상황에서 기도로 돌파구가 열림

● 일정한 그림이 보이지 않고 복잡한 그림: 마귀의 역사가 많다.

● 어떤 줄이나 체인 같은 것이 떨어질락 말락 달랑거림:한계상황,빈곤, 휴식과 재충전이 필요

● 터널에서 나옴 : 어려운 사정에서 벗어남

● 도미노: 연속적인, 사슬의 반작용

● 지진: 밀어올림, 변화, 위기, 회개, 연단, 하나님의 심판, 재해, 외상, 충격,

● 마이크: 목소리, 권위, 사역, 영향을 미침

● 거울: 말씀, 사람의 마음, 하나님의 말씀, 뒤돌아 봄. 기억, 과거, 모세의법

● 신문: 세상적인 것에 분주함, 알림, 중요한 사건, 대중에게 드러남, 뉴스, 험담

● 오븐: 열, 열정적인감정, 상상, 묵상, 심판

● 그림붓: 덮음-가정집페인트붓:새롭게함,개축,개조,사랑 예술가의 붓: 비유, 상상, 예술

● 종이절단기: 이별, 떠남, 탈출, 자유, 구원됨, 비상탈출

● 향수: 유혹, 박해, 속임

● 파이: 전체, 전력을 다해 애씀, 전체 사건의 한 부분

● 놀이, 연극: 예배, 맹목적숭배,우상숭배,영적전쟁,경쟁,투쟁

● 우표: 감춤, 봉함, 권위를 부여받음, 의미 있는 일, 적게 보이나 힘이 있는 일

● 냄비, 대접, 큰접시: 교리, 전통, 확정, 진리의 형태, 사람

● 라디오: 변하지 않음, 불신앙, 엄한, 무자비 한,논쟁하기 좋아 함, 끊임 없음, 전통

● 철길: 전통 ,변하지 않음, 습관, 엄격함, 복음

● 끈, 밧줄: 폭력, 권위에 도전, 미움, 반역하려는 마음, 살인

● 냉장고: 마음, 동기, 행동, 태도, 마음을 담음, 항구

● 흔들의자: 오래됨, 과거, 기억들, 묵상, 은퇴, 휴식

● 원형, 둥그런: 영적의미(둥 그런 얼굴, 반지, 건물) 은혜, 자비, 동정, 용서

● 해변: 경계, 육체, 한계점, 무게

● 삽질함: 혀,기도,고백,중상모략,구멍을팜,찾음,요구

● 스키를 탐: 믿음, 믿음을 통한 하나님의 능력의 보호를 받음, 빠른 진전

● 수면: 무의식,알아차리지못함,숨어있음,덮어짐,무시함,위험, 죽음

● 미소, 웃음: 친절, 우정, 공격받지 않음, 유혹, 자비로운

● 정사각형, 네모진: 각 진 건물, 종교심이 강한, 완벽주의 ,딱딱함, 거칠음, 격한말투

● 소탕하는, 휩쓸어모음: 청소, 회개, 변화, 방해를 제거함

● 수영: 영적의미, 하나님께 봉사, 예배, 영적인 은사, 예언

● 틀니: 바꿈, 경험을 통하여 지혜와 지식을 얻음, 과거의 실패를 통해 지혜를 얻음

● 치통: 연단, 믿음이 없음, 신실하지 않음

● 지혜, 아픔: 고통,

● 부러짐: 조금만 더 충격을 가하면 고통 받을 가능성이 있음

● 텔레비전: 비전, 메시지, 예언, 설교, 뉴스, 악의영향, 사악함

● 천둥: 변화, 하나님께서 주신변화, 심판이 다가온다는 경고

● 타이틀: 명칭, 행동: 소유권, 권위, 소유

● 나무그루터기: 믿지 못 함, 뿌리, 방해물, 집요한, 움직이지 않는, 희망

● 오줌을 누다: 압박이 옴. 방광에 압박이 옴, 긴급한 상황, 유혹, 방광염, 원한을 받음

● 수건, 마른 행주: 진실, 교리, 이해

● 더러운 행주: 거짓교리, 잘못, 신실하지 못 한 심령,

● 수박: 과일, 좋은 열매, 악한 열매, 죄를 좋아함

● 씨앗: 말씀, 물: 영, 달콤함: 힘, 초록: 생명, 빨강: 열정, 노랑: 선물

● 서양, 서구적인 : 개척자, 선구자, 영적전쟁, 담대함, 도전,

이 책을 통해 예수님이 땅끝까지 전파 되기를 소원합니다.
(출판으로 인한 이익금은 문서선교와 개척교회 선교에 사용합니다.)

꿈 환상을 말씀으로 해석하기

발 행 일 l 2021.8.19 초판 1쇄 발행

지 은 이 l 강요셉

펴 낸 이 l 강무신

편집담당 l 강무신

디 자 인 l 강요셉

교정담당 l 강무신

펴 낸 곳 l 도서출판 성령

신고번호 l 제22-3134호(2007.5.25)

등록번호 l 114-90-70539

주   소 l 서울시 서초구 방배2동 451-36번지

전   화 l 02)3474-0675/ 3472-0191

E-mail l kangms113@hanmail.net

유   통 l 하늘유통. 031)947-7777

ISBN l 978-89-97999-81-1 부가기호 l 03230

가   격 l 16,000원